頻出度順

漢字検定問題集

2級

成美堂出版

本書の見方と使い方

1 POINT 頻出度順だから効率的に学習できる!

本書では過去問21年分(約260回分)を徹底分析し、出題回数に応じて、A~Cのランクに分けて出題しています。試験によく出る順に学習できるので、短時間で効率的に学習できます。

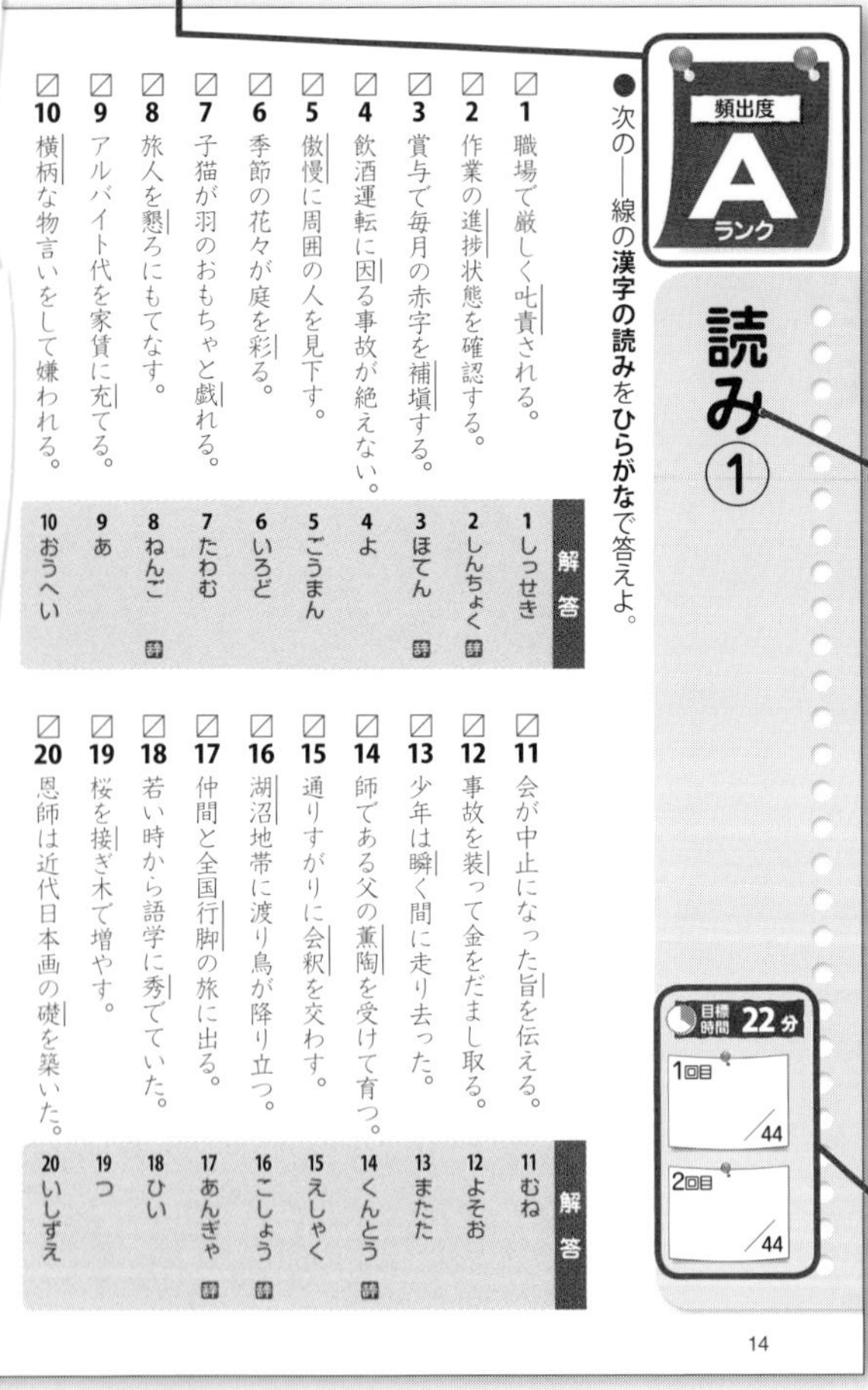
頻出度 A ランク

読み ①

● 次の――線の漢字の読みをひらがなで答えよ。

1 職場で厳しく叱責される。
2 作業の進捗状態を確認する。
3 賞与で毎月の赤字を補塡する。
4 飲酒運転に因る事故が絶えない。
5 傲慢に周囲の人を見下す。
6 季節の花々が庭を彩る。
7 子猫が羽のおもちゃと戯れる。
8 旅人を懇ろにもてなす。
9 アルバイト代を家賃に充てる。
10 横柄な物言いをして嫌われる。

解答
1 しっせき
2 しんちょく 辞
3 ほてん 辞
4 よ
5 ごうまん
6 いろど
7 たわむ
8 ねんご 辞
9 あ
10 おうへい

11 会が中止になった旨を伝える。
12 事故を装って金をだまし取る。
13 少年は瞬く間に走り去った。
14 師である父の薫陶を受けて育つ。
15 通りすがりに会釈を交わす。
16 湖沼地帯に渡り鳥が降り立つ。
17 仲間と全国行脚の旅に出る。
18 若い時から語学に秀でていた。
19 桜を接ぎ木で増やす。
20 恩師は近代日本画の礎を築いた。

解答
11 むね
12 よそお
13 また
14 くんとう 辞
15 えしゃく
16 こしょう 辞
17 あんぎゃ 辞
18 ひい
19 つ
20 いしずえ

目標時間 22分
1回目 /44
2回目 /44

14

Aランク
過去の試験で最も出題されているもの。

Bランク
過去の試験でよく出題されているもの。

Cランク
出題回数はそれほど多くないが、満点を目指すなら学習しておきたいもの。

出題分野

漢字検定2級では9の分野に分かれています。

目標時間と自己採点記入欄

実際の試験時間(60分)から換算した目標時間です。

5 POINT 別冊「漢字検定2級合格ブック」で配当漢字を完全マスター!

「2級配当漢字表」をはじめ、「試験に出る四字熟語の問題」「よく出る対義語の問題」など役立つ資料をコンパクトにまとめました。持ち運びに便利なので、別冊だけ持ち歩いて、いつでもどこでも暗記ができます。赤シートにも対応しています。

2 POINT 赤シート対応だから スピーディにチェックできる！

答えを赤シートで隠しながら解いていけばいいので、何度でも気軽に問題を解くことができます。

チェックボックス

間違えた問題をチェックできるので、くり返し勉強できます。

読み

21 この国を統べる王は偉大だ。
22 傍らにはいつも愛犬の姿がある。
23 三大疾病に備えて保険に加入する。
24 漸く反乱が鎮まった。
25 相互扶助の精神を養う。
26 市場で鮮魚を競りにかける。
27 人を不幸に陥れてはならない。
28 詰問するような口調で問う。
29 脚立に乗って木の枝を切る。
30 後輩が自分の地位を脅かす。
31 仰せのとおりにいたします。
32 師弟の契りを交わす。
33 潔く自らの責任を認める。
34 悪い仲間に唆されて罪を犯す。

21 す　22 かたわ　23 しっぺい　24 しず　25 ふじょ　26 せ　27 おとしい　28 きつもん 辞　29 きゃたつ　30 おびや　31　32　33　34

35 玄関と窓を施錠して出かける。
36 布巾を煮沸消毒する。
37 種苗会社で働いている。
38 結論を出すのは時期尚早だ。
39 過激な発言が物議を醸した。
40 人前でひどい辱めを受ける。
41 七夕に短冊をササにつるす。
42 文章には人柄が如実に現れる。
43 将来有望な人材が払底している。
44 信頼していた家臣に謀られる。

35 せじょう　36 しゃふつ　37 しゅびょう　38 しょうそう　39 かも　40 はずかし　41 たんざく　42 にょじつ　43 ふってい　44 はか

意味をCheck!

2 進捗…物事が進み、はかどること。
3 補填…不足しているところや欠けているところを補うこと。
8 懇ろ…手厚く心がこもっているさま。親しいさま。
14 薫陶…優れた徳の力や品格で人を感化し、教育すること。
16 湖沼…みずうみと、ぬま。
17 行脚…僧侶が修行のため諸国を歩き回ること。各地を歩いて旅する意味でも用いられる。
28 詰問…相手を厳しく問いただすこと。

同音・同訓異字　誤字訂正　漢字と送りがな　書き取り　模擬テスト

15

3 POINT 辞書いらずの 丁寧な解説！

辞書を引きたくなるような難しい言葉には、意味を掲載してあります。四字熟語もすべて意味が入っているので、辞書を引く手間が省けて効率的に学習できます。

ひよこのパラパラマンガ

疲れたときにめくってみてください。

4 POINT 仕上げに使える 模擬テスト３回分収録！

本試験とそっくりの形式の模擬テストを３回分用意してあります。実際の試験の60分間で解いて、自己採点してみましょう。

辞書のアイコン

この問題の解答または文中の語句について、「意味をCheck《チェック》!」欄で意味を説明しています。

本書の特長

試験にでやすい漢字を分析

漢字検定2級では、2級配当漢字の**185**字に加え、これより下の級を加えた**常用漢字すべて(2136字)**が出題範囲になります。

とはいえ、この字がすべて出題されるわけではありません。

下の表を見てください。この表は、漢検2級の過去問題21年分(約260回分)の試験で実際に出題された問題を分析した結果です。**出題範囲が決まっているので、特定の漢字が何度も出題されます。**

たとえば、読みの問題では「彩る」などが22回も出題されている一方、「私怨」は1回しか出題されていません。部首の問題では、「爵」が21回出題されているのに対し、「崖」の出題は1回のみです。

過去問題21年分で出題の多い問題

出題分野	出題例(出題回数)
読み	彩る・筒抜け(22回) 懐く・倣う(21回)
部首	爵・升(26回) 嗣・畝(25回)
熟語の構成	争覇(23回) 多寡(22回)
四字熟語	精進潔斎(19回) 枝葉末節 など(18回)
対義語・類義語	高慢⇔謙虚 など(23回) 巧妙＝殊勲(22回)
同音・同訓異字	応酬(18回)―押収(13回) 履く(14回)―掃く(11回)
誤字訂正	巧献・更献 など⇩貢献(13回)
漢字と送りがな	懐かしい(16回) 甚だしい(15回)
書き取り	契る(18回) 怠ける・醸す(17回)

頻出度順だから効率的に学習できる

分析結果からA、B、Cランクに分類

本書では、この結果をもとにして、出題回数が多い順に**Aランク**(最頻出問題)、**Bランク**(必修問題)、**Cランク**(満点問題)の3つのランクに分類して問題を掲載しています。

A ランク 最頻出問題。**過去に何度も繰り返し出題された問題**で、これからも出題されやすい「**試験によく出る問題**」です。覚えておけば得点源につながり、短期間での合格も可能です。

B ランク 必修問題。比較的よく出る問題で、覚えておけば確実に合格することにつながります。

C ランク 満点問題。出題頻度はそれほど高くありませんが、満点をめざすなら覚えておきたい問題です。

2級配当漢字の中で、出題分野によっては出ない漢字もあります。本書は頻出度順のため、そのような漢字を覚えなくて良いようになっています。

漢字検定2級 受検ガイド

実施は年3回、だれでも受けられる

漢字検定は、年齢、性別、国籍を問わず、だれでも受検できます。

受検方法には、公開会場での個人の受検、準会場での団体受検、コンピューターを使って試験を受けるCBT受検があります。

試験に関する問合せ先

公益財団法人
日本漢字能力検定協会
【ホームページ】https://www.kanken.or.jp/
<本部>
京都市東山区祇園町南側551番地

ホームページにある「よくある質問」を読んで該当する質問がみつからなければメールフォームでお問合せください。電話でのお問合せ窓口は0120-509-315(無料)です。

漢字検定の概要（個人受験の場合）

試験実施	**年3回** ①6月中の日曜日 ②10～11月中の日曜日 ③翌年1～2月中の日曜日
試験会場	全国と海外の主要都市
受検料	4500円(2級)
申込方法	インターネット申し込みのみ。日本漢字能力検定協会のホームページから受験者専用サイトで申し込みを行い、クレジットカードやQRコード、コンビニ店頭で決済を行う
申込期間	検定日の約2か月前から1か月前まで
試験時間	**60分** 開始時間の異なる級を選べば2つ以上の級を受検することもできる
合格基準	**200点**満点で正答率**80%**程度(**160**点程度)以上が合格の目安
合格の通知	合格者には合格証書、合格証明書、検定結果通知が、不合格者には検定結果通知が郵送される

※本書の情報は制作時点のものです。受検をお考えの方は、ご自身で（公財）日本漢字検定能力協会の発表する最新情報をご確認ください。

新審査基準による各級のレベルと出題内容

級	レベル（対象漢字数）	程度	主な出題内容	合格基準	検定時間
1	大学・一般程度（約6000字）	常用漢字を含めて、約6000字の漢字の音・訓を理解し、文章の中で適切に使える。	漢字の読み、漢字の書取、故事・諺、対義語・類義語、同音・同訓異字、誤字訂正、四字熟語	200点満点中80%程度	各60分
準1	大学・一般程度（約3000字）	常用漢字を含めて、約3000字の漢字の音・訓を理解し、文章の中で適切に使える。	漢字の読み、漢字の書取、故事・諺、対義語・類義語、同音・同訓異字、誤字訂正、四字熟語	200点満点中80%程度	各60分
2	高校卒業・大学・一般程度（2136字）	すべての常用漢字を理解し、文章の中で適切に使える。	漢字の読み、漢字の書取、部首・部首名、送り仮名、対義語・類義語、同音・同訓異字、誤字訂正、四字熟語、熟語の構成	200点満点中80%程度	各60分
準2	高校在学程度（1951字）	常用漢字のうち1951字を理解し、文章の中で適切に使える。	漢字の読み、漢字の書取、部首・部首名、送り仮名、対義語・類義語、同音・同訓異字、誤字訂正、四字熟語、熟語の構成	200点満点中70%程度	各60分
3	中学卒業程度（1623字）	常用漢字のうち約1600字を理解し、文章の中で適切に使える。	漢字の読み、漢字の書取、部首・部首名、送り仮名、対義語・類義語、同音・同訓異字、誤字訂正、四字熟語、熟語の構成	200点満点中70%程度	各60分
4	中学校在学程度（1339字）	常用漢字のうち約1300字を理解し、文章の中で適切に使える。	漢字の読み、漢字の書取、部首・部首名、送り仮名、対義語・類義語、同音・同訓異字、誤字訂正、四字熟語、熟語の構成	200点満点中70%程度	各60分
5	小学校６年生修了程度（1026字）	小学校６年生までの学習漢字を理解し、文章の中で漢字が果たしている役割に対する知識を身に付け、漢字を文章の中で適切に使える。	漢字の読み、漢字の書取、部首・部首名、筆順・画数、送り仮名、対義語・類義語、同音・同訓異字、誤字訂正、四字熟語、熟語の構成	200点満点中70%程度	各60分

※６級以下は省略

漢字検定2級の審査基準

程度	すべての常用漢字（※）を理解し、文章の中で適切に使える。	
領域・内容	**[読むことと書くこと]** すべての常用漢字の読み書きに習熟し、文章の中で適切に使える。	● 音読みと訓読みとを正しく理解していること。 ● 送り仮名や仮名遣いに注意して正しく書けること。 ● 熟語の構成を正しく理解していること。 ● 熟字訓、当て字を理解していること（海女＝あま、玄人＝くろうと　など）。 ● 対義語、類義語、同音・同訓異字などを正しく理解していること。
	[四字熟語] 典拠のある四字熟語を理解している（鶏口牛後、呉越同舟 など）。	
	[部　首] 部首を識別し、漢字の構成と意味を理解している。	

※常用漢字とは、平成22年11月30日付内閣告示による「常用漢字表」に示された2136字をいう。

※本書は出題が予想される形式で構成しています。実際の試験は、（公財）日本漢字能力検定協会の審査基準の変更の有無にかかわらず、出題形式や問題数が変更されることもあります。

2020年度からの試験制度変更について

平成29年改訂の小学校学習指導要領が2020年度から全面実施されたことに伴い、漢字検定でも一部の漢字の配当級が変更になりました。２級では、２級配当漢字だった「茨」「媛」「岡」など11字が７級配当漢字に移動していますが、出題範囲は2136字で変更ありません。本書ではこの試験制度変更を踏まえて、配当級が変更となった漢字の出題頻度を予想した上で、A・B・Cの各ランクに予想問題として掲載しています。

【出題分野別】学習のポイント

平成22年の常用漢字表改訂によって、常用漢字表に加わった196字はすべて2級配当漢字となりました。それ以前は2級配当漢字と準2級配当漢字は共通のもので、現行の準2級配当漢字とほぼ同じでした。そういった経緯があり、2級試験では、準2級配当漢字からも多くの漢字が出題されます。

読み

配点●1問1点×30問＝30点（総得点の15%）

2級配当漢字からの出題が2割程度です。音読みの出題が約7割、訓読みが約3割です。

❶2級や準2級配当漢字をマスターする

読みの問題は30問（30点）あります。全体に占める割合が高い分野ですから、取りこぼしがないようにしましょう。2級配当漢字から2割、高校読みを含めた準2級配当漢字から7割出題されています。30問中の約7割が音読みの問題、約3割が訓読みの問題です。

過去問題21年分では、次のような問題が多く出題されています。

● 横柄（おうへい）　● 筒抜け（つつぬ）
● 薫陶（くんとう）　● 彩る（いろど）

❷下級の漢字で高校で習う読み

下級の配当漢字で、高等学校でその読みを習うものがよく出題されています。

● 脚立（きゃたつ）⇩「脚」4級配当漢字
● 短冊（たんざく）⇩「冊」5級配当漢字

これらの漢字については、本書の別冊23～26ページに掲載してあるので、参照してください。

❸熟字訓・当て字

出題数は多くありませんが、必ずといっていいほど出題されます。

● 息吹（いぶき）　● 築山（つきやま）
● 野良（のら）　● 八百長（やおちょう）

部首

配点●1問1点×10問＝10点（総得点の5%）

2級配当漢字からの出題が1割、準2級配当漢字からの出題が5割です。

❶2級・準2級配当漢字の部首を暗記

部首の問題では、2級、準2級配当漢字からの出題が多いので、よく出る部首は暗記しておく必要があります。部首名は問われません。

部首は辞書ごとに異なるものもあるので、協会発行のものを使うといいでしょう。本書もこれに準じています。

❷判別しにくいものはまとめて復習

2級・準2級配当漢字以外で部首が判別しにくいのは次のようなものです。

● 玄（4級）⇩玄（亠ではない）
● 準（6級）⇩氵（隹ではない）

熟語の構成

配点●1問2点×10問＝20点（総得点の10％）
2級配当漢字からの出題が1割、準2級配当漢字からの出題が6割です。

●漢字の関係を答える問題

二字熟語を構成する上下の漢字の関係を次のア～オから選ぶ問題です。

- **ア** 同じような意味の漢字を重ねたもの（**媒介**）
- **イ** 反対または対応の意味を表す字を重ねたもの（**多寡**）
- **ウ** 上の字が下の字を修飾しているもの（**謹呈**）
- **エ** 下の字が上の字の目的語・補語になっているもの（**争覇**）
- **オ** 上の字が下の字の意味を打ち消しているもの（**不肖**）

ア～オの見分け方のコツは、別冊47～48ページを参照してください。

四字熟語

配点●1問2点×15問＝30点（総得点の15％）
2級配当漢字が使われている四字熟語の出題は2割程度です。

❶漢字と意味が問われる

2級試験では、四字熟語を構成する漢字を正しく覚えているかどうかと、その意味について理解しているかどうかが問われます。

まず 問1 で、空欄になっている2字に当てはまるひらがなを選択肢群から選び、四字熟語を完成させる問題が10問出題されます。

次に 問2 で四字熟語の意味が5つ示され、問1 で出題された10の四字熟語の中から意味が合うものを選びます。

過去問題21年分では

問1
- ●ア 合従（　　）（合従連衡《がっしょうれんこう》）
- ●イ（　　）末節（枝葉末節《しようまっせつ》）
- ●ウ 精進（　　）（精進潔斎《しょうじんけっさい》）

問2
- ●飲食を慎み身体を清めること。（**ウ**）

などがよく出題されています。

❷意味も含めて覚える

知らない四字熟語を推測で答えるのは非常に難しいので、本書の別冊27～44ページを利用して、頻出している四字熟語は漢字・意味ともにしっかり覚えましょう。

また、同じ四字熟語であっても書く漢字2字が異なる形で出題されることもあります。たとえば、「ショウジン潔斎」「精進ケッサイ」といった出題ですが、本書では、これをふまえて過去問を集計、出題しています。

対義語・類義語

配点●1問2点×10問＝20点（総得点の10％）

2級配当漢字を使った熟語が1割、準2級配当漢字を使った熟語が7割程度出題されます。

❶熟語の知識を増やす

2級や準2級配当漢字だけでなく、下級の漢字も出題されます。対義語5問、類義語5問が出題されます。

過去問題21年分では

対義語
- 慶賀⇔哀悼
- 横柄⇔謙虚

類義語
- 功名＝殊勲
- 永眠＝逝去

などがよく出題されています。

漢字や熟語の意味を理解していないと対義語・類義語は答えられません。辞書をひく習慣をつけましょう。

よく出る対義語・類義語については、本書の別冊45〜46ページに掲載してあるので、参照してください。

同音・同訓異字

配点●1問2点×10問＝20点（総得点の10％）

多くの場合、2問1組のうちの1問が、2級や準2級配当漢字から出題されています。

❶下級の漢字も要チェック

2級、準2級配当漢字だけでなく、下級の漢字も出題されるのでおさらいしておきましょう。

過去問題21年分では

- トウキ……騰貴・陶器・投棄
- オウシュウ…応酬・押収・欧州
- ハく……履く・掃く・吐く

などがよく出題されています。

❷わからないときは問題文を読み返す

右の例を見るとわかるように、同じ読みの言葉は2種類とは限りません。多くの言葉の意味を理解しておくことが大切です。本書では、同音・同訓異字をまとめて覚えられるよう、2〜5問1組で出題しています。

誤字訂正

配点●1問2点×5問＝10点（総得点の5％）

2級配当漢字を使った熟語が1割、準2級配当漢字を使った熟語が4割程度出題されます。

❶文中の二字熟語をよく見る

文中の二字もしくは三字の熟語のうちの一字を訂正する問題で、何気なく読んだだけでは誤りは見つからないので、必ず間違いがある、という気持ちで文を読むようにします。

過去問題21年分では

- 功献・貢賢⇒貢献
- 土状・土譲⇒土壌
- 掃索・操索⇒捜索
- 登載・搭採⇒搭載

などがよく出題されています。

漢字と送りがな

配点●1問2点×5問＝10点（総得点の5％）
2級までに学ぶ漢字から出題されます。下級で習う漢字の「高校で習う読み」に注意しましょう。

❶訓読みをおさらいする

漢字に正しく送りがなをつけることが求められます。2級・準2級より下級の漢字では、とくに、「高校で習う読み」についても要注意です。

過去問題21年分では

- ナツカシイ（懐かしい）……準2級
- ウヤウヤシイ（恭しい）……準2級
- ウトイ（疎い）……準2級
- ハナハダシイ（甚だしい）……準2級

などがよく出題されています。

❷文字数が多い訓読みは注意

よく出題されるのは、訓読みの文字数が多い漢字です。下級の漢字についても、それらの漢字を集中的におさらいしておくのがよいでしょう。

書き取り

配点●1問2点×25問＝50点（総得点の25％）
2級配当漢字からの出題が2割程度、準2級配当漢字から5割程度出題されます。

❶2級までの漢字を書けるように

2級までに学んだ漢字が出題範囲になり、音読みが6割、訓読みが4割程度の割合で出題されます。

過去問題21年分では

- ナマける（怠ける）
- チギる（契）
- コウイン（光陰）

などがよく出題されています。

❷取りこぼしがないようにする

書き取りの問題は全部で25問ですが、配点が1問2点なので総得点が50点になり、全体の25％を占め、得点源としたいところです。

せっかく覚えた漢字も、うろ覚えだったり乱暴に書いたりして×になってはもったいない話です。正しく覚えて、取りこぼしがないようにしましょう。

❸熟字訓や当て字、高校で学ぶ読みも

数は少ないですが、熟字訓・当て字はよく出題されています。また、学習済みの下級の漢字であっても下級では出題されてこなかった「高等学校で学ぶ読み」が含まれているものは要注意です。

熟字訓・当て字

- ザコ（雑魚）
- ノリト（祝詞）
- モサ（猛者）
- カグラ（神楽）

高等学校で学ぶ読み

- サワる（障）…5級
- ハバむ（阻）…4級

❹許容字体もチェックしておく

常用漢字表にある字体（正字）で書くのが原則ですが、2級配当漢字には、例外として正答と認められる字体（許容字体）があります（例：「葛」と「葛」、「喩」と「喻」など）。どちらを書いても正解になりますが、別冊の「2級配当漢字表」で正字と許容字体の違いを確認しておくとよいでしょう。

も・く・じ

本書は、
● ［頻出度順］問題集（A、B、Cランク）
● 模擬テスト
● ［別冊］漢字検定2級合格ブック
で構成されています。

［頻出度順］問題集……13

Aランク　最頻出問題

Bランク　必修問題

本書は原則として2024年1月現在の情報に基づいています。

【頻出度順】問題集

頻出度 **A** ランク

最頻出問題

過去の試験で最も出題されているもの。

頻出度 **B** ランク

必修問題

過去の試験でよく出題されているもの。

頻出度 **C** ランク

満点問題

出題頻度はそれほど多くないが、
満点をめざすなら学習しておきたいもの。

パラパラマンガです。
息抜きしたいときにめくってね。
スケボーで遊んでいるよ。

頻出度
A ランク

読み ①

● 次の――線の漢字の読みをひらがなで答えよ。

目標時間 22分

1回目 ／44

2回目 ／44

1 職場で厳しく叱責される。

2 作業の進捗状態を確認する。

3 賞与で毎月の赤字を補塡する。

4 飲酒運転に因る事故が絶えない。

5 傲慢に周囲の人を見下す。

6 季節の花々が庭を彩る。

7 子猫が羽のおもちゃと戯れる。

8 旅人を懇ろにもてなす。

9 アルバイト代を家賃に充てる。

10 横柄な物言いをして嫌われる。

解答

1 しっせき

2 しんちょく 辞

3 ほてん 辞

4 よ

5 ごうまん

6 いろど

7 たわむ

8 ねんご 辞

9 あ

10 おうへい

11 会が中止になった旨を伝える。

12 事故を装って金をだまし取る。

13 少年は瞬く間に走り去った。

14 師である父の薫陶を受けて育つ。

15 通りすがりに会釈を交わす。

16 湖沼地帯に渡り鳥が降り立つ。

17 仲間と全国行脚の旅に出る。

18 若い時から語学に秀でていた。

19 桜を接ぎ木で増やす。

20 恩師は近代日本画の礎を築いた。

解答

11 むね

12 よそお

13 またた

14 くんとう 辞

15 えしゃく

16 こしょう 辞

17 あんぎゃ 辞

18 ひい

19 つ

20 いしずえ

☐ **21** この国を統べる王は偉大だ。
☐ **22** 傍らにはいつも愛犬の姿がある。
☐ **23** 三大疾病に備えて保険に加入する。
☐ **24** 漸く反乱が鎮まった。
☐ **25** 相互扶助の精神を養う。
☐ **26** 市場で鮮魚を競りにかける。
☐ **27** 人を不幸に陥れてはならない。
☐ **28** 詰問するような口調で問う。
☐ **29** 脚立に乗って木の枝を切る。
☐ **30** 後輩が自分の地位を脅かす。
☐ **31** 仰せのとおりにいたします。
☐ **32** 師弟の契りを交わす。
☐ **33** 潔く自らの責任を認める。
☐ **34** 悪い仲間に唆されて罪を犯す。

21 す
22 かたわ
23 しっぺい
24 しず
25 ふじょ
26 せ
27 おとしい
28 きつもん 辞
29 きゃたつ
30 おびや
31 おお
32 ちぎ
33 いさぎよ
34 そそのか

☐ **35** 玄関と窓を施錠して出かける。
☐ **36** 布巾を煮沸消毒する。
☐ **37** 種苗会社で働いている。
☐ **38** 結論を出すのは時期尚早だ。
☐ **39** 過激な発言が物議を醸した。
☐ **40** 人前でひどい辱めを受ける。
☐ **41** 七夕に短冊をササにつるす。
☐ **42** 文章には人柄が如実に現れる。
☐ **43** 将来有望な人材が払底している。
☐ **44** 信頼していた家臣に謀られる。

35 せじょう
36 しゃふつ
37 しゅびょう
38 しょうそう
39 かも
40 はずかし
41 たんざく
42 にょじつ
43 ふってい
44 はか

意味をCheck!

2 進捗…物事が進み、はかどること。
3 補塡…不足しているところや欠けているところを補うこと。
8 懇ろ…手厚く心がこもっているさま。親しいさま。
14 薫陶…優れた徳の力や品格で人を感化し、教育すること。

16 湖沼…みずうみと、ぬま。
17 行脚…僧侶が修行のため諸国を歩き回ること。各地を歩いて旅する意味でも用いられる。
28 詰問…相手を厳しく問いただすこと。

頻出度

A

ランク

読み②

目標時間 22分

1回目 ／44

2回目 ／44

● 次の――線の**漢字の読み**を**ひらがな**で答えよ。

☐ **1** 読書は心の糧と言われる。

☐ **2** 前例に倣って事を進める。

☐ **3** 組織の因循な体質に疲れ果てる。

☐ **4** 裁判所に訴訟を起こす。

☐ **5** 敷地に対する建坪の割合を出す。

☐ **6** 秋の夜長に酒を酌み交わす。

☐ **7** 宵のうちから雪になった。

☐ **8** 高原の清澄な空気を吸い込む。

☐ **9** 濁流に行く手を阻まれる。

☐ **10** 創業者を会長として奉る。

解答

1 かて
2 なら
3 いんじゅん 辞
4 そしょう
5 たてつぼ
6 く
7 よい
8 せいちょう
9 はば
10 たてまつ

☐ **11** 子犬がようやく家族に懐いた。

☐ **12** 受験を前に気持ちが萎縮する。

☐ **13** 大事な個人情報が筒抜けだ。

☐ **14** 面の皮が厚いやつだ。

☐ **15** 悪の巣窟を一網打尽にする。

☐ **16** 古都の名刹を訪ねる旅だ。

☐ **17** 勾配の急な山道を黙々と登る。

☐ **18** 軍事政権は一気に瓦解した。

☐ **19** 組織の形骸化を指摘する。

☐ **20** 対戦相手など歯牙にもかけない。

解答

11 なつ
12 いしゅく
13 つつぬ
14 つら
15 そうくつ
16 めいさつ
17 こうばい
18 がかい 辞
19 けいがい
20 しが

☐ 21 父の死期が旦夕に迫る。
☐ 22 山麓に大規模なスキー場がある。
☐ 23 真摯な気持ちで取り組む。
☐ 24 医師が頓服を処方してくれた。
☐ 25 長い年月を経て土砂が堆積した。
☐ 26 国王の戴冠式に列席する。
☐ 27 梅の花が綻ぶ暖かさだ。
☐ 28 ヤギが軽々と断崖絶壁を登る。
☐ 29 転んで膝を擦りむいた。
☐ 30 汎用性を重視した設計をする。
☐ 31 荒れ地を豊沃な耕地に変える。
☐ 32 恣意的に政治を動かす。
☐ 33 軍議で籠城が決まった。
☐ 34 匂いで選ぶなら桜より梅だ。

21 たんせき
22 さんろく
23 しんし 辞
24 とんぷく
25 たいせき
26 たいかん
27 ほころ
28 だんがい
29 ひざ
30 はんよう
31 ほうよく
32 しい 辞
33 ろうじょう
34 にお

☐ 35 報道内容は作り話だと一蹴した。
☐ 36 地域の人と親睦を図る。
☐ 37 残酷な事件に人々は戦慄した。
☐ 38 サケが生まれた川を遡上する。
☐ 39 波に翻弄されて浮き沈みする。
☐ 40 年老いた愛猫の健康を気遣う。
☐ 41 桜の木の下で和歌を詠む。
☐ 42 沖天の勢いで決勝戦に進んだ。
☐ 43 休日にも工場を稼働させる。
☐ 44 自分の過ちを認める。

35 いっしゅう
36 しんぼく
37 せんりつ
38 そじょう 辞
39 ほんろう 辞
40 あいびょう
41 よ
42 ちゅうてん 辞
43 かどう
44 あやま

意味をCheck!

3 因循…古い方法や習慣に従い、改めようとしないこと。
18 瓦解…一部の瓦が落ちると屋根全体の瓦が崩れてしまうように、組織などの秩序あるものが崩壊すること。
23 真摯…まじめに打ち込むこと。一心に行うさま。

32 恣意的…思いつきで気ままに判断するさま。
38 遡上…川などの流れをさかのぼること。
39 翻弄…思いのままにもてあそぶこと。
42 沖天…天に届くほど威勢がよいこと。天高くのぼること。

頻出度 A ランク

読み ③

目標時間 22分

1回目 /44

2回目 /44

● 次の――線の**漢字の読み**を**ひらがな**で答えよ。

☐ 1 肝臓を患って通院している。

☐ 2 旧経営陣の不正を糾明する。

☐ 3 自己顕示欲の強い男だ。

☐ 4 みなさんのご意見を賜りたい。

☐ 5 円借款は有償資金協力ともいう。

☐ 6 庭木の中では殊に桜が好きだ。

☐ 7 政治家が舌禍事件を起こした。

☐ 8 知識の多寡だけでは評価しない。

☐ 9 見学自由、但し撮影は禁止です。

☐ 10 口当たりの軟らかい水だ。

解答

1 わずら
2 きゅうめい
3 けんじ
4 たまわ
5 しゃっかん
6 こと
7 ぜっか 辞
8 たか
9 ただ
10 やわ

☐ 11 部活動を通じて友情を培う。

☐ 12 平衡感覚を養う運動を行う。

☐ 13 言葉は時代とともに変遷する。

☐ 14 選手に褒賞金が支給される。

☐ 15 とっさの場面で機転の利く人だ。

☐ 16 見目麗しい女性がほほえむ。

☐ 17 野の花に春の兆しを感じる。

☐ 18 好事家向けの本を扱う書店だ。

☐ 19 我が子の学業成就を願う。

☐ 20 両者の折衷案に決まった。

解答

11 つちか 辞
12 へいこう
13 へんせん
14 ほうしょう
15 き
16 うるわ 辞
17 きざ
18 こうずか
19 じょうじゅ
20 せっちゅう

☐ 21 庶出の子を疎んじる。
☐ 22 春の息吹を感じる。
☐ 23 新しく鉄道を敷設する。
☐ 24 理由も併せてご記入ください。
☐ 25 部屋中に芳しい香りが漂う。
☐ 26 おかしな話が流布している。
☐ 27 道路を碁盤目状に張り巡らせる。
☐ 28 愁いを帯びた目で見つめる。
☐ 29 上司が部下たちを督励する。
☐ 30 失敗して惨めな気持ちになる。
☐ 31 賃上げ交渉が妥結する。
☐ 32 世界最大の渦潮を見物する。
☐ 33 カラスが電柱に営巣する。
☐ 34 火照った体を水風呂で冷ます。

21 うと
22 いぶき
23 ふせつ
24 あわ
25 かんば 辞
26 るふ
27 ごばん
28 うれ
29 とくれい
30 みじ
31 だけつ
32 うずしお
33 えいそう 辞
34 ほて

☐ 35 格子柄の浴衣を着る。
☐ 36 まるで頑是ない子どものようだ。
☐ 37 不祥事続きで進退窮まる。
☐ 38 筋肉質で均斉のとれた体型だ。
☐ 39 際どいところで事故を免れた。
☐ 40 赤ちゃんに産着を着せる。
☐ 41 酸いも甘いもかみ分ける。
☐ 42 市井の画家として生きる。
☐ 43 重要事項の対処法を会議に諮る。
☐ 44 国内外の資料を渉猟する。

35 こうし
36 がんぜ 辞
37 きわ
38 きんせい
39 きわ
40 うぶぎ
41 す 辞
42 しせい
43 はか 辞
44 しょうりょう

意味をCheck!

7 舌禍…自分の発言が人の怒りを買うなどして受ける災い。
11 培う…時間をかけて大切に養い育てる。
16 麗しい…気高く美しい。心あたたまるさまだ。機嫌がよく晴れ晴れしている。
25 芳しい…よいにおいが強くする。こうばしい。

33 営巣…動物が巣を作ること。
36 頑是…わきまえること。分別。
41 酸いも甘いもかみ分ける…人生の経験が豊富で、人情や世事に通じていること。
43 諮る…他人に意見を求めたり、相談したりすること。

頻出度 A ランク

読み④

目標時間 22分

1回目 /44

2回目 /44

● 次の――線の漢字の読みをひらがなで答えよ。

1 その発言は厚顔無恥も甚だしい。
2 心から反省して許しを請う。
3 社会の漸進的な発展を望む。
4 浜辺でウクレレを奏でる。
5 荘重なクラシック音楽を好む。
6 泥縄式の勉強では合格できない。
7 女王陛下に拝謁する。
8 兄に比肩する者はいない。
9 寒くて布団から出られない。
10 相手チームの弱点を暴く。

解答

1 はなは
2 こ
3 ぜんしん
4 かな
5 そうちょう 辞
6 どろなわ
7 はいえつ
8 ひけん 辞
9 ふとん
10 あば

11 子供たちに諭すように教える。
12 栄えある母校の伝統を汚すまい。
13 庭の松の枝を矯める。
14 風薫る五月となりました。
15 医療費控除の適用を受ける。
16 夜が更けてから起き出す。
17 工事現場を宰領する。
18 川辺を歩きながら思索にふける。
19 クレームには迅速に対応する。
20 長年製靴業を営んでいる。

解答

11 さと
12 は
13 た
14 かお
15 こうじょ
16 ふ
17 さいりょう 辞
18 しさく
19 じんそく
20 せいか

□21 原稿に適宜修正を加える。
□22 自分の方針に拘泥して失敗する。
□23 滋味あふれる郷土料理を楽しむ。
□24 初心者だと侮ると痛い目にあう。
□25 屋敷の重厚な門扉を開く。
□26 野良仕事に精を出す。
□27 書類に押印する。
□28 まさに春宵一刻値千金である。
□29 そのひと言が気に障った。
□30 額から汗が滴り落ちる。
□31 強敵相手に一矢を報いる。
□32 ついに堪忍袋の緒が切れた。
□33 虐げられた民衆が立ち上がる。
□34 執事が恭しく頭を下げた。

21 てきぎ
22 こうでい 辞
23 じみ
24 あなど
25 もんぴ
26 のら
27 おういん
28 しゅんしょう 辞
29 さわ
30 したた
31 いっし
32 かんにん
33 しいた
34 うやうや

□35 狭量な上司に耐えかねる。
□36 心の琴線に触れる物語だった。
□37 素材の品質を吟味して服を買う。
□38 軽侮の念が込められた言葉だ。
□39 アイデアが枯渇してしまった。
□40 名画が散逸して海外に流出した。
□41 私淑する作曲家の曲を聴く。
□42 優勝者に賜杯が贈られた。
□43 戸籍抄本を郵送で取り寄せる。
□44 崇高な理想をもって医師になる。

35 きょうりょう
36 きんせん
37 ぎんみ
38 けいぶ
39 こかつ
40 さんいつ
41 ししゅく
42 しはい 辞
43 しょうほん 辞
44 すうこう

意味をCheck!

5 荘重…厳かで重々しいこと。
8 比肩…同じ程度であること。肩を並べること。
17 宰領…多くの人を監督し、取り締まること。
22 拘泥…必要以上にこだわること。
28 春宵一刻値千金…花が香り、おぼろ月のかかる春の夜は、大変に趣があり、一刻が千金にも値する心地であること。
42 賜杯…天皇や皇族などから競技の勝者に与えられる優勝杯。
43 抄本…原本となる種類の一部を抜き出したもの。

頻出度 A ランク

読み⑤

目標時間 22分

1回目 ／44

2回目 ／44

● 次の――線の**漢字の読み**を**ひらがな**で答えよ。

1 一派が組織の枢要を占めている。
2 裁判官が被告人に説諭する。
3 繊細な筆致で描かれた小説だ。
4 このところ懐具合が寂しい。
5 早暁まだ暗いうちに出立する。
6 側溝にたまった枯葉を取り除く。
7 稚拙な表現だと酷評される。
8 徹宵して仲間と語り明かす。
9 俗世を離れ尼僧として生きる。
10 スポーツで八百長が行われた。

解答

1 すうよう 辞
2 せつゆ 辞
3 せんさい
4 ふところ
5 そうぎょう
6 そっこう
7 ちせつ
8 てっしょう 辞
9 にそう
10 やおちょう

11 風霜に耐えて必死に生きる。
12 強力な一撃で敵を粉砕する。
13 奮戦した家臣に褒美を取らせる。
14 感染症の撲滅に力を注ぐ。
15 岬の先端から海を一望する。
16 先生について謡を習う。
17 ブドウを圧搾してジュースをとる。
18 発言の広狭二つの意味を考える。
19 先生が生徒たちを慈しむ。
20 漆器は日本の伝統工芸品である。

解答

11 ふうそう 辞
12 ふんさい
13 ほうび
14 ぼくめつ
15 みさき
16 うたい
17 あっさく
18 こうきょう
19 いつく
20 しっき

21 その会社には醜聞が絶えない。
22 各地の俊才を集めて育成する。
23 美しいが凡庸な絵だ。
24 日本画壇に旋風を巻き起こした。
25 夏休みに先生が薦める本を読む。
26 未来を担う人材を育成する。
27 和風庭園に築山を作る。
28 友人の突然の死を悼む。
29 茶道の秘奥を究める。
30 知人は富裕層の家庭に育った。
31 外食は栄養が偏りがちだ。
32 時代の奔流にあらがって生きる。
33 日本各地を遊説して回る。
34 朝顔のつるが支柱に絡む。

21 しゅうぶん 辞
22 しゅんさい
23 ぼんよう
24 せんぷう
25 すす
26 にな
27 つきやま 辞
28 いた
29 ひおう 辞
30 ふゆう
31 かたよ
32 ほんりゅう
33 ゆうぜい 辞
34 から

35 ぜひ我が家で一献差し上げたい。
36 祖父は非常に寡欲な人だった。
37 指導力のある経営者を渇望する。
38 大人の鑑賞に堪える映画だ。
39 悪魔のように忌み嫌われる。
40 金銭欲の権化のような男だ。
41 駅前の商店街が廃れる。
42 予算案を巡り議会が紛糾した。
43 蚕の繭から生糸を紡ぐ。
44 幾星霜を経て二人は再会した。

35 いっこん
36 かよく
37 かつぼう
38 た
39 い
40 ごんげ
41 すた
42 ふんきゅう
43 つむ
44 せいそう 辞

意味をCheck!

1 枢要…最も大切なところ。
2 説諭…悪い行いを改めるよう教えさとすこと。
8 徹宵…夜通し。徹夜。
11 風霜…風と霜の意から、きびしい世の中の苦難をいう。
21 醜聞…その人の行動などについてのよくない評判。

27 築山…庭園や公園などに、土砂や石でつくった小山。
29 秘奥…学問や芸術などの、簡単には到達できない奥深いところ。
33 遊説…意見や主張を説いて回ること。
44 星霜…としつき。年月。

頻出度 A ランク

読み⑥

目標時間 22分

1回目 /44

2回目 /44

● 次の――線の**漢字の読み**を**ひらがな**で答えよ。

1 学生たちが会社を興す。
2 重臣の敵への内通が露顕する。
3 ひと月一万円で食事を賄う。
4 実用的で且つ楽しい教材だ。
5 貧しい人々に功徳を施す。
6 病室で祖父の最期をみとる。
7 原稿用紙の升目に文字を埋める。
8 焦る気持ちを抑えて封を切る。
9 兄はいつも平気で約束を翻す。
10 頒価千円で資料を提供する。

解答

1 おこ
2 ろけん 辞
3 まかな
4 か 辞
5 くどく
6 さいご
7 ますめ
8 あせ
9 ひるがえ
10 はんか 辞

11 相手の強さを目の当たりにする。
12 故人の息子が葬儀の施主となる。
13 社会の安寧秩序を保つ。
14 渦中の人物が登場した。
15 汚らわしい金は受け取れない。
16 有力大名たちが角逐する。
17 それは閑却できない問題だ。
18 享楽的な生き方を変えられない。
19 志半ばで凶刃に倒れる。
20 親友の消息は知る由もない。

解答

11 ま
12 せしゅ 辞
13 あんねい
14 かちゅう
15 けが
16 かくちく
17 かんきゃく 辞
18 きょうらく
19 きょうじん
20 よし

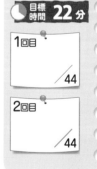

□ 21 辞書の冒頭に凡例が書かれている。
□ 22 奈良時代に国分寺が建立された。
□ 23 長年の懸案事項が解決した。
□ 24 庫裏に住職の家族が住んでいる。
□ 25 お役に立てれば幸甚の至りです。
□ 26 次々に大臣が更迭された。
□ 27 新作映画が酷評された。
□ 28 大手企業の傘下に入る。
□ 29 粛然としてその時を待つ。
□ 30 貪るように本を読んだ。
□ 31 お神酒上がらぬ神はない。
□ 32 澄明な水をたたえた泉がある。
□ 33 ぜひ拙宅にもお寄りください。
□ 34 堕落した生活を続けている。

21 はんれい
22 こんりゅう
23 けんあん
24 くり
25 こうじん 辞
26 こうてつ
27 こくひょう
28 さんか
29 しゅくぜん
30 むさぼ
31 みき
32 ちょうめい 辞
33 せったく
34 だらく

□ 35 五年ぶりに優勝旗を奪還する。
□ 36 住宅に逐次改修を加えていく。
□ 37 長患いの父を看護する。
□ 38 米の収穫量が逓減している。
□ 39 季節によって繁閑の差がある。
□ 40 説明不足の感が否めない。
□ 41 後輩の行為に憤りを感じた。
□ 42 大きな荷物を肩に担ぐ。
□ 43 被告側は控訴を断念した。
□ 44 川沿いに新しい文明が興った。

35 だっかん
36 ちくじ
37 ながわずら
38 ていげん
39 はんかん
40 いな
41 いきどお
42 かつ
43 こうそ
44 おこ

意味をCheck!

2 露顕…悪事や秘密など、隠していたことがばれること。「露見」と同意。
4 且つ…二つのことが並行して行われることを表す。
10 頒価…頒布（品物などを広く行き渡らせること）するときの価格。

12 施主…布施を行う人。葬式などを営む当主。建築物の注文主。
17 閑却…いい加減にして放置すること。
25 幸甚…非常に幸せであること。
32 澄明…空気や水がすみきっていること。

頻出度
A
ランク

読み⑦

目標時間 22分

1回目 /44
2回目 /44

● 次の——線の**漢字の読み**を**ひらがな**で答えよ。

1 十円硬貨に緑青がついていた。
2 政策の矛盾点を露呈した。
3 家業の経営状態は安泰だ。
4 遠い異国で懐郷の念を抱く。
5 春の夜に観桜の宴を催す。
6 故意に偽の情報が流された。
7 男の不幸な境涯を描いた映画だ。
8 誘拐教唆で逮捕される。
9 内部告発の犯人探しに狂奔する。
10 資格取得の暁には事業を始める。

解答
1 ろくしょう 辞
2 ろてい
3 あんたい
4 かいきょう 辞
5 かんおう
6 にせ
7 きょうがい
8 きょうさ 辞
9 きょうほん
10 あかつき

11 靴墨をつけて丁寧に布でこする。
12 水辺で鳥たちが憩う。
13 迷子の犬を血眼になって捜す。
14 紺青の海が果てしなく広がる。
15 夢ははかなくも打ち砕かれた。
16 ドウドウと手綱を引く。
17 まさに「衆寡敵せず」だった。
18 教会で永遠の愛を誓う。
19 市の人口は五年間漸増している。
20 中国の思想書『中庸』を読む。

解答
11 くつずみ
12 いこ
13 ちまなこ
14 こんじょう
15 くだ
16 たづな
17 しゅうか
18 ちか
19 ぜんぞう
20 ちゅうよう 辞

- □ **21** 銀山などは幕府の直轄地だった。
- □ **22** 法律の分野に通暁している。
- □ **23** 参加した五チームで釣果を競う。
- □ **24** 領主に特産品を貢ぐ。
- □ **25** 披露宴で媒酌の労をとる。
- □ **26** 職人たちが家を普請する。
- □ **27** そろいの法被を着て踊る。
- □ **28** 部下を褒めて育てる。
- □ **29** 初級の文法を網羅した本を読む。
- □ **30** 山奥に住む老翁を訪ねる。
- □ **31** 昼ごろから悪寒がして早退した。
- □ **32** 巧みな話術で敵を懐柔する。
- □ **33** 雨不足で野菜の値段が急騰した。
- □ **34** 生理的な嫌悪感を覚える。

21 ちょっかつ
22 つうぎょう 辞
23 ちょうか
24 みつ
25 ばいしゃく
26 ふしん
27 はっぴ
28 ほ
29 もうら
30 ろうおう
31 おかん
32 かいじゅう 辞
33 きゅうとう
34 けんお

- □ **35** 真相は闇から闇に葬られた。
- □ **36** 端数を繰り上げて計算する。
- □ **37** 借金返済の督促状が届いた。
- □ **38** 納屋の中のがらくたを片づける。
- □ **39** ぞうりの鼻緒をすげる。
- □ **40** 父は金の亡者になってしまった。
- □ **41** 政財界の癒着が明るみに出る。
- □ **42** 下水処理場で汚泥を処理する。
- □ **43** 寡聞にして存じません。
- □ **44** さまざまな変化球を会得する。

35 ほうむ
36 はすう
37 とくそく
38 なや
39 はなお
40 もうじゃ
41 ゆちゃく
42 おでい
43 かぶん
44 えとく

意味をCheck!

1 緑青…銅や銅の合金の表面にできる緑色のさび。
4 懐郷…故郷をなつかしく思うこと。
8 教唆…ある事を起こすようにそそのかすこと。
20 中庸…考え方などが偏らず、極端でないこと。中正であること。『中庸』は中国の思想書。儒教の根本思想。

---

22 通暁…夜を通じて朝に至ること。徹夜。ある物事について非常に詳しく知っていること。
32 懐柔…うまく相手の気持ちをつかんで、思いどおりに従わせること。

頻出度
A ランク

読み ⑧

目標時間 22分

1回目 ／44

2回目 ／44

● 次の――線の**漢字の読み**を**ひらがな**で答えよ。

☐ 1 体は小さいが剛腹な男だ。
☐ 2 煩悩にとらわれて苦しむ。
☐ 3 ざくざくと霜柱を踏んで歩く。
☐ 4 その男の生死は定かではない。
☐ 5 土壇場で婚約を破棄する。
☐ 6 飲酒運転は御法度だ。
☐ 7 煩わしい問題ばかり起こる。
☐ 8 不祥事で公務員を罷免する。
☐ 9 これは狭義の意味の日本料理だ。
☐ 10 畑を耕して畝を作る。

解答

1 ごうふく 辞
2 ぼんのう
3 しもばしら
4 さだ
5 どたんば
6 ごはっと
7 わずら
8 ひめん 辞
9 きょうぎ
10 うね

☐ 11 医師の指導で断食療法を行う。
☐ 12 葛餅の作り方を調べる。
☐ 13 忌まわしい記憶がまといつく。
☐ 14 神々しいまでに美しい景色だ。
☐ 15 由緒ある寺社を巡る旅をする。
☐ 16 素朴な渦紋の皿を好んで使う。
☐ 17 開襟シャツのボタンを外す。
☐ 18 世界中の傑物伝を読む。
☐ 19 国会図書館に著書を献本する。
☐ 20 友人の実家に居候している。

解答

11 だんじき
12 くずもち
13 い
14 こうごう
15 ゆいしょ
16 かもん 辞
17 かいきん 辞
18 けつぶつ 辞
19 けんぽん
20 いそうろう

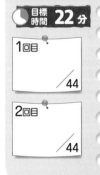

☐ 21 錦秋の古都を訪ねる。
☐ 22 空は群青色に染まった。
☐ 23 個展の作品はどれも秀逸だ。
☐ 24 医師の講演内容を抄録する。
☐ 25 式は厳かに執り行われた。
☐ 26 師匠に教えを乞う。
☐ 27 中間報告の梗概をまとめる。
☐ 28 一族の将来が双肩にかかる。
☐ 29 荘厳な鐘の音が響き渡る。
☐ 30 地獄の沙汰も金次第という。
☐ 31 おせち用に漆塗りの重箱を買う。
☐ 32 母校の野球部が初陣を飾った。
☐ 33 焦眉の急の事態に冷静さを失う。
☐ 34 手入れされた植栽が美しい。

21 きんしゅう
22 ぐんじょう
23 しゅういつ
24 しょうろく 辞
25 おごそ
26 こ
27 こうがい 辞
28 そうけん
29 そうごん
30 さた
31 うるしぬ
32 ういじん
33 しょうび
34 しょくさい

☐ 35 谷底をのぞき思わず尻込みする。
☐ 36 国際協力の裾野を広げる。
☐ 37 凄惨な場面に目を覆う。
☐ 38 己の欲するところに従う。
☐ 39 ほうじ茶より煎茶が好みだ。
☐ 40 尊い使命を全うする。
☐ 41 乾漆の技法で仏像を制作する。
☐ 42 上司に全幅の信頼を寄せている。
☐ 43 犬には帰巣本能があるとされる。
☐ 44 さわやかな薫風に初夏を感じる。

35 しりごみ
36 すその
37 せいさん
38 ほっ
39 せんちゃ
40 まっと
41 かんしつ
42 ぜんぷく
43 きそう
44 くんぷう 辞

意味をCheck!

1 剛腹…肝がすわり、度量が広いこと。
8 罷免…公職についている人の職務をやめさせること。
16 渦紋…うず巻きの模様や形のこと。
17 開襟シャツ…襟を開いてネクタイをせずに着るシャツ。

18 傑物…非常に抜きん出た人物。
24 抄録…論文などの必要な部分だけを書き抜くこと。抜き書き。
27 梗概…物語や戯曲などのあらすじ。
44 薫風…初夏に新緑を抜けて吹いてくる心地よい風。

頻出度 A ランク

読み ⑨

目標時間 22分

1回目 ／44

2回目 ／44

● 次の――線の**漢字の読み**を**ひらがな**で答えよ。

1 口承されてきた音楽を採譜する。

2 病後の痩身が痛々しい。

3 バラの木を挿し木で増やす。

4 本物と見比べても遜色がない。

5 地域住民の意見を聴聞する。

6 胃に小さな潰瘍が見つかった。

7 責任転嫁はみっともないことだ。

8 家を建てる前に棟上げ式を行う。

9 欧州留学に憧れる。

10 人知れず払暁に旅立った。

解答

1 さいふ 辞
2 そうしん
3 さ
4 そんしょく
5 ちょうもん
6 かいよう
7 てんか
8 むねあ 辞
9 あこが
10 ふつぎょう 辞

11 裏切り者を蔑む。

12 外科手術で病巣を除去する。

13 新たに勃興した国が大国を倒す。

14 大声で歌って憂さを晴らす。

15 窯元から陶器を買い付ける。

16 二つの製品の性能は雲泥の差だ。

17 国王に謁見を許される。

18 周囲の協力をかたくなに拒む。

19 派閥の領袖に取り入る。

20 新入幕力士が殊勲賞を受賞した。

解答

11 さげす
12 びょうそう
13 ぼっこう
14 う
15 かまもと
16 うんでい 辞
17 えっけん
18 こば
19 りょうしゅう
20 しゅくん 辞

21 猫が捕えた鼠を弄ぶ。
22 我が家は山の麓にある。
23 激しい憎悪の表情を見せた。
24 酒や麻薬に惑溺する。
25 傲然たる態度で威圧する。
26 嘲るような冷たい視線を感じる。
27 名誉毀損で訴える。
28 最近、気分が鬱屈している。
29 緻密な計画を立てる。
30 留学中に父の訃報を知らされる。
31 繁華街で殴打事件が起こった。
32 チームの成績不振に業を煮やす。
33 台風は激甚な被害をもたらした。
34 温暖化の傾向が顕著に現れる。

21 もてあそ
22 ふもと
23 ぞうお
24 わくでき
25 ごうぜん
26 あざけ
27 きそん
28 うっくつ
29 ちみつ
30 ふほう
31 おうだ
32 ごう
33 げきじん
34 けんちょ

35 出品に作品の巧拙は問われない。
36 慎重にヒグマの毛皮を剝ぐ。
37 兄も安閑としてはいられない。
38 この度の失態は汗顔の至りです。
39 参加者は毎年漸次増加している。
40 仏道に帰依する。
41 電車のドアに手が挟まる。
42 それは余りにも狭小な見方だ。
43 人を卑しめる行為はやめなさい。
44 迎賓館で歓迎式典が行われた。

35 こうせつ
36 は
37 あんかん
38 かんがん 辞
39 ぜんじ
40 きえ
41 はさ
42 きょうしょう
43 いや
44 げいひんかん

意味をCheck!

1 **採譜**…楽譜に書かれていない口承の歌などを楽譜に書き取ること。

8 **棟上げ**…家を建築中、柱などの骨組みができたときに、最上部に棟木を上げること。また、そのときに行う儀式。

10 **払暁**…明けがた。

16 **雲泥の差**…天と地ほど隔たりがあること。

20 **殊勲**…特にすぐれた功績。立派に仕事を成しとげた名誉。

38 **汗顔の至り**…すっかり恥じ入った様子のこと。顔に汗をかくほど恥ずかしく感じること。

頻出度

A

ランク

部首①

目標時間 28分

1回目 ／56

2回目 ／56

● 次の漢字の**部首**を答えよ。

〈例〉 花 ［艹］ 関 ［門］

□ 1 畝
□ 2 虜
□ 3 爵
□ 4 嗣
□ 5 喪
□ 6 寧

□ 7 亜
□ 8 升
□ 9 摩
□ 10 丙
□ 11 且
□ 12 妥

解答

1 田（た）
2 虍（とらがしら／とらかんむり）
3 爫（つめかんむり／つめがしら）
4 口（くち）
5 口（くち）
6 宀（うかんむり）

7 二（に）
8 十（じゅう）
9 手（て）
10 一（いち）
11 一（いち）
12 女（おんな）

□ 13 亭
□ 14 瓶
□ 15 殻
□ 16 尉
□ 17 缶
□ 18 臭

□ 19 泰
□ 20 衷
□ 21 呈
□ 22 賓
□ 23 褒
□ 24 奔

解答

13 亠（なべぶた／けいさんかんむり）
14 瓦（かわら）
15 殳（るまた／ほこづくり）
16 寸（すん）
17 缶（ほとぎ）
18 自（みずから）

19 氺（したみず）
20 衣（ころも）
21 口（くち）
22 貝（かい／こがい）
23 衣（ころも）
24 大（だい）

25 磨
26 耗
27 戻
28 竜
29 款
30 享
31 蛍
32 甚

33 麻
34 刃
35 斉
36 弔
37 凸
38 窯
39 勅
40 薫

25 石（いし）
26 耒（すきへん らいすき）
27 戸（とだれ とかんむり）
28 竜（りゅう）
29 欠（あくび かける）
30 亠（なべぶた けいさんかんむり）
31 虫（むし）
32 甘（かん あまい）
33 麻（あさ）
34 刀（かたな）
35 斉（せい）
36 弓（ゆみ）
37 凵（うけばこ）
38 穴（あなかんむり）
39 力（ちから）
40 艹（くさかんむり）

41 煩
42 累
43 殉
44 彰
45 虞
46 韻
47 恭
48 栽

49 叙
50 弊
51 羅
52 劾
53 翁
54 献
55 呉
56 辱

41 火（ひへん）
42 糸（いと）
43 歹（かばねへん いちたへん がつへん）
44 彡（さんづくり）
45 虍（とらがしら とらかんむり）
46 音（おと）
47 小（したごころ）
48 木（き）
49 又（また）
50 廾（こまぬき にじゅうあし）
51 罒（あみがしら あみめ よこめ）
52 力（ちから）
53 羽（はね）
54 犬（いぬ）
55 口（くち）
56 辰（しんのたつ）

頻出度

A

ランク

部首②

目標時間 28分

1回目 /56

2回目 /56

●次の漢字の**部首**を答えよ。

〈例〉花 〔艹〕 関 〔門〕

☐1 崇
☐2 軟
☐3 尼
☐4 塁
☐5 充
☐6 威
☐7 雇
☐8 昆
☐9 唇
☐10 丹
☐11 徹
☐12 頻

解答

1 山（やま）
2 車（くるまへん）
3 尸（かばね しかばね）
4 土（つち）
5 儿（ひとあし にんにょう）
6 女（おんな）
7 隹（ふるとり）
8 日（ひ）
9 口（くち）
10 丶（てん）
11 彳（ぎょうにんべん）
12 頁（おおがい）

☐13 衡
☐14 甲
☐15 凹
☐16 斬
☐17 更
☐18 豪
☐19 艶
☐20 囚
☐21 致
☐22 癒
☐23 隷
☐24 辣

解答

13 行（ぎょうがまえ ゆきがまえ）
14 田（た）
15 凵（うけばこ）
16 斤（おのづくり）
17 曰（ひらび いわく）
18 豕（ぶた いのこ）
19 色（いろ）
20 囗（くにがまえ）
21 至（いたる）
22 疒（やまいだれ）
23 隶（れいづくり）
24 辛（からい）

25	26	27	28	29	30	31	32
庸	貢	淑	扉	疑	再	酌	叔

33	34	35	36	37	38	39	40
準	朴	了	串	塑	窮	克	索

番号	部首
25	广（まだれ）
26	貝（かい こがい）
27	氵（さんずい）
28	戸（とだれ とかんむり）
29	疋（ひき）
30	冂（どうがまえ けいがまえ まきがまえ）
31	酉（とりへん）
32	又（また）
33	氵（さんずい）
34	木（きへん）
35	亅（はねぼう）
36	丨（ぼう たてぼう）
37	土（つち）
38	穴（あなかんむり）
39	儿（ひとあし にんにょう）
40	糸（いと）

41	42	43	44	45	46	47	48
塞	幾	既	宰	辞	宵	帥	旋

49	50	51	52	53	54	55	56
真	夢	羞	武	矛	面	吏	乏

番号	部首
41	土（つち）
42	幺（よう いとがしら）
43	旡（なし すでのつくり）
44	宀（うかんむり）
45	辛（からい）
46	宀（うかんむり）
47	巾（はば）
48	方（ほうへん かたへん）
49	目（め）
50	夕（た ゆうべ）
51	羊（ひつじ）
52	止（とめる）
53	矛（ほこ）
54	面（めん）
55	口（くち）
56	ノ（の はらいぼう）

頻出度 A ランク

熟語の構成①

目標時間 18分

1回目 /36

2回目 /36

●**熟語の構成**のしかたには次のようなものがある。

ア 同じような意味の漢字を重ねたもの （**岩石**）
イ 反対または対応の意味を表す字を重ねたもの （**高低**）
ウ 上の字が下の字を修飾しているもの （**洋画**）
エ 下の字が上の字の目的語・補語になっているもの （**着席**）
オ 上の字が下の字の意味を打ち消しているもの （**非常**）

次の熟語は右の**ア～オ**のどれにあたるか、**一つ**選び、**記号**で答えよ。

1 争覇
2 存廃
3 多寡
4 早晩
5 点滅
6 抑揚

解答と解説

1 **エ**（**そうは**） 争う⬆覇権を
2 **イ**（**そんぱい ぞんぱい**） 存続⬍廃止
3 **イ**（**たか**） 多い⬍寡（すくない）
4 **イ**（**そうばん**） 早い⬍晩（おそい）
5 **イ**（**てんめつ**） 点（つく）⬍滅（きえる）
6 **イ**（**よくよう**） 抑える⬍揚げる

7 媒介
8 雅俗
9 巧拙
10 親疎
11 叙勲
12 往還

解答と解説

7 **ア**（**ばいかい**） どちらも「なかだちをする」意。
8 **イ**（**がぞく**） 雅（上品だ）⬍俗（いやしい）
9 **イ**（**こうせつ**） 巧みだ⬍拙い
10 **イ**（**しんそ**） 親しい⬍疎む
11 **エ**（**じょくん**） 叙する（授ける）⬆勲等を
12 **イ**（**おうかん**） 往（いく）⬍還（かえる）

☐ 13 禍福

☐ 14 寛厳

☐ 15 去就

☐ 16 慶弔

☐ 17 叙情

☐ 18 繁閑

☐ 19 謹呈

☐ 20 贈賄

13 イ（かふく）
禍（わざわい）↕福

14 イ（かんげん）
寛大↕厳格

15 イ（きょしゅう）
去る↕就く

16 イ（けいちょう）
慶（いわう）↕弔う

17 エ（じょじょう）
叙（のべる）↑感情を

18 イ（はんかん）
繁忙↕閑（ひま）

19 ウ（きんてい）
謹んで↓呈する（差し上げる）

20 エ（ぞうわい）
贈る↑賄賂を

☐ 21 罷業

☐ 22 不肖

☐ 23 逸脱

☐ 24 籠城

☐ 25 玩弄

☐ 26 隠顕

☐ 27 任免

☐ 28 享楽

21 エ（ひぎょう）
罷（や）める↑作業を

22 オ（ふしょう）
肖（似てい）ない

23 ア（いつだつ）
どちらも「はずれる」意。

24 エ（ろうじょう）
籠（こもって）敵から防ぐ↑城に

25 ア（がんろう）
どちらも「もてあそぶ」意。

26 イ（いんけん）
隠れる↕顕（あらわ）れる

27 イ（にんめん）
任じる↕免じる

28 エ（きょうらく）
享（うける）↑楽しみを

☐ 29 忍苦

☐ 30 未遂

☐ 31 妄想

☐ 32 露顕

☐ 33 享受

☐ 34 弾劾

☐ 35 扶助

☐ 36 公僕

29 エ（にんく）
忍ぶ↑苦しみを

30 オ（みすい）
未（いま）だ遂げず

31 ウ（もうそう）
妄（でたらめな）↓想像

32 ア（ろけん）
どちらも「あらわれる」意。

33 ア（きょうじゅ）
どちらも「うける」意。

34 ア（だんがい）
弾は「悪事を正す」、劾は「罪をあばく」意。

35 ア（ふじょ）
どちらも「たすける」意。

36 ウ（こうぼく）
公の↓僕（しもべ）（公務員）

頻出度 A ランク

熟語の構成②

目標時間 18分

1回目 /36

2回目 /36

● 熟語の構成のしかたには次のようなものがある。

ア 同じような意味の漢字を重ねたもの（岩石）
イ 反対または対応の意味を表す字を重ねたもの（高低）
ウ 上の字が下の字を修飾しているもの（洋画）
エ 下の字が上の字の目的語・補語になっているもの（着席）
オ 上の字が下の字の意味を打ち消しているもの（非常）

次の熟語は右のア～オのどれにあたるか、一つ選び、記号で答えよ。

1 折衷
2 衆寡
3 殉職
4 懇請
5 伴侶
6 叙景

解答と解説

1 エ（せっちゅう）折り合いをつける⬆衷（なかほど）で
2 イ（しゅうか）衆（おおい）⬍寡（すくない）
3 エ（じゅんしょく）殉ずる（命を落とす）⬆職務に
4 ウ（こんせい）懇ろに（心をこめて）⬇請う（願う）
5 ア（はんりょ）どちらも「仲間、連れ」の意。
6 エ（じょけい）叙（のべる）⬆景色を

7 上棟
8 功罪
9 環礁
10 未了
11 凡庸
12 漆黒

解答と解説

7 エ（じょうとう）上げる⬆棟木を
8 イ（こうざい）功績⬍罪過
9 ウ（かんしょう）環状の⬇さんご礁
10 オ（みりょう）未（いま）だ完了せず
11 ア（ぼんよう）どちらも「ふつう」の意。
12 ウ（しっこく）漆のように⬇黒くつやがある

☐ 13 検疫
☐ 14 硬軟
☐ 15 剛柔
☐ 16 直轄
☐ 17 広漠
☐ 18 疾患
☐ 19 浄財
☐ 20 旋風

13 エ（けんえき）
検査する⬆疫病を

14 イ（こうなん）
硬い⬍軟らかい

15 イ（ごうじゅう）
剛（かたい）⬍柔らかい

16 ウ（ちょっかつ）
直接⬇管轄する

17 ア（こうばく）
どちらも「ひろい」意。

18 ア（しっかん）
どちらも「病気、やまい」の意。

19 ウ（じょうざい）
浄（きよい）⬇財産（寄付金）

20 ウ（せんぷう）
旋（うずまき）の⬇風

☐ 21 頒価
☐ 22 来賓
☐ 23 遷都
☐ 24 不浄
☐ 25 未来
☐ 26 無窮
☐ 27 核心
☐ 28 把握

21 ウ（はんか）
頒布する⬇価格

22 ウ（らいひん）
来（招かれた）⬇賓（客）

23 エ（せんと）
遷（うつす）⬆都を

24 オ（ふじょう）
浄（きよ）くない

25 オ（みらい）
未（いま）だ来ず

26 オ（むきゅう）
窮まり（果て）が無い

27 ア（かくしん）
どちらも「物事の大切な部分」の意。

28 ア（はあく）
どちらも「にぎる」意。

☐ 29 興廃
☐ 30 収賄
☐ 31 旋回
☐ 32 抹茶
☐ 33 不偏
☐ 34 赴任
☐ 35 造幣
☐ 36 寡少

29 イ（こうはい）
興る⬍廃れる

30 エ（しゅうわい）
収める⬆賄賂を

31 ア（せんかい）
どちらも「まわる」意。

32 ウ（まっちゃ）
（粉）抹の⬇茶

33 オ（ふへん）
偏らない

34 エ（ふにん）
赴く⬆任地に

35 エ（ぞうへい）
製造する⬆貨幣を

36 ア（かしょう）
どちらも「すくない」意。

頻出度 A ランク

熟語の構成③

● **熟語の構成**のしかたには次のようなものがある。

ア 同じような意味の漢字を重ねたもの（**岩石**）
イ 反対または対応の意味を表す字を重ねたもの（**高低**）
ウ 上の字が下の字を修飾しているもの（**洋画**）
エ 下の字が上の字の目的語・補語になっているもの（**着席**）
オ 上の字が下の字の意味を打ち消しているもの（**非常**）

次の熟語は右の**ア～オ**のどれにあたるか、**一つ**選び、**記号**で答えよ。

目標時間 18分

1回目 ／36
2回目 ／36

1 解剖
2 擬似
3 枢要
4 賠償
5 分析
6 疎密

解答と解説

1 ア（かいぼう）どちらも「（切り）わける」意。
2 ア（ぎじ）擬は「本物によく似ている」意。
3 ア（すうよう）どちらも「かなめ」の意。
4 ア（ばいしょう）どちらも「つぐなう」意。
5 ア（ぶんせき）どちらも「わける」意。
6 イ（そみつ）疎（まばら）⇕密

7 贈答
8 奇遇
9 貴賓
10 顕在
11 逓減
12 奔流

解答と解説

7 イ（ぞうとう）贈る⇕答える（お返しをする）
8 ウ（きぐう）奇（思いがけなく）⬇遇（あう）
9 ウ（きひん）貴い⬇賓（客）
10 ウ（けんざい）顕（目に見えてあらわれて）⬇存在する
11 ウ（ていげん）逓（次第に）⬇減る
12 ウ（ほんりゅう）奔（ほとばしるような）⬇流れ

□13 懐郷
□14 克己
□15 殉教
□16 模擬
□17 河畔
□18 義憤
□19 懐古
□20 未詳

13 エ（かいきょう）懐かしむ⬆故郷を
14 エ（こっき）克（かつ）⬆己に
15 エ（じゅんきょう）殉ずる（命をささげる）⬆教え（信仰）に
16 ア（もぎ）どちらも「まねる」意。
17 ウ（かはん）河の⬇畔（ほとり）
18 ウ（ぎふん）義（道義的な）⬇憤り
19 エ（かいこ）懐かしむ⬆古いことを
20 オ（みしょう）未（いま）だ詳（つまびらかでない

□21 免租
□22 未聞
□23 独吟
□24 栄辱
□25 酷似
□26 禁錮
□27 剰余
□28 及落

21 エ（めんそ）免除する⬆租税を
22 オ（みもん）未（いま）だ聞かず
23 ウ（どくぎん）独りで⬇吟ずる
24 イ（えいじょく）栄誉⬍恥辱
25 ウ（こくじ）酷（ひど）く⬇似ている
26 ア（きんこ）どちらも「行動を自由にさせない」意。
27 ア（じょうよ）どちらも「あまる」意。
28 イ（きゅうらく）及第⬍落第

□29 報酬
□30 脚韻
□31 併記
□32 座礁
□33 随意
□34 不祥
□35 謙遜
□36 遡源

29 ア（ほうしゅう）どちらも「むくい」の意。
30 ウ（きゃくいん）脚（詩歌の句や行の最後）の⬇韻
31 ウ（へいき）併せて⬇記す
32 エ（ざしょう）座す（乗り上げる）⬆暗礁に
33 エ（ずいい）随（したがう）⬆意に
34 オ（ふしょう）祥（さいわい）でない
35 ア（けんそん）どちらも「へりくだる」意。
36 エ（そげん）さかのぼる⬆みなもとに

頻出度 A ランク

熟語の構成④

目標時間 18分

1回目 /36

2回目 /36

● **熟語の構成**のしかたには次のようなものがある。

ア 同じような意味の漢字を重ねたもの（**岩石**）
イ 反対または対応の意味を表す字を重ねたもの（**高低**）
ウ 上の字が下の字を修飾しているもの（**洋画**）
エ 下の字が上の字の目的語・補語になっているもの（**着席**）
オ 上の字が下の字の意味を打ち消しているもの（**非常**）

次の熟語は右の**ア～オ**のどれにあたるか、**一つ**選び、**記号**で答えよ。

1 旦夕
2 未刊
3 無尽
4 還元
5 殉難
6 愚痴

解答と解説

1 イ（たんせき）
朝⇕晩

2 オ（みかん）
未（いま）だ刊行せず

3 オ（むじん）
尽きることが無い

4 エ（かんげん）
還（かえす）⬆元に

5 エ（じゅんなん）
殉ずる（命をささげる）⬆困難なことのために

6 ア（ぐち）
どちらも「おろか」の意。

7 遵法
8 渉猟
9 誓詞
10 搭乗
11 酪農
12 旅愁

解答と解説

7 エ（じゅんぽう）
遵（したがう）⬆法に

8 ウ（しょうりょう）
渉（広くわたり歩いて）⬇猟（探し求める）

9 ウ（せいし）
誓いの⬇詞（言葉）

10 ア（とうじょう）
どちらも「乗り物にのる」意。

11 ウ（らくのう）
酪（乳製品を作る）⬇農業

12 ウ（りょしゅう）
旅の⬇愁い

☐ 13 英俊
☐ 14 禍根
☐ 15 経緯
☐ 16 迎賓
☐ 17 財閥
☐ 18 施錠
☐ 19 放逐
☐ 20 緩急

13 **ア（えいしゅん）** どちらも「すぐれる」意。
14 **ウ（かこん）** 禍（わざわい）の↓根（原因）
15 **イ（けいい）** 経（たて）↕緯（よこ）
16 **エ（げいひん）** 迎える↑賓客を
17 **ウ（ざいばつ）** 財（資本力のある）↓閥（人々）
18 **エ（せじょう）** 施す↑錠前に鍵を
19 **ア（ほうちく）** 放は「ほうりだす」、逐は「おいはらう」意。
20 **イ（かんきゅう）** 緩やか↕急

☐ 21 余韻
☐ 22 危惧
☐ 23 空隙
☐ 24 需給
☐ 25 和睦
☐ 26 毀誉
☐ 27 玩具
☐ 28 出廷

21 **ウ（よいん）** 余（後に残る）↓韻（響き、味わい）
22 **ア（きぐ）** どちらも「あやぶみ、おそれる」意。
23 **ア（くうげき）** どちらも「すきま」の意。
24 **イ（じゅきゅう）** 需要（求める）↕供給（与える）
25 **ア（わぼく）** どちらも「争わず仲良くする」意。
26 **イ（きよ）** 毀（けなす）↕誉（ほめる）
27 **ウ（がんぐ）** 玩（おもちゃ）↓道具
28 **エ（しゅってい）** 出る↑法廷に

☐ 29 叙事
☐ 30 弔辞
☐ 31 紡績
☐ 32 銃創
☐ 33 長幼
☐ 34 隠蔽
☐ 35 臆面
☐ 36 叱責

29 **エ（じょじ）** 叙（のべる）↑出来事、事実を
30 **ウ（ちょうじ）** 弔う↓辞（ことば）
31 **ア（ぼうせき）** どちらも「糸をつむぐ」意。
32 **ウ（じゅうそう）** 銃による↓創（きず）
33 **イ（ちょうよう）** 長（年長者）↕幼（年少者）
34 **ア（いんぺい）** どちらも「かくす」意。
35 **ウ（おくめん）** 臆した↓顔つき
36 **ア（しっせき）** どちらも「しかる、せめる」の意。

頻出度

A ランク

四字熟語①

● 次の**四字熟語**について、**問1**～**問4**に答えよ。

問1 次の**四字熟語**の（1～10）に入る適切な語を下の□の中から選び、**漢字二字**で答えよ。

- ☐ **ア** 合従（ **1** ）
- ☐ **イ**（ **2** ）末節
- ☐ **ウ**（ **3** ）果断
- ☐ **エ**（ **4** ）自若
- ☐ **オ** 精進（ **5** ）
- ☐ **カ** 巧遅（ **6** ）
- ☐ **キ** 泰山（ **7** ）
- ☐ **ク** 綱紀（ **8** ）
- ☐ **ケ**（ **9** ）烈日
- ☐ **コ** 温厚（ **10** ）

けっさい　しゅうそう　しゅくせい　しよう　じんそく　せっそく　たいぜん　とくじつ　ほくと　れんこう

解答

1 合従連衡《がっしょうれんこう》 辞
2 枝葉末節《しようまっせつ》 辞
3 迅速果断《じんそくかだん》 辞
4 泰然自若《たいぜんじじゃく》 辞
5 精進潔斎《しょうじんけっさい》 辞
6 巧遅拙速《こうちせっそく》 辞
7 泰山北斗《たいざんほくと》 辞
8 綱紀粛正《こうきしゅくせい》 辞
9 秋霜烈日《しゅうそうれつじつ》 辞
10 温厚篤実《おんこうとくじつ》 辞

問3 次の**四字熟語**の（16～25）に入る適切な語を下の□の中から選び、**漢字二字**で答えよ。

- ☐ **サ** 快刀（ **16** ）
- ☐ **シ**（ **17** ）実直
- ☐ **ス**（ **18** ）諾諾
- ☐ **セ** 小心（ **19** ）
- ☐ **ソ** 暖衣（ **20** ）
- ☐ **タ** 玩物（ **21** ）
- ☐ **チ**（ **22** ）蓋世
- ☐ **ツ** 眉目（ **23** ）
- ☐ **テ**（ **24** ）充棟
- ☐ **ト**（ **25** ）自重

いい　いんにん　かんぎゅう　きんげん　しゅうれい　そうし　ばつざん　ほうしょく　よくよく　らんま

解答

16 快刀乱麻《かいとうらんま》 辞
17 謹厳実直《きんげんじっちょく》 辞
18 唯唯諾諾《いいだくだく》 辞
19 小心翼翼《しょうしんよくよく》 辞
20 暖衣飽食《だんいほうしょく》 辞
21 玩物喪志《がんぶつそうし》 辞
22 抜山蓋世《ばつざんがいせい》 辞
23 眉目秀麗《びもくしゅうれい》 辞
24 汗牛充棟《かんぎゅうじゅうとう》 辞
25 隠忍自重《いんにんじちょう》 辞

目標時間 15分

1回目 ／30

2回目 ／30

問2 次の11～15の**意味**にあてはまるものを**問1**の**ア～コの四字熟語**から**一つ**選び、**記号**で答えよ。

- ☐ **11** 刑罰などが非常に厳しいこと。
- ☐ **12** 利害に応じて行う外交上のかけひき。
- ☐ **13** 行いを慎んで心身を清めること。
- ☐ **14** その道の大家。第一人者。
- ☐ **15** 政治家や役人の態度をなおすこと。

11	ケ
12	ア
13	オ
14	キ
15	ク

問4 次の26～30の**意味**にあてはまるものを**問3**の**サ～トの四字熟語**から**一つ**選び、**記号**で答えよ。

- ☐ **26** 苦しみなどに耐え、軽々しい行動をしないこと。
- ☐ **27** 気が小さく、びくびくしているさま。
- ☐ **28** 人の言いなりになること。
- ☐ **29** もつれていた物事を見事に解決すること。
- ☐ **30** 蔵書が非常に多いこと。

26	ト
27	セ
28	ス
29	サ
30	テ

意味をCheck!

1 合従連衡…「従」は縦の同盟、「衡」は横の同盟の意。その時々の利害に応じて、協力したり離反したりすること。

2 枝葉末節…本質から外れたささいな部分。

3 迅速果断…物事をすばやく決断し、思いきって実行すること。

4 泰然自若…落ち着いて動じないこと。

5 精進潔斎…行いを慎んで心身を清めること。

6 巧遅拙速…上手で遅いより、下手でも速いほうがよいということ。「巧遅は拙速に如かず」の略。

7 泰山北斗…泰山（中国山東省の名山）と北斗七星。だれもが知る存在であることから、その道の大家、第一人者の意。

8 綱紀粛正…政治家や役人の態度を正すこと。

9 秋霜烈日…秋の厳しい霜と夏のはげしい太陽の意から、刑罰や権威、意志などが非常に厳しいこと。

10 温厚篤実…人柄が穏やかでやさしく、誠実で親切なこと。

16 快刀乱麻…よく切れる刀でもつれた麻を断ち切る意から、もつれた物事をあざやかに処理すること。「快刀、乱麻を断つ」の略。

17 謹厳実直…慎み深く、誠実なこと。まじめな人間のことをいう。

18 唯唯諾諾…物事の内容にかかわらず、はいはいと従う様子。人の言いなりになっておもねること。「唯」も「諾」も「はい」という応答の辞。

19 小心翼翼…本来、「小心」は注意深く心配りをする意、「翼翼」は慎み深くうやうやしい意。転じて、気が小さく、いつもびくびくしているさま。

20 暖衣飽食…暖かい衣服を着て、十分に食事ができる意。何不自由なく恵まれた生活のこと。「飽食暖衣」ともいう。

21 玩物喪志…無用なものに心を奪われて、本来の志を見失ってしまうこと。

22 抜山蓋世…気力が充実していて勢いが非常に強いこと。山を引き抜き、世界を覆ってしまうほどの力をいう。

23 眉目秀麗…顔かたちがととのっていて美しいこと。

24 汗牛充棟…牛車で運べば牛が汗を流し、部屋に積めば棟木に届く意から、蔵書が非常に多いこと。

25 隠忍自重…苦しみに耐え、軽々しい行動をしないこと。

頻出度

A ランク

四字熟語②

● 次の**四字熟語**について、**問1**～**問4**に答えよ。

問1 次の**四字熟語**の（1～10）に入る適切な語を下の□の中から選び、**漢字二字**で答えよ。

□ **ア**（ **1** ）扇動
□ **イ**（ **2** ）妄動
□ **ウ**（ **3** ）潔白
□ **エ**（ **4** ）亡羊
□ **オ** 円転（ **5** ）
□ **カ** 気宇（ **6** ）
□ **キ** 初志（ **7** ）
□ **ク** 心頭（ **8** ）
□ **ケ**（ **9** ）一刻
□ **コ**（ **10** ）大悲

かつだつ　かんてつ　きょうさ　けいきょ　しゅんしょう　せいれん　そうだい　だいじ　たき　めっきゃく

解答

1 教唆扇動《きょうさせんどう》 辞
2 軽挙妄動《けいきょもうどう》 辞
3 清廉潔白《せいれんけっぱく》 辞
4 多岐亡羊《たきぼうよう》 辞
5 円転滑脱《えんてんかつだつ》 辞
6 気宇壮大《きうそうだい》 辞
7 初志貫徹《しょしかんてつ》 辞
8 心頭滅却《しんとうめっきゃく》 辞
9 春宵一刻《しゅんしょういっこく》 辞
10 大慈大悲《だいじだいひ》 辞

問3 次の**四字熟語**の（16～25）に入る適切な語を下の□の中から選び、**漢字二字**で答えよ。

□ **サ**（ **16** ）転変
□ **シ** 会者（ **17** ）
□ **ス** 安寧（ **18** ）
□ **セ**（ **19** ）万象
□ **ソ** 詩歌（ **20** ）
□ **タ**（ **21** ）西走
□ **チ** 内疎（ **22** ）
□ **ツ**（ **23** ）強記
□ **テ**（ **24** ）協同
□ **ト**（ **25** ）無援

うい　がいしん　かんげん　こりつ　じょうり　しんら　ちつじょ　とうほん　はくらん　わちゅう

解答

16 有為転変《ういてんぺん》 辞
17 会者定離《えしゃじょうり》 辞
18 安寧秩序《あんねいちつじょ》 辞
19 森羅万象《しんらばんしょう》 辞
20 詩歌管弦《しいかかんげん》 辞
21 東奔西走《とうほんせいそう》 辞
22 内疎外親《ないそがいしん》 辞
23 博覧強記《はくらんきょうき》 辞
24 和衷協同《わちゅうきょうどう》 辞
25 孤立無援《こりつむえん》 辞

目標時間 15分

1回目 /30

2回目 /30

問2 次の11～15の**意味**にあてはまるものを**問1**の**ア～コの四字熟語**から**一つ**選び、**記号**で答えよ。

□ **11** そそのかして行動させること。

□ **12** 心が清らかで、やましいところがないこと。

□ **13** 心構えや度量が非常に大きいさま。

□ **14** 事のよしあしを考えずに軽々しく行動すること。

□ **15** 無心になれば、どんな苦痛にも耐えられること。

11	12	13	14	15
ア	ウ	カ	イ	ク

問4 次の26～30の**意味**にあてはまるものを**問3**の**サ～トの四字熟語**から**一つ**選び、**記号**で答えよ。

□ **26** 出会った者には必ず別れが訪れる運命である。

□ **27** 内心では嫌っていても親しげにすること。

□ **28** あちらこちらに忙しく駆け回ること。

□ **29** ひとりぼっちで、助けてくれる者がいないこと。

□ **30** 宇宙に存在するすべてのもの。

26	27	28	29	30
シ	チ	タ	ト	セ

意味をCheck!

1 教唆扇動…おしえそそのかして人の心をあおり、行動させること。

2 軽挙妄動…事のよしあしを考えずに軽々しく行動すること。

3 清廉潔白…心が清らかで、やましいところがないこと。

4 多岐亡羊…「岐」は分かれ道。枝道が多くて逃げた羊を見失うように、どれを選択すべきか迷うこと。

5 円転滑脱…人との間が角立たず、物事がすらすら運ぶさま。

6 気宇壮大…心構えや度量が非常に大きいさま。

7 初志貫徹…はじめに思い立った志を、最後まであきらめずに貫き通すこと。

8 心頭滅却…心の中の雑念を消し去ること。「心頭を滅却すれば火も亦（また）涼し」の略。

9 春宵一刻…春の夜のひとときには、非常に大きな価値があるということ。「春宵一刻値千金（あたいせんきん）」の略。

10 大慈大悲…すべての生き物の苦しみを取り除き、楽を与える仏の大きな慈悲のこと。

16 有為転変…この世のすべてのものは常に移り変わるものであり、しばらくの間も同じ状態にとどまることがないこと。この世が無常ではかないものであることのたとえ。

17 会者定離…この世で会った者は必ず離れる運命にあるということ。世の無常をいう語。仏教語。

18 安寧秩序…社会や国家の状態が平穏であること。

19 森羅万象…宇宙に存在する、すべての物や事象。

20 詩歌管弦…文学（漢詩や和歌）と、音楽（管楽器と弦楽器）。

21 東奔西走…あちらこちらに忙しく駆け回ること。

22 内疎外親…内心では嫌っていながら、それを隠して表面上は親しく接すること。

23 博覧強記…物事を広くよく知っていて、よく覚えていること。

24 和衷協同…「和衷」は心の底からなごむこと。また、心を同じくすること。

25 孤立無援…ひとりぼっちで誰の助けもないこと。

頻出度

A ランク

四字熟語 ③

目標時間 15分

1回目 /30

2回目 /30

● 次の**四字熟語**について、**問1**～**問4**に答えよ。

問1 次の**四字熟語**の（1～10）に入る適切な語を下の□の中から選び、**漢字二字**で答えよ。

☑**ア**（ 1 ）有閑
☑**イ**竜頭（ 2 ）
☑**ウ**冷汗（ 3 ）
☑**エ**遠慮（ 4 ）
☑**オ**（ 5 ）丁寧
☑**カ**（ 6 ）妥当
☑**キ**質実（ 7 ）
☑**ク**深山（ 8 ）
☑**ケ**前代（ 9 ）
☑**コ**二律（ 10 ）

えしゃく　ごうけん　こんせつ　さんと　だび　はいはん　ふへん　ぼうちゅう　みもん　ゆうこく

解答

1 忙《ぼう》中《ちゅう》有《ゆう》閑《かん》 辞
2 竜《りょう》頭《とう》蛇《だ》尾《び》 辞
3 冷《れい》汗《かん》三《さん》斗《と》 辞
4 遠《えん》慮《りょ》会《え》釈《しゃく》 辞
5 懇《こん》切《せつ》丁《てい》寧《ねい》 辞
6 普《ふ》遍《へん》妥《だ》当《とう》 辞
7 質《しつ》実《じつ》剛《ごう》健《けん》 辞
8 深《しん》山《ざん》幽《ゆう》谷《こく》 辞
9 前《ぜん》代《だい》未《み》聞《もん》 辞
10 二《に》律《りつ》背《はい》反《はん》 辞

問3 次の**四字熟語**の（16～25）に入る適切な語を下の□の中から選び、**漢字二字**で答えよ。

☑**サ**（ 16 ）当千
☑**シ**百八（ 17 ）
☑**ス**（ 18 ）孤独
☑**セ**（ 19 ）玉条
☑**ソ**疾風（ 20 ）
☑**タ**英俊（ 21 ）
☑**チ**（ 22 ）一紅
☑**ツ**唯唯（ 23 ）
☑**テ**大願（ 24 ）
☑**ト**（ 25 ）万里

いっき　うんでい　きんか　ごうけつ　じょうじゅ　じんらい　だくだく　てんがい　ばんりょく　ぼんのう

解答

16 一《いっ》騎《き》当《とう》千《せん》 辞
17 百《ひゃく》八《はち》煩《ぼん》悩《のう》 辞
18 天《てん》涯《がい》孤《こ》独《どく》 辞
19 金《きん》科《か》玉《ぎょく》条《じょう》 辞
20 疾《しっ》風《ぷう》迅《じん》雷《らい》 辞
21 英《えい》俊《しゅん》豪《ごう》傑《けつ》 辞
22 万《ばん》緑《りょく》一《いっ》紅《こう》 辞
23 唯《い》唯《い》諾《だく》諾《だく》 辞
24 大《たい》願《がん》成《じょう》就《じゅ》 辞
25 雲《うん》泥《でい》万《ばん》里《り》 辞

問2 次の11～15の**意味**にあてはまるものを**問1**の**ア～コの四字熟語**から**一つ**選び、**記号**で答えよ。

☐ **11** 恥ずかしさや恐ろしさでひどく汗をかくこと。

☐ **12** 相手のことを考え、思いやりがあること。

☐ **13** 初めの勢いがなくなり、尻すぼみになること。

☐ **14** 親切で細かいところまで気を配ること。

☐ **15** まだ聞いたことがないような大変な出来事。

11	12	13	14	15
ウ	エ	イ	オ	ケ

問4 次の26～30の**意味**にあてはまるものを**問3**の**サ～トの四字熟語**から**一つ**選び、**記号**で答えよ。

☐ **26** 事態が急激に変化すること。

☐ **27** 広いこの世に身寄りが一人もいないこと。

☐ **28** 人間を悩まし惑わせる欲望。

☐ **29** とても大きな差があること。

☐ **30** 多くのなかに優れたものが一つあること。

26	27	28	29	30
ソ	ス	シ	ト	チ

意味をCheck!

1 忙中有閑…忙しいなかにも、多少のひまな時間はあるものだということ。

2 竜頭蛇尾…頭は竜だが尾は蛇ということから、はじめは勢いが盛んだが、終わりは振るわないこと。「竜頭」は「りゅうとう」とも読む。

3 冷汗三斗…恥ずかしさや恐ろしさでひどく汗をかくこと。

4 遠慮会釈…他人のことを思いやり、慎ましく控え目にすること。「遠慮会釈もない」と否定の表現を伴うと、物事を強引に進めるさまを表す。

5 懇切丁寧…非常に親切で細かなところにまで行き届いていること。

6 普遍妥当…どのような条件下でも同様に当てはまること。

7 質実剛健…飾り気がなくまじめで、心身が強く健康であること。「剛健質実」ともいう。

8 深山幽谷…人里を離れた、ひっそりとした山や谷。人が足を踏み入れていない奥深く静かな自然のこと。

9 前代未聞…これまでに聞いたこともないような、珍しく大変な出来事。

10 二律背反…食い違う二つの原理または命題が、同等の根拠をもって主張されること。

16 一騎当千…一騎で千人の敵に対抗できること。人並みはずれた能力。「当千」は「とうぜん」とも読む。

17 百八煩悩…人間の持つ迷いのもととなる欲望。全部で百八種あるとされる。

18 天涯孤独…身寄りが一人もいないこと。故郷を遠く離れ、一人で暮らすこと。

19 金科玉条…「金」「玉」は尊く大切なもの、「科」「条」は法律、決まりのこと。自らのよりどころとなる守るべき大切な法律や決まり。

20 疾風迅雷…はやい風と激しい雷の意から、行動が非常に素早く激しいこと。事態が急変すること。

21 英俊豪傑…人並みはずれて優れた人物。

22 万緑一紅…ありふれたもののなかに一つだけ優れたものがあること。多くの男性のなかの一人の女性。

23 唯唯諾諾…事の善悪に関係なく人の言いなりになること。

24 大願成就…神仏の加護により、大きな望みがかなえられること。「大願」は「だいがん」とも読む。

25 雲泥万里…天の雲と地の泥では万里もかけ離れている意から、非常に大きな差異のこと。

頻出度 **A** ランク

四字熟語④

目標時間 15分

1回目 　／30

2回目 　／30

● 次の**四字熟語**について、**問1**～**問4**に答えよ。

問1 次の**四字熟語**の（1～10）に入る適切な語を下の□の中から選び、**漢字二字**で答えよ。

- □ **ア**（ **1** ）転倒
- □ **イ** 文人（ **2** ）
- □ **ウ** 片言（ **3** ）
- □ **エ** 放歌（ **4** ）
- □ **オ**（ **5** ）無人
- □ **カ**（ **6** ）休題
- □ **キ**（ **7** ）衝天
- □ **ク** 意気（ **8** ）
- □ **ケ** 月下（ **9** ）
- □ **コ** 高論（ **10** ）

かんわ　こうぎん　しゅかく　しょうてん　せきご　たくせつ　どはつ　ひょうじん　ぼうじゃく　ぼっかく

解答

1 主客転倒《しゅかくてんとう》 辞
2 文人墨客《ぶんじんぼっかく》 辞
3 片言隻語《へんげんせきご》 辞
4 放歌高吟《ほうかこうぎん》 辞
5 傍若無人《ぼうじゃくぶじん》 辞
6 閑話休題《かんわきゅうだい》 辞
7 怒髪衝天《どはっしょうてん》 辞
8 意気衝天《いきしょうてん》 辞
9 月下氷人《げっかひょうじん》 辞
10 高論卓説《こうろんたくせつ》 辞

問3 次の**四字熟語**の（16～25）に入る適切な語を下の□の中から選び、**漢字二字**で答えよ。

- □ **サ** 昼夜（ **16** ）
- □ **シ**（ **17** ）奇策
- □ **ス** 気炎（ **18** ）
- □ **セ**（ **19** ）奮闘
- □ **ソ**（ **20** ）馬食
- □ **タ**（ **21** ）妄想
- □ **チ**（ **22** ）努力
- □ **ツ** 粒粒（ **23** ）
- □ **テ**（ **24** ）落日
- □ **ト**（ **25** ）顕正

げいいん　けんこう　こぐん　こじょう　こだい　しんく　はじゃ　ばんじょう　ふんれい　みょうけい

解答

16 昼夜兼行《ちゅうやけんこう》 辞
17 妙計奇策《みょうけいきさく》 辞
18 気炎万丈《きえんばんじょう》 辞
19 孤軍奮闘《こぐんふんとう》 辞
20 鯨飲馬食《げいいんばしょく》 辞
21 誇大妄想《こだいもうそう》 辞
22 奮励努力《ふんれいどりょく》 辞
23 粒粒辛苦《りゅうりゅうしんく》 辞
24 孤城落日《こじょうらくじつ》 辞
25 破邪顕正《はじゃけんしょう》 辞

問2 次の11〜15の**意味**にあてはまるものを**問1**の**ア〜コの四字熟語**から**一つ**選び、**記号**で答えよ。

☐ **11** 何かをしようとする気持ちが非常に盛んなこと。

☐ **12** 非常に優れた意見や議論。

☐ **13** 物事の本来の順序や立場が逆になること。

☐ **14** 「それはさておき」と、文章を本筋に戻す言葉。

☐ **15** 人のことなど気にせず自分勝手に振る舞うこと。

11	ク
12	コ
13	ア
14	カ
15	オ

問4 次の26〜30の**意味**にあてはまるものを**問3**の**サ〜トの四字熟語**から**一つ**選び、**記号**で答えよ。

☐ **26** 人が考えつかないような優れたはかりごと。

☐ **27** 大量に飲み食いすること。

☐ **28** 非常に意気盛んなこと。

☐ **29** 助けも無く、勢いが衰えていくさま。

☐ **30** 非常に急いでいて、一日中作業を続けること。

26	シ
27	ソ
28	ス
29	テ
30	サ

意味をCheck!

1 主客転倒…主人と客の立場が入れ替わったように、物事の順序や立場、軽重などが逆転すること。「主客」は「しゅきゃく」とも読む。

2 文人墨客…詩文や書画など風流なものに携わる人。「墨客」は「ぼっきゃく」とも読む。

3 片言隻語…「片言」「隻語」とも、わずかな言葉、ちょっとした短い言葉の意。

4 放歌高吟…あたりかまわず大声で歌うこと。「高歌放吟」ともいう。

5 傍若無人…人前にもかかわらず、近くに人がいないかのように勝手気ままに振る舞うこと。「傍らに人無きが若《ごと》し」とも読む。

6 閑話休題…「それはさておき」と文章を本筋に戻す言葉。

7 怒髪衝天…髪の毛が逆立つほど、激しく怒るさま。

8 意気衝天…意気込みが非常に盛んなこと。

9 月下氷人…仲人のこと。

10 高論卓説…非常に優れた意見や議論。

16 昼夜兼行…昼も夜も休まず道を進む意から、昼夜の区別なく作業を行うこと。

17 妙計奇策…これまでだれも思いつかなかった優れたはかりごと。「奇策妙計」ともいう。

18 気炎万丈…燃え上がる炎のように意気盛んであること。

19 孤軍奮闘…助けがない困難な状態で、ひとりで懸命に戦うこと。支援のないなかで、ひとりで努力すること。

20 鯨飲馬食…鯨が水を飲み馬が草を食べるように、大量の酒や食べ物を飲み食いする意。

21 誇大妄想…自分の境遇や能力を過大評価して、自分が他人より優れていると思うこと。想像したことを事実であるかのように思い込んだりすること。

22 奮励努力…気力を奮い起こし、一心につとめること。

23 粒粒辛苦…米の一粒一粒は農民の辛苦の結晶であることから、こつこつと地道に努力や苦労を重ねること。

24 孤城落日…孤立無援の城と、西に沈みかけた夕日の意から、勢いが衰え、助けもなく心細いさま。

25 破邪顕正…不正を打ち破り、正義を明らかにすること。「顕正」は「けんせい」とも読む。

頻出度

Aランク

四字熟語⑤

目標時間 15分

1回目 /30

2回目 /30

● 次の**四字熟語**について、**問1**～**問4**に答えよ。

問1 次の**四字熟語**の（1～10）に入る適切な語を下の□の中から選び、**漢字二字**で答えよ。

□ **ア** 白砂（**1**）

□ **イ** 生生（**2**）

□ **ウ**（**3**）奪胎

□ **エ**（**4**）存亡

□ **オ**（**5**）令色

□ **カ** 志操（**6**）

□ **キ**（**7**）夢死

□ **ク** 盛者（**8**）

□ **ケ** 天衣（**9**）

□ **コ** 雲水（**10**）

あんぎゃ　かんこつ　ききゅう　けんご　こうげん　すいせい　せいしょう　ひっすい　むほう　るてん

解答

1 白《はく》砂《しゃ》青《せい》松《しょう》 辞

2 生《せい》生《せい》流《る》転《てん》 辞

3 換《かん》骨《こつ》奪《だっ》胎《たい》 辞

4 危《き》急《きゅう》存《そん》亡《ぼう》 辞

5 巧《こう》言《げん》令《れい》色《しょく》 辞

6 志《し》操《そう》堅《けん》固《ご》 辞

7 酔《すい》生《せい》夢《む》死《し》 辞

8 盛《じょう》者《しゃ》必《ひっ》衰《すい》 辞

9 天《てん》衣《い》無《む》縫《ほう》 辞

10 雲《うん》水《すい》行《あん》脚《ぎゃ》 辞

問3 次の**四字熟語**の（16～25）に入る適切な語を下の□の中から選び、**漢字二字**で答えよ。

□ **サ** 勧善（**16**）

□ **シ**（**17**）無恥

□ **ス**（**18**）連理

□ **セ** 外柔（**19**）

□ **ソ**（**20**）得喪

□ **タ** 四分（**21**）

□ **チ**（**22**）肉林

□ **ツ** 時期（**23**）

□ **テ**（**24**）絶佳

□ **ト** 当意（**25**）

かふく　こうがん　ごれつ　しゅち　しょうそう　そくみょう　ちょうあく　ちょうぼう　ないごう　ひよく

解答

16 勧《かん》善《ぜん》懲《ちょう》悪《あく》 辞

17 厚《こう》顔《がん》無《む》恥《ち》 辞

18 比《ひ》翼《よく》連《れん》理《り》 辞

19 外《がい》柔《じゅう》内《ない》剛《ごう》 辞

20 禍《か》福《ふく》得《とく》喪《そう》 辞

21 四《し》分《ぶん》五《ご》裂《れつ》 辞

22 酒《しゅ》池《ち》肉《にく》林《りん》 辞

23 時《じ》期《き》尚《しょう》早《そう》 辞

24 眺《ちょう》望《ぼう》絶《ぜっ》佳《か》 辞

25 当《とう》意《い》即《そく》妙《みょう》 辞

問2 次の11〜15の**意味**にあてはまるものを**問1**の**ア〜コの四字熟語**から**一つ**選び、**記号**で答えよ。

☑ **11** 海辺の美しい景色。

☑ **12** 生存か滅亡かという重大な瀬戸際。

☑ **13** 僧が各地を巡り修業すること。

☑ **14** 口先だけで言葉を飾り、こびへつらうこと。

☑ **15** 古いものを踏襲しつつ独自のものを作ること。

11	12	13	14	15
ア	エ	コ	オ	ウ

問4 次の26〜30の**意味**にあてはまるものを**問3**の**サ〜トの四字熟語**から**一つ**選び、**記号**で答えよ。

☑ **26** その場の状況に合わせて機転をきかせること。

☑ **27** 豪遊すること。

☑ **28** 不幸や幸せ、成功や失敗があること。

☑ **29** 男女の仲がむつまじいことのたとえ。

☑ **30** 見晴らしが非常によいこと。

26	27	28	29	30
ト	チ	ソ	ス	テ

意味をCheck!

1 白砂青松…白い砂と青々とした松。海岸の美しい景色のこと。「白砂」は「はくさ」とも読み、「白沙」とも書く。

2 生生流転…世の中のすべての物は絶えず生まれては変化し、移り変わっていくこと。

3 換骨奪胎…骨をとりかえ胎盤を奪う意で、古い作品に工夫を加えて独自の作品とすること。「脱胎換骨」ともいう。

4 危急存亡…危機が迫っており、生き残るか死ぬかの瀬戸際のような状態。

5 巧言令色…口先だけで言葉を飾り、こびへつらうこと。

6 志操堅固…意志が固く、何があっても志を変えないさま。

7 酔生夢死…酒に酔ったように生き、夢見るような心地で死んでいく意から、何をすることもなく、むなしく一生を過ごすこと。

8 盛者必衰…勢いの盛んな者も、いつかは滅びるということ。この世は無常であることをいう。

9 天衣無縫…天人の衣には縫い目がない意から、詩文などに細工のあとがなく、自然でありながら巧みなこと。人柄などが無邪気で飾り気がないこと。

10 雲水行脚…僧(雲水)が各地を巡って修行(行脚)すること。

16 勧善懲悪…善行をすすめ、悪事を懲らしめること。「懲悪勧善」ともいう。

17 厚顔無恥…ずうずうしく恥知らずなこと。

18 比翼連理…「比翼の鳥」と「連理の枝」。雌雄が目と翼を共有して一体となって飛ぶという想像上の鳥と、根元は別々だが枝が途中でくっついて結合した木の意から、男女の情愛が深く、むつまじいことのたとえ。

19 外柔内剛…外見は穏やかそうだが、内には強い意志をもっていること。

20 禍福得喪…不幸や幸せ、成功や失敗があること。

21 四分五裂…ばらばらになってしまうこと。秩序なく乱れて分かれること。

22 酒池肉林…酒や食べ物があふれ、豪遊すること。

23 時期尚早…事を行うには、まだ早すぎること。

24 眺望絶佳…見晴らしが非常によいこと。

25 当意即妙…その場の状況に合わせて機転をきかせること。

頻出度 A ランク

対義語・類義語①

目標時間 20分

1回目 ／40

2回目 ／40

●次の**対義語**、**類義語**を**1**～**4**それぞれ後の□の中から選び、**漢字**で答えよ。□の中の語は一度だけ使うこと。

1

対義語

1 慶賀

2 尊敬

3 多弁

4 絶賛

5 反逆

類義語

6 功名

7 縁者

8 指揮

9 永眠

10 残念

あいとう・いかん・かもく
きょうじゅん・けいぶ
こくひょう・さいはい・しゅくん
しんせき・せいきょ

解答

1 哀悼《あいとう》 辞

2 軽侮《けいぶ》

3 寡黙《かもく》

4 酷評《こくひょう》

5 恭順《きょうじゅん》 辞

6 殊勲《しゅくん》

7 親戚《しんせき》

8 采配《さいはい》

9 逝去《せいきょ》 辞

10 遺憾《いかん》

2

対義語

11 隆起

12 純白

13 老巧

14 厳格

15 汚濁

類義語

16 面倒

17 推移

18 阻害

19 卓抜

20 奮戦

かんとう・かんぼつ・かんよう
しっこく・じゃま・しゅういつ
せいちょう・ちせつ
へんせん・やっかい

解答

11 陥没《かんぼつ》

12 漆黒《しっこく》

13 稚拙《ちせつ》

14 寛容《かんよう》

15 清澄《せいちょう》 辞

16 厄介《やっかい》

17 変遷《へんせん》

18 邪魔《じゃま》

19 秀逸《しゅういつ》

20 敢闘《かんとう》 辞

3

対義語

☐ 21 巧妙
☐ 22 名誉
☐ 23 極端
☐ 24 進出
☐ 25 獲得

類義語

☐ 26 反逆
☐ 27 脅迫
☐ 28 湯船
☐ 29 互角
☐ 30 辛抱

いかく・せつれつ・そうしつ
ちじょく・ちゅうよう
てったい・にんたい・はくちゅう
むほん・よくそう

解答

21 拙劣《せつれつ》
22 恥辱《ちじょく》
23 中庸《ちゅうよう》 辞
24 撤退《てったい》
25 喪失《そうしつ》
26 謀反《むほん》 辞
27 威嚇《いかく》
28 浴槽《よくそう》
29 伯仲《はくちゅう》 辞
30 忍耐《にんたい》

4

対義語

☐ 31 粗略
☐ 32 率先
☐ 33 下落
☐ 34 富裕
☐ 35 偉大

類義語

☐ 36 譲歩
☐ 37 調和
☐ 38 解雇
☐ 39 永遠
☐ 40 混乱

きんこう・だきょう・ついずい
ていねい・とうき・ひめん
ひんきゅう・ふんきゅう
ぼんよう・ゆうきゅう

解答

31 丁寧《ていねい》
32 追随《ついずい》 辞
33 騰貴《とうき》 辞
34 貧窮《ひんきゅう》
35 凡庸《ぼんよう》
36 妥協《だきょう》
37 均衡《きんこう》
38 罷免《ひめん》
39 悠久《ゆうきゅう》 辞
40 紛糾《ふんきゅう》

意味をCheck!

1 哀悼…人の死を悲しみ嘆くこと。
5 恭順…命令に対し、かしこまって従うこと。
9 逝去…敬っている人の死をいう語。

15 清澄…きよらかで、すみきっていること。
20 敢闘…全力で勇敢に戦うこと。
23 中庸…考え方などが偏らず、極端でないこと。中正であること。『中庸』は中国の思想書。儒教の根本思想。

26 謀反…国家や君主などにそむく行為。
29 伯仲…力などが接近していて優劣をつけられないこと。
32 追随…つき従うこと。人の業績をまねるなどして追いつこうとすること。

33 騰貴…値段が上がること。
39 悠久…果てしなく長く続くこと。

頻出度 A ランク

対義語・類義語②

目標時間 20分

1回目 /40

2回目 /40

●次の**対義語**、**類義語**を**1**～**4**それぞれ後の□の中から選び、**漢字**で答えよ。□の中の語は一度だけ使うこと。

1

対義語

- 1 横柄
- 2 潤沢 辞
- 3 軽侮 辞
- 4 禁欲
- 5 個別

類義語

- 6 堪忍
- 7 祝福
- 8 歴然
- 9 一瞬
- 10 熟知

いっせい・かんべん
きょうらく・けいが・けんきょ
けんちょ・こかつ・すうはい
せつな・つうぎょう

解答

1 謙虚《けんきょ》 2 枯渇《こかつ》 3 崇拝《すうはい》 4 享楽《きょうらく》 辞 5 一斉《いっせい》
6 勘弁《かんべん》 7 慶賀《けいが》 8 顕著《けんちょ》 9 刹那《せつな》 辞 10 通暁《つうぎょう》 辞

2

対義語

- 11 愛護
- 12 自生
- 13 褒賞
- 14 新奇
- 15 設置

類義語

- 16 一掃
- 17 卓抜
- 18 工面
- 19 公表
- 20 無欠

かんぺき・ぎゃくたい・けっしゅつ
さいばい・ちょうばつ
ちんぷ・てっきょ・ねんしゅつ
ふっしょく・ひろう

解答

11 虐待《ぎゃくたい》 12 栽培《さいばい》 13 懲罰《ちょうばつ》 14 陳腐《ちんぷ》 15 撤去《てっきょ》
16 払拭《ふっしょく》 辞 17 傑出《けっしゅつ》 辞 18 捻出《ねんしゅつ》 19 披露《ひろう》 20 完璧《かんぺき》

3

対義語

☐21 国産

☐22 任命

☐23 明瞭

☐24 粗雑

☐25 貫徹

類義語

☐26 来歴

☐27 対価

☐28 抜粋

☐29 降格

☐30 昼寝

あいまい・ごすい・ざせつ
させん・しょうろく
ちみつ・はくらい・ひめん
ほうしゅう・ゆいしょ

解答

21 舶来《はくらい》
22 罷免《ひめん》
23 曖昧《あいまい》
24 緻密《ちみつ》
25 挫折《ざせつ》
26 由緒《ゆいしょ》 辞
27 報酬《ほうしゅう》
28 抄録《しょうろく》
29 左遷《させん》
30 午睡《ごすい》

4

対義語

☐31 威圧

☐32 分割

☐33 高遠

☐34 暴露

☐35 希薄

類義語

☐36 無口

☐37 折衝

☐38 貧苦

☐39 歳月

☐40 頑迷

いっかつ・かいじゅう・かもく
こうしょう・こんきゅう
せいそう・のうこう
ひきん・ひとく・へんくつ

解答

31 懐柔《かいじゅう》 辞
32 一括《いっかつ》
33 卑近《ひきん》 辞
34 秘匿《ひとく》
35 濃厚《のうこう》
36 寡黙《かもく》
37 交渉《こうしょう》
38 困窮《こんきゅう》
39 星霜《せいそう》
40 偏屈《へんくつ》 辞

意味をCheck!

2 潤沢…物が豊富にあること。うるおい。
3 軽侮…人を軽んじて、あなどること。
4 享楽…存分に快楽を味わうこと。

9 刹那…短い時間。時間の最小単位。
10 通暁…夜を通じて朝に至ること。徹夜。ある物事について非常に詳しく知っていること。
16 払拭…きれいにぬぐい去ること。取り除くこと。

17 傑出…ほかより飛び抜けて優れていること。
26 由緒…物事の起こり。いわれ。これまでのいきさつ。
31 懐柔…うまく相手の気持ちをつかんで、思いどおりに従わせること。

33 卑近…身近で日常的であること。ありふれていること。
40 偏屈…性質に素直さがなく、ひねくれていること。

頻出度 **A** ランク

対義語・類義語③

目標時間 20分

1回目 /40

2回目 /40

● 次の**対義語**、**類義語**を**1**～**4**それぞれ後の□の中から選び、**漢字**で答えよ。□の中の語は一度だけ使うこと。

1

対義語

- ☐ 1 欠乏
- ☐ 2 栄転
- ☐ 3 固辞
- ☐ 4 特殊
- ☐ 5 賢明

類義語

- ☐ 6 根絶
- ☐ 7 回復
- ☐ 8 困苦
- ☐ 9 漂泊
- ☐ 10 豊富

あんぐ・かいだく・させん
じゅうそく・じゅんたく
しんさん・ちゆ・ふへん
ぼくめつ・るろう

解答

1 充足《じゅうそく》
2 辞 左遷《させん》
3 快諾《かいだく》
4 普遍《ふへん》
5 辞 暗愚《あんぐ》
6 辞 撲滅《ぼくめつ》
7 治癒《ちゆ》
8 辞 辛酸《しんさん》
9 流浪《るろう》
10 潤沢《じゅんたく》

2

対義語

- ☐ 11 激賞
- ☐ 12 下賜
- ☐ 13 決裂
- ☐ 14 寛容
- ☐ 15 暫時

類義語

- ☐ 16 荘重
- ☐ 17 難点
- ☐ 18 気分
- ☐ 19 平穏
- ☐ 20 監禁

あんねい・きげん・きょうりょう
けっかん・げんしゅく
けんじょう・こうきゅう
だけつ・ばとう・ゆうへい

解答

11 辞 罵倒《ばとう》
12 献上《けんじょう》
13 辞 妥結《だけつ》
14 辞 狭量《きょうりょう》
15 辞 恒久《こうきゅう》
16 厳粛《げんしゅく》
17 欠陥《けっかん》
18 機嫌《きげん》
19 辞 安寧《あんねい》
20 幽閉《ゆうへい》

3

対義語

□21 凡才

□22 侵害

□23 真実

□24 更生

□25 哀悼

類義語

□26 翼下

□27 貧困

□28 順次

□29 心配

□30 不意

いつざい・きゅうぼう・きょぎ
けいが・けねん・さんか
だらく・ちくじ・とうとつ
ようご

解答

21 逸材《いつざい》
22 擁護《ようご》
23 虚偽《きょぎ》
24 辞 堕落《だらく》
25 慶賀《けいが》
26 傘下《さんか》
27 辞 窮乏《きゅうぼう》
28 逐次《ちくじ》
29 懸念《けねん》
30 辞 唐突《とうとつ》

4

対義語

□31 炎暑

□32 答申

□33 混乱

□34 発病

□35 虚弱

類義語

□36 屋敷

□37 遺恨

□38 省略

□39 激怒

□40 工事

おんねん・かつあい・がんけん
こっかん・しもん
ちつじょ・ちゆ・ていたく
ふしん・ふんがい

解答

31 酷寒《こっかん》
32 諮問《しもん》
33 秩序《ちつじょ》
34 治癒《ちゆ》
35 辞 頑健《がんけん》
36 邸宅《ていたく》
37 怨念《おんねん》
38 割愛《かつあい》
39 憤慨《ふんがい》
40 辞 普請《ふしん》

意味をCheck!

2 左遷…より低い役職や地位に転任させられること。
5 暗愚…物事の道理を理解できず、愚かなこと。
6 撲滅…完全に滅ぼしてしまうこと。

8 辛酸…つらく苦しい思い。
11 罵倒…激しくののしること。
13 妥結…利害の対立する者が妥協しあって話をまとめること。
14 狭量…他の考えなどを受け入れられないこと。度量が狭いさま。

15 恒久…長く変わらないこと。
19 安寧…世の中が無事で安定していること。穏やかなこと。
24 堕落…健全性を失い、身をもちくずすこと。
27 窮乏…金銭や物品が不足して苦しむこと。

30 唐突…だしぬけ。突然。
35 頑健…体がとても丈夫で健康なこと。
40 普請…家の建築や修理を行うこと。土木工事。

頻出度 A ランク

同音・同訓異字①

目標時間 21分

1回目 /42

2回目 /42

● 次の――線のカタカナを漢字に直せ。

1 二人の非難のオウシュウが続く。

2 警察が証拠品をオウシュウする。

3 卒業旅行でオウシュウを巡る。

4 センパクな知識をひけらかす。

5 海峡を多くのセンパクが通る。

6 フヨウ家族手当をもらう。

7 マジシャンが空中をフヨウする。

8 買ったばかりの新しい靴をハく。

9 ほうきで教室のゴミをハく。

10 問い詰められて真相をハいた。

解答

1 応酬 辞
2 押収
3 欧州
4 浅薄 辞
5 船舶
6 扶養
7 浮揚
8 履
9 掃
10 吐

11 途中で退出するムネを伝える。

12 実家とムネ続きの離れで暮らす。

13 ムネの中の思いを伝えたい。

14 好景気で株価がトウキしている。

15 トウキ市で皿や湯飲みを買う。

16 不法にゴミをトウキする。

17 息子名義で不動産をトウキする。

18 トウキで失敗し多額の借金を背負った。

19 近所でユウカイ事件が起こった。

20 山頂の万年雪がユウカイする。

解答

11 旨
12 棟
13 胸
14 騰貴 辞
15 陶器
16 投棄
17 登記 辞
18 投機 辞
19 誘拐
20 融解 辞

21 契約のコウショウに苦労する。
22 コウショウな話題は苦手だ。
23 誤った時代コウショウのドラマだ。
24 外国の企業をサンカにおさめる。
25 台風のサンカから復興する。
26 四十九日の間はモに服す。
27 湖に大量のモが発生した。
28 ヨットがホに風を受けて進む。
29 小麦のホが黄金色に輝く。
30 旅先でショウガイの伴侶を得る。
31 海外とのショウガイ業務を行う。
32 ショウガイ物競走に参加する。
33 各勢力のキンコウを保つ。
34 都市キンコウに家を建てる。

21 交渉
22 高尚
23 考証
24 傘下
25 惨禍 辞
26 喪
27 藻
28 帆
29 穂
30 生涯
31 渉外 辞
32 障害
33 均衡
34 近郊

35 ケイコクに架かるつり橋を渡る。
36 違法駐車にケイコクを発する。
37 神社にジョウザイが寄付される。
38 水とともにジョウザイを飲む。
39 城の改修や石垣のフシンを行う。
40 フシンな人物に事情聴取をする。
41 食欲フシンが続いている。
42 借金の返済にフシンする。

35 渓谷
36 警告
37 浄財 辞
38 錠剤
39 普請 辞
40 不審
41 不振
42 腐心 辞

意味をCheck!

1 応酬…やり取りをすること。やり返すこと。
4 浅薄…知識や考えが浅く、薄っぺらなこと。
14 騰貴…価格が高くなること。
17 登記…第三者に公示するために、不動産など一定の権利に関する事項を登記簿に記載すること。
18 投機…利益を得ることを狙ってする行為。将来の価格の変動を予想して、現在の価格との差額を得る目的で行われる有価証券などの売買。
20 融解…とけること。固体が液体になること。
25 惨禍…天災などによるいたましい災難。
31 渉外…外部と連絡や交渉をすること。
37 浄財…寺社や慈善事業などへ寄付する金。
39 普請…家を建てたり、修理したりすること。土木工事。
42 腐心…ある事を達成しようと心をくだくこと。

頻出度 A ランク

同音・同訓異字②

目標時間 21分

1回目 /42

2回目 /42

●次の――線のカタカナを漢字に直せ。

1 銀行からユウシを受ける。
2 ユウシ鉄線を切断する。
3 ユウシを募って新党を結成した。
4 ユウシ以来三度目の大噴火だ。
5 大臣がカンテイから姿を現した。
6 専門家のカンテイ結果を待つ。
7 敵のカンテイが水平線に現れた。
8 多忙だが時間をサいて会った。
9 子供が紙をサいて遊ぶ。
10 一面にコスモスがサき乱れる。

解答
1 融資
2 有刺
3 有志
4 有史 辞
5 官邸
6 鑑定
7 艦艇
8 割
9 裂
10 咲

11 協会理事長がコウテツされた。
12 これはコウテツ製の戦車だ。
13 暗闇にじっと目をコらす。
14 失敗にコりて手を引いた。
15 資格の取得をショウレイする。
16 心臓病のショウレイを報告する。
17 舞踏家が華麗な舞をヒロウする。
18 長時間勤務でヒロウがたまる。
19 カビンの水を取り替える。
20 疲労で神経がカビンになる。

解答
11 更迭 辞
12 鋼鉄
13 凝
14 懲
15 奨励 辞
16 症例
17 披露
18 疲労
19 花瓶
20 過敏

21 自由ホンポウに育てられた。
22 ホンポウ初公開の映画をみる。
23 昇進してホンポウが増額された。
24 子どもにカンヨウな心で接する。
25 まずは自らの努力がカンヨウだ。
26 漢字の読み方にカンヨウ読みがある。
27 選挙の日程がコクジされた。
28 二人の作品がコクジしている。
29 相手の意見をコウテイする。
30 総理大臣がコウテイに住む。
31 コウテイペンギンのひなが生まれた。
32 利益を社員にカンゲンする。
33 海外のカンゲン楽団が来日する。
34 カンゲンに釣られてだまされる。

21 奔放 辞
22 本邦 辞
23 本俸 辞
24 寛容 辞
25 肝要
26 慣用
27 告示
28 酷似
29 肯定 辞
30 公邸
31 皇帝
32 還元
33 管弦
34 甘言 辞

35 電車内で騒ぐ人が気にサワる。
36 電線にサワるのはとても危険だ。
37 スイソウ楽団がパレードする。
38 スイソウの中に金魚を放す。
39 人工甘味料がテンカされている。
40 政治家が責任をテンカする。
41 二社が家電業界のハケンを争う。
42 担当者を現場にハケンする。

35 障
36 触
37 吹奏
38 水槽
39 添加
40 転嫁 辞
41 覇権 辞
42 派遣

意味をCheck!

4 有史…歴史において文字で書かれた記録や文献が存在すること。
11 更迭…ある地位や役目にある人を他の人と代えること。
15 奨励…ある事柄をよいことと評価し、それを行うように人にすすめること。
21 奔放…伝統や常識にとらわれずに、思うままに行動すること。
22 本邦…この国、我が国。
23 本俸…手当などを含まない、基本の給料。
24 寛容…心が広く、人をとがめたりしないさま。
29 肯定…事柄や意見などがそのとおりであると認めること。
34 甘言…相手の気持ちを引き付けるような、口先だけのうまい言葉。
40 転嫁…自分の責任や失敗などを他に押しつけること。
41 覇権…覇者の権力。力による支配力。競技などで優勝して得る栄えある名誉。

頻出度 A ランク

同音・同訓異字③

目標時間 21分

1回目 ／42

2回目 ／42

● 次の——線のカタカナを漢字に直せ。

1 製薬会社の株がボウトウした。
2 会議のボウトウに挨拶をする。
3 古都にユウキュウの歴史を感じる。
4 風邪でユウキュウ休暇を取る。
5 宮殿のエッケンの間で王を待つ。
6 議長の発言はエッケン行為だ。
7 ダム建設にキョヒを投じる。
8 上司の命令をキョヒする。
9 道路のジュウタイは半日続いた。
10 二列ジュウタイで行進する。

解答

1 暴騰 辞
2 冒頭
3 悠久 辞
4 有給
5 謁見 辞
6 越権 辞
7 巨費
8 拒否
9 渋滞
10 縦隊

11 改正法案についてシンギする。
12 うわさのシンギを確かめる。
13 開会式で選手センセイを行う。
14 試合でセンセイ点を挙げた。
15 民衆がセンセイ君主を打倒する。
16 寿司に使うスを準備する。
17 ツバメが軒下にスを作った。
18 弓道の競技会で的をイる。
19 型にアルミを流して製品をイる。
20 このイり豆は母の味だ。

解答

11 審議
12 真偽 辞
13 宣誓
14 先制
15 専制
16 酢
17 巣
18 射
19 鋳
20 煎

- □ **21** 新鮮な刺し身を皿に**モ**る。
- □ **22** 水も**モ**らさぬ厳戒態勢だ。
- □ **23** 夏場は**カイキン**シャツで過ごす。
- □ **24** 小学校で**カイキン**賞をもらった。
- □ **25** 料理は塩**カゲン**が難しい。
- □ **26** 夜空に**カゲン**の月が出ている。
- □ **27** **カンセイ**官の指示に従い飛行する。
- □ **28** 郊外の**カンセイ**な住宅街に住む。
- □ **29** 欠けた包丁の**ハ**を研ぐ。
- □ **30** 山の**ハ**に美しい月がかかる。
- □ **31** 庭の雑草を**カ**り取る。
- □ **32** 不安に**カ**られて眠れない。
- □ **33** 雑誌の**ケンショウ**に応募する。
- □ **34** 現場**ケンショウ**で新たな事実を知る。

21 盛　**22** 漏　**23** 開襟 辞　**24** 皆勤 辞　**25** 加減　**26** 下弦　**27** 管制　**28** 閑静 辞　**29** 刃　**30** 端　**31** 刈　**32** 駆　**33** 懸賞　**34** 検証

- □ **35** 押収品から**シモン**が検出された。
- □ **36** 安全**シモン**委員会を設立する。
- □ **37** おもしろい**シュコウ**の宴会だ。
- □ **38** その意見には**シュコウ**しがたい。
- □ **39** 重箱の**スミ**をつつくような質問だ。
- □ **40** タコが黒い**スミ**を吐いて逃げた。
- □ **41** **ソウレツ**な戦いを繰り広げる。
- □ **42** 戦死者の**ソウレツ**に参加する。

35 指紋　**36** 諮問 辞　**37** 趣向 辞　**38** 首肯 辞　**39** 隅　**40** 墨　**41** 壮烈 辞　**42** 葬列

意味をCheck!

- **1 暴騰**…株価や物の値段が急激に上がること。
- **3 悠久**…果てしなく長く続くこと。
- **5 謁見**…目上の人に会うこと。
- **6 越権**…その人に許されている権限を越えた行いをすること。
- **12 真偽**…正しいか間違いか。本物かにせ物か。
- **23 開襟シャツ**…襟を開いてネクタイをせずに着るシャツ。
- **24 皆勤賞**…一定期間、休日以外は休まずに出勤などをして表彰されること。
- **28 閑静**…もの静かなさま。
- **36 諮問**…有識者などに意見を求めること。
- **37 趣向**…おもむき。おもしろみや味わいが出るように工夫を凝らすこと。
- **38 首肯**…うなずくこと。賛成すること。
- **41 壮烈**…勇ましく勢いが激しく立派なこと。

頻出度 A ランク

同音・同訓異字④

目標時間 21分

1回目 /42

2回目 /42

● 次の――線のカタカナを漢字に直せ。

1 コショウの水質を調査する。
2 球場の新コショウを決める。
3 コショウしたパソコンを修理する。
4 工場跡地がコウハイする。
5 高校時代のコウハイに出会う。
6 尊敬する先生にごコウハイを賜った。
7 片足立ちでヘイコウ感覚を養う。
8 横柄な態度にヘイコウする。
9 相次ぐ不祥事にイカンの意を示す。
10 県から民間へ運営をイカンする。

解答

1 湖沼
2 呼称
3 故障
4 荒廃 辞
5 後輩
6 高配
7 平衡
8 閉口
9 遺憾 辞
10 移管

11 火事で裏山がエンショウした。
12 皮膚がエンショウを起こす。
13 若い叔母がキュウセイした。
14 結婚後もキュウセイで働く。
15 伝統技術をケイショウする。
16 文明社会にケイショウを鳴らす。
17 上級裁判所にコウソする。
18 コウソを使った洗剤を開発する。
19 観光サショウが不要な国もある。
20 俳優が経歴をサショウする。

解答

11 延焼
12 炎症
13 急逝 辞
14 旧姓
15 継承
16 警鐘 辞
17 控訴
18 酵素
19 査証 辞
20 詐称 辞

□21 コウリョウとした大地が広がる。
□22 飲み物にコウリョウを添加する。
□23 わが党には五つのコウリョウがある。
□24 大学のシャオン会に出席する。
□25 この壁はシャオン性が高い。
□26 子どもが入り江の砂浜で遊ぶ。
□27 八エの桜が咲いた。
□28 フライパンのエを持って振る。
□29 庭で草むしり中にカに刺された。
□30 温泉街に湯のカが漂う。
□31 センサイ孤児を救済する。
□32 時計職人にはセンサイさが必要だ。
□33 ソウカンな眺めに息をのむ。
□34 不法入国者がソウカンされた。

21	荒涼
22	香料
23	綱領
24	謝恩
25	遮音
26	江
27	重
28	柄
29	蚊
30	香
31	戦災
32	繊細
33	壮観 辞
34	送還

□35 勝敗は仲間のソウケンにかかる。
□36 祖父は百歳の今もソウケンだ。
□37 公園でシロツメクサをツむ。
□38 りんごを箱にツめる。
□39 社長は若くてハキがある。
□40 不要な書類をハキする。
□41 資金集めにホンソウする。
□42 故人の遺志でホンソウは行わない。

35	双肩 辞
36	壮健 辞
37	摘
38	詰
39	覇気
40	破棄
41	奔走 辞
42	本葬 辞

意味をCheck!

4 **荒廃**…土地や建物が荒れ果てること。すさむこと。
9 **遺憾**…思ったようにいかず残念であること。
13 **急逝**…人が急に亡くなること。
16 **警鐘**…災害などの際に警戒を促すために鳴らす鐘。危険を予告して警戒を促す警告。
19 **査証**…外国旅行者が正当な理由と資格があって旅行するものであるということを証明する旅券の裏書き。入国査証。

20 **詐称**…氏名や職業などをいつわって言うこと。
33 **壮観**…規模が大きく素晴らしい眺め。
35 **双肩**…左右の肩。責任などを負うもののたとえ。
36 **壮健**…元気で健康なこと。
41 **奔走**…忙しく走り回ること。物事がうまくいくようにあちこち駆け回ること。
42 **本葬**…会葬者が参列する葬儀のこと。

頻出度
A
ランク

誤字訂正①

目標時間 12分

1回目 /23

2回目 /23

● 次の各文にまちがって使われている**同じ読みの漢字**が**一字**ある。**誤字**を**正しい漢字**に直せ。

☐ **1** 砂漠の緑化活動や自然動物の保護など環境保全に更献したとして表彰された。

☐ **2** 大量の燃料を登載できず飛行距離の限られた小型機は太平洋横断の際に中継地で給油を行う。

☐ **3** 開墾予定地の土が強い粘土質であるため腐葉土や石灰などをすき込んで土状を改良する。

☐ **4** 大幅な規制看和により安価な外国製品が流入し、国内の地場産業を圧迫することとなった。

☐ **5** 顧客からの要望はもちろん、潜在的な需要をも掘り起こし、甚速に対応することが肝要だ。

☐ **6** 無農薬栽媒の野菜や自然食品を消費者や飲食店と直接契約して販売するケースが増えている。

☐ **7** 体内にたまった老廃物を体外に配出して身体的機能を活性化することは、健康を保つ上で重要だ。

☐ **8** 雪山で遭難事故が発生し、翌朝からヘリコプターによる上空からの捜策が開始された。

☐ **9** その検察官は事件の状況を詳しく派握するために刑事とともに再度現場を訪れて調査を行った。

☐ **10** 相次いで発生した巨大竜巻により、家屋や農場が破解されるなど一帯に甚大な被害が出た。

解答

1 更・貢
2 登・搭
3 状・壌
4 看・緩
5 甚・迅
6 媒・培
7 配・排
8 策・索
9 派・把
10 解・壊

□11 自覚症状はないが近急を要する重篤な病変があるとの診断を受け、即日入院となった。

□12 化石燃料の枯滑が現実問題として迫っている現在、新エネルギーの開発は重要な課題である。

□13 短時間勤務制度などを取り入れ、子育てをしながら勤務する女性社員の支縁を行っている。

□14 特殊な素材を窓ガラスに用いることで室内に入る太陽熱を調節し、有害な紫外線も斜断できる。

□15 社長の決断で大手金誘機関から資金を調達し、すべての工場を海外に移転した。

□16 難病の治療薬開発などが注目され、製薬会社の株価が連日高謄を続けている。

□17 スマートフォンを賓繁に使用し、料金が家計を圧迫したため利用時間に制限を設けた。

□18 自社商品の販売即進をはかり、繁華街や商店街の街頭で試供品の配布などのイベントを行った。

□19 年末年始には自動車での長距離移動で帰省する人も多く、高速道路は長時間にわたって重滞が続く。

□20 災害から数年経って人々の生活も落ち着き、空き地に建設された仮設住宅はこの程徹去された。

□21 海外市場開拓を目指すには市場調査や商談、契約交衝など不慣れな問題が山積し苦労が多い。

□22 小学校の理科で初めて検微鏡を使用し、ツユクサや松葉の気孔を拡大して観察した。

□23 社員の不手際により雇客情報が流出する事故が発生し、社長と責任者が記者会見で謝罪した。

11	近・緊
12	滑・渇
13	縁・援
14	斜・遮
15	誘・融
16	謄・騰
17	賓・頻
18	即・促
19	重・渋
20	徹・撤
21	衝・渉
22	検・顕
23	雇・顧

頻出度 A ランク

誤字訂正②

目標時間 12分

1回目 /23

2回目 /23

● 次の各文にまちがって使われている**同じ読みの漢字**が**一字**ある。**誤字**を**正しい漢字**に直せ。

1 使用済み核燃料処理施設の建設計画は環境破壊を懸念する住民の反対により破担するに至った。

2 亡父の遺産である土地の境界線争いに端を発し、ついに兄弟間で訴粧を起こす事態となった。

3 長引く戦乱に苦しむ人々のため健康管理や環境衛生に貢賢してきた医師が先ごろ亡くなった。

4 最近は昔ながらの稲作を行う傍ら園芸作物の採培を試みる若い農業従事者が増えてきた。

5 山道で木の根につまずいて転んだ拍子に足首を粘挫したらしく、同行者に背負われて帰宅した。

6 各種野菜の栄養成分の分績結果から、ビタミンやミネラルの著しい減少が判明した。

7 夏場の猛暑による水不足の影響が、里芋や白菜など秋の収穫物に堅著に表れた。

8 全市挙げて緑化運動に取り組むため、協力する商店街や町内会に賞励金を出すことに決めた。

9 深刻度が増す学生の就職難など、若年層の呼用問題の現状について番組で特集が組まれた。

10 斬新な構図を取り入れながら潜細で巧みな筆致で描かれた秀作だと評価の高い作品だ。

解答

1 担・綻
2 粧・訟
3 賢・献
4 採・栽
5 粘・捻
6 績・析
7 堅・顕
8 賞・奨
9 呼・雇
10 潜・繊

□11 無事故無違反を依持するために日ごろから安全運転と車の整備を欠かさずに行う。

□12 繁嘱力の強い外来魚は生態系を乱すとして駆除の対象だが、その有効利用法も模索されている。

□13 発展途上国における生活環境の向上や、児童への基礎教育の普久を支援している。

□14 引っ越しの際に出た粗大ゴミを自ら処分場まで運搬して持ち込み、廃規した。

□15 噴争地域に滞在して取材を続けていた記者が戦闘に巻き込まれて負傷し、帰国を余儀なくされた。

□16 行政機関の調査員が家庭を訪問し、早期発見による児童逆待の防止に取り組んでいる。

□17 地球温暖化の要因のひとつである温室効果ガスの排出量搾減は各国で取り組むべき急務である。

□18 昭和の雰囲気が残る商店街で映画の撮映が行われて地元の人々がエキストラとして参加した。

□19 車の追突事故では原則として追突した側が相手方の車の修繕費など損害を培償する責任を負う。

□20 新学期を迎えて登下校途中の交通事故が賓発し、心配した保護者が交代で付き添うことにした。

□21 飲酒運転の墨滅のため、酒類を提供する県内の飲食店を訪問し、協力を要請している。

□22 出演者の都合により配役や演目の一部変更が余技なくされる場合もあると説明があった。

□23 勅許を得ずして条約を批順したのは許し難しと激しい反対運動が起こり、国家体制を揺るがした。

11	依・維
12	嘱・殖
13	久・及
14	規・棄
15	噴・紛
16	逆・虐
17	搾・削
18	映・影
19	培・賠
20	賓・頻
21	墨・撲
22	技・儀
23	順・准

読み
部首
熟語の構成
四字熟語
対義語・類義語
同音・同訓異字
誤字訂正
漢字と送りがな
書き取り
模擬テスト

頻出度 A ランク

誤字訂正③

目標時間 12分

1回目 /23

2回目 /23

●次の各文にまちがって使われている**同じ読みの漢字**が**一字**ある。**誤字を正しい漢字**に直せ。

1 多くの連載を抱える人気漫画家がアイデアの枯渇や体調不良に苦しみ執筆が停息している。

2 食中毒の発生率が高まる真夏を迎え、手洗いなど予防を撤底するよう呼びかける。

3 親の遺産を相続する権利を放軌して、その代わり海外で自由奔放に生きることを選択した。

4 体内に入った病原菌や異物などを識別して排除し、自己の身体を守る力を免益力という。

5 被告人は初犯で事件の程度も軽微であったため、懲役刑を言い渡されたが執行融予が付いた。

6 東西南北の地域に分けて運行中の順環バスは、車を持たない高齢者の通院等に利用されている。

7 その邸宅には熟練の職人が持てる技術を苦使して丁寧に作り上げた高級家具がそろえられた。

8 座礁したタンカーから大量の原油が流出し、広範囲に迅大な海洋汚染を引き起こした。

9 戦災による危餓で苦しむ子どもたちを支援するために海外の奉仕活動に参加した。

10 麓から仰ぐと山頂付近には白雲が沸き出て、霊山と崇敬される山らしく幽遠な趣が感じられる。

解答

1 息・滞
2 撤・徹
3 軌・棄
4 益・疫
5 融・猶
6 順・循
7 苦・駆
8 迅・甚
9 危・飢
10 沸・湧

☑ **11** 適度な枝打ちや間引きの抜採を行うことで日光が差し込むようになり、森林の保全につながる。

☑ **12** その図書館では謁覧室での自習は禁止されており、別途学習室が設けられていた。

☑ **13** 警察によって事件現場から証拠品の数々が段ボール箱に詰められ、応収された。

☑ **14** 国道に通じる交差点は痛ましい交通事故が後を絶たず、注意を感起する看板が立てられている。

☑ **15** 欺造紙幣が世界各地で大量に発見されて騒動になり、両替の際などの注意を促した。

☑ **16** 同じような犯行を繰り返しては逮捕される折盗常習犯には精神面の治療も必要と思われる。

☑ **17** 不可解なことの多いその事件は物証や目撃者も皆無と言ってよく、操査は難航をきわめた。

☑ **18** 創立百周年を迎える母校は、空き教室を利用して開校以来の変選をたどる資料室にしている。

☑ **19** 自宅を改築することになり、設計図を前にして理想的な間取りにすべく模策を続けている。

☑ **20** 先日の地震で山道の一部分が貫没しているために通行が不可能になっている。

☑ **21** 昭和の巨匠と言われる監督の映画は、人生の機備に触れた名作として根強い人気を誇る。

☑ **22** 顧みれば家族も自分の趣味も擬牲にして、脇目も振らず仕事に打ち込んだ半生だった。

☑ **23** 外来生物による生態系への影響は悠慮すべき深刻な事態となっており、早急な対応が望まれる。

11	12	13	14	15	16	17	18	19	20	21	22	23
抜・伐	謁・閲	応・押	感・喚	欺・偽	折・窃	操・捜	選・遷	策・索	貫・陥	備・微	擬・犠	悠・憂

読み / 部首 / 熟語の構成 / 四字熟語 / 対義語・類義語 / 同音・同訓異字 / 誤字訂正 / 漢字と送りがな / 書き取り / 模擬テスト

頻出度
Aランク

誤字訂正④

目標時間 12分

1回目 ／23

2回目 ／23

● 次の各文にまちがって使われている**同じ読みの漢字**が**一字**ある。**誤字を正しい漢字**に直せ。

□ **1** グランドスラムは年間の主な大会すべてに優勝することで、テニスでは四大国際大会の制把を指す。

□ **2** 趣味で楽器を演奏するときは、近隣への音漏れに配虜をして防音室で行うようにしている。

□ **3** 悪政が続く故国を逃れた難民が大挙して押し寄せ、港には幾棟かの検液所が急造された。

□ **4** 実家が営む農業を週末だけ手伝い、米や畑でとれた新鮮な野菜を報収として受け取っている。

□ **5** 学術誌に傾載された論文が、誤った実験結果に基づくものであるとの指摘を受けて削除された。

□ **6** 観賞魚の水槽の水を壊化する装置を取り付けたことで水質の悪化を抑えられるようになった。

□ **7** ワインや日本酒などの蒸造酒は、原料を酵母によって発酵させて作った酒である。

□ **8** 学会の定説に疑問を提するような考古学的発見があり、世界中の研究者が動向に注目している。

□ **9** 言葉が足りず誤解を与える結果になったと弁明し、発言を徹回して謝罪した。

□ **10** 目を刻使したことで眼精疲労による頭痛や視力の低下が起こり、数日間家で休養した。

解答

1 把・覇
2 虜・慮
3 液・疫
4 収・酬
5 傾・掲
6 壊・浄
7 蒸・醸
8 提・呈
9 徹・撤
10 刻・酷

☐11 幼いころから慢性的な呼吸器の疾看を抱えており、登山や激しい運動は医師から禁止されている。

☐12 両親は定年退職後も趣味に地域活動にと忙しく動き回り、重実した毎日を送っている。

☐13 その医師は病院勤務を経て故郷に戻り、後半生は過疎地での医療に生該をささげた。

☐14 頂上付近で登山者が滑落して行方不明という報告を受けて地元の山岳救助隊が操索に向かった。

☐15 庭の片隅に作った小さな花段に、丹精して育てた季節の花々が色鮮やかに咲き乱れた。

☐16 大成するためには努力と忍耐が慣要だというのが生前の祖父の口癖だった。

☐17 健康状態は良好だと主張したが、医者の審断の結果、検査入院をすすめられた。

☐18 景気の停滞による消費の冷え込みで発生した供給過多を解消するため生産を欲制している。

☐19 複数の金融機関の合閉によって利用者の預金額が合算され、元金保証額に影響が出た。

☐20 チョウの標本コレクションは世界中に足を運び棒大な時間と資金を使って収集したものだ。

☐21 会社で使う事務用品や消耗品を、通信販売を通じてまとめて貢入すると幾らか割引される。

☐22 逃走する犯人の足元を狙って偉嚇射撃を試みたが効果無く、犯人は悠々と暗闇に姿を消した。

☐23 突然の鋭い破裂音に驚き、木の枝で羽を休めていた鳥たちが一勢に飛び立った。

11 看・患
12 重・充
13 該・涯
14 操・捜
15 段・壇
16 慣・肝
17 審・診
18 欲・抑
19 閉・併
20 棒・膨
21 貢・購
22 偉・威
23 勢・斉

頻出度 A ランク

誤字訂正⑤

目標時間 12分

1回目 /23

2回目 /23

● 次の各文にまちがって使われている**同じ読みの漢字**が**一字**ある。**誤字を正しい漢字**に直せ。

☐ **1** これまでの一般常識の該念からかけ離れた理論が最近の実験によって証明された。

☐ **2** 二百年前に座床し沈没した貨物船が引き揚げられ、船内から大量の金銀や宝石類が発見された。

☐ **3** 穏やかな弦楽器の演奏の第一楽章から一転、第二楽章は力強い金管楽器の線律に支配された。

☐ **4** ボクサーは日々孤独な練習を積み重ね、過刻な減量にも耐えて世界王者にまで上り詰めた。

☐ **5** 強引で統率力のある指導者と評価されていたが、実は自信過状で自己顕示欲の強い男だった。

☐ **6** 洪水で皆滅的な被害を受けた村々にボートやヘリコプターで救援物資が輸送された。

☐ **7** 相次ぐ戦乱で栄華を誇った都は荒廃し、昼間から盗賊や追い剥ぎの類いが往行する有様だ。

☐ **8** 五十年前に建設された高層ビルが老旧化のため解体され、跡地は一旦駐車場とされた。

☐ **9** 商品の需要が順調に延びた結果、売り上げも昨年比一・五倍と好調を維持している。

☐ **10** 南太平洋の島々にはさびついた旧軍の兵器の残害が今も散見され戦争の悲惨さを伝えている。

解答

1	2	3	4	5	6	7	8	9	10
該・概	床・礁	線・旋	刻・酷	状・剰	皆・壊	往・横	旧・朽	延・伸	害・骸

☐ **11** 城下への敵の侵入を疎止するために街道を監視して遮断し、海岸線にも兵を配備した。

☐ **12** 視聴者参加型クイズ番組の優勝賞品として欧州旅行を拡得し、有給休暇を使って旅を満喫した。

☐ **13** 現場には新聞社やテレビ局の記者など多くの報道関係者が集まり事故の状境が逐一報道された。

☐ **14** 塩分の過剰な設取は高血圧の誘因となるため、食生活には十分注意するよう指導された。

☐ **15** 伯父の一人は戦国時代の城郭建築に造形が深く、休日にはよく各地の城跡を訪れていた。

☐ **16** スケート選手が自転車競技でも好成績を残し、冬夏連続五輪出場に超戦すると大々的に報道された。

☐ **17** 人工衛星を予定通りの基道に乗せることに成功し、その様子が全国に生中継で放送された。

☐ **18** 毎年結婚記念日にはホテル最上階のレストランから夜景の頂望を楽しみながら食事をする。

☐ **19** 近場ながら大自然を満詰できることで人気の温泉地に、週末の休暇を利用して家族で出かける。

☐ **20** 初めての海外旅行に際し、多忙のためパスポート申制の代行を旅行代理店に依頼した。

☐ **21** 先祖代々の家は広配の急な坂の上にあり、自転車通学をした高校時代は大変な思いをしたものだ。

☐ **22** 潮が引くと出現する広大な干型に鳥が集まり、愛好家は離れた場所から望遠鏡で観察している。

☐ **23** 初めから甘い期待は抱かなかったが、予想以上に手厳しく許絶されて落胆の色を隠せない。

11 疎・阻
12 拡・獲
13 境・況
14 設・摂
15 形・詣
16 超・挑
17 基・軌
18 頂・眺
19 詰・喫
20 制・請
21 広・勾
22 型・潟
23 許・拒

頻出度
A
ランク

誤字訂正⑥

目標時間 12分

1回目 ／23

2回目 ／23

● 次の各文にまちがって使われている**同じ読みの漢字**が**一字**ある。**誤字を正しい漢字**に直せ。

☐ **1** 高齢者を狙う差欺事件が後を絶たず、被害者は大切な老後資金を奪われて悲嘆に暮れている。

☐ **2** 崖崩れのため道路上に土砂が滞積し、通行が遮断されて孤立した地区に生活物資が空輸された。

☐ **3** 一八五八年に訂結された日米修好通商条約には関税自主権がなく、不平等条約と言われている。

☐ **4** 互いを仮想敵国視していた両国は、国際情勢の変化に伴い現在は友好関係を授立している。

☐ **5** この町の果樹園は、贈答品として用いられる高級品種の収獲に注力して成功を収めている。

☐ **6** 手術後の経過は良好で一時は順調に回復するかに見えたが、今日未明から再び重徳に陥った。

☐ **7** 詐疑の手口は多様化、巧妙化しており、家族や財産を守るために細心の注意が必要だ。

☐ **8** 今年は賞与が期待できなくなり、マンションのボーナス支払い分をどう粘出するか苦慮している。

☐ **9** 放置すれば絶滅が懸念される生物を人の手で煩殖させ自然に戻す試みが意欲的に行われている。

☐ **10** 企業の発展のためには研修や新企画募集などを通じて社内の人材発屈に努めることが大切だ。

解答

1	**2**	**3**	**4**	**5**	**6**	**7**	**8**	**9**	**10**
差・詐	滞・堆	訂・締	授・樹	獲・穫	徳・篤	疑・欺	粘・捻	煩・繁	屈・掘

☐ **11** 足の裏の皮布が一部角質化して歩くたびに激痛が走るため、除去する薬品を購入してきた。

☐ **12** 演奏会場に一歩足を踏み入れると場内は若者たちの熱気で一種異様な奮囲気に包まれていた。

☐ **13** 改元を機に現行紙弊のデザインが一新されたが、これには年々巧妙になる偽造を防ぐ目的もある。

☐ **14** 部品の納入遅れで工場を一時操業停止し、工員へはその日の給与の六割を補奨することにした。

☐ **15** 新製品の売れ行きが好調で、工場を二十四時間架働させても生産が間に合わない状態だ。

☐ **16** 民主主義を抑圧する新法の制定に反対する市民が一斉に砲起して抗議行動を繰り広げている。

☐ **17** 住民の切なる陳情を、窓口担当者は管括が違うとの理由だけで受付を拒否した。

☐ **18** 葉の茂った枝を背中に結わえ付けて偽創を施した歩兵部隊が、息を殺して敵陣に忍び寄った。

☐ **19** 近代産業の発展に寄与した人物の憲彰碑が公園に建てられ、関係者の手で除幕式が行われた。

☐ **20** その映画監督は主演女優の味力を最大限に引き出すことにおいて定評がある。

☐ **21** 展示会で新型のモーターを搭載した電気自動車を被露して一躍注目を集めた。

☐ **22** 中世日本文学の理念として挙げられる幽弦は、言葉では表せない深い趣のことを意味する。

☐ **23** この寺は国家鎮護のため千年以上も前に創建されて多くの名僧知識を輩出した名察である。

11	12	13	14	15	16	17	18	19	20	21	22	23
布・膚	奮・雰	弊・幣	奨・償	架・稼	砲・蜂	括・轄	創・装	憲・顕	味・魅	被・披	弦・玄	察・刹

頻出度 A ランク

誤字訂正⑦

目標時間 12分

1回目 /23

2回目 /23

● 次の各文にまちがって使われている**同じ読みの漢字**が**一字**ある。**誤字を正しい漢字**に直せ。

1 太平洋回遊中に日本近海を通過する白長須鯨は保乳類のみならず現生動物の中で最も大きい。

2 乳歯から永久歯に生え替わった頃から歯並びが悪くなり、十代前半は強正器具を装着していた。

3 平安時代に鬼の姿をした賊が都に出没して婦女子を羅致する事件が頻発し、人々を不安に陥れた。

4 風に乗って漂ってきた花の香りは、渇いていた心にひと時の至福をもたらして全次消えて行った。

5 気鋭の会社経営者として成功を収めた人物が二十年前に失喪して音信不通だった兄と分かった。

6 老職工は徒弟奉公時代の苦労は一切語らず、口にしたのは「心抱が大切」という一言だけだった。

7 副葬品の宮廷衣装の織衣を顕微鏡で調べたところ使用された染料の種類を特定することができた。

8 前を走る車との車間距離を詰めて警笛を鳴らし続けた男が道路交通法異反で書類送検された。

9 輸入品への依存が高まる一方で、国内産業の空働化が進行しているのは由々しき事態だ。

10 度重なる説得にもかかわらず和睦を拒否するとは、平和を望む当方の真意が伝わらず遺勘千万だ。

解答

1 保・哺
2 強・矯
3 羅・拉
4 全・漸
5 喪・踪
6 心・辛
7 衣・維
8 異・違
9 働・洞
10 勘・憾

11 地形調査のため撮影機材を搭載した無人機を飛ばして、遠較操作で撮影を行った。

12 今日未明住宅二棟を全焼させた火事は、暖房器具の過熱に寄り起きたとその後の調査で分かった。

13 大型連休中の旅行は混雑するが、早めに飛行機の搭乗券と宿泊場所を拡保したので安心だ。

14 流行が懸念されている伝染病の感潜経路については、現況では未確定と報じられている。

15 加齢による筋肉の衰えを起引とする腰痛を患い、医師の勧めに従って軽い運動を続けている。

16 戦後途絶えていた農村歌舞伎復活のための努力が実り、秋の祭礼に合わせて実試の運びとなった。

17 万一の火災に備えて設置されていた消火線のおかげで消火活動が迅速に進み、全焼を免れた。

18 五台の自動車による玉突き障突事故が起こり、一時通行が遮断されて渋滞が引き起こされた。

19 四字熟語の意味を理解するには、出典や背後にある歴史上の事実を知ることが不過欠である。

20 在宅勤務によって生じる運動不足を解消するため多少の負加をかけたストレッチを行っている。

21 夢見ていた海外留学に出発する朝、娘は晴れやかな笑顔を残して飛行機の登乗口に向かった。

22 独裁者の出現を許した大衆心理の実態は、戦後数十年を経てようやく範明しようとしている。

23 人生の荒波を乗り越えて行く気効を持たない繊弱な息子を、厳父は歯がゆく思っている。

11	較・隔
12	寄・因
13	拡・確
14	潜・染
15	引・因
16	試・施
17	線・栓
18	障・衝
19	過・可
20	加・荷
21	登・搭
22	範・判
23	効・概

頻出度
A
ランク

誤字訂正⑧

目標時間 12分

1回目 /23

2回目 /23

●次の各文にまちがって使われている**同じ読みの漢字**が**一字**ある。**誤字を正しい漢字**に直せ。

☐ **1** 介護関係の仕事に就きたいと思い、福施専門学校に進学して必要な知識や技術を得ることにした。

☐ **2** 厳しい時代に生きる少年の、明るく平和な未来への活望を描いた感動の名作が映画化された。

☐ **3** 二次会会場は南国の雰囲気漂う工夫を懲らした内装で、海の好きな新郎新婦に似合っていた。

☐ **4** ある蔵書家の遺族から故人が集めた貴重な書籍を地域の図書館に記贈したいと申し出があった。

☐ **5** 学問の神様とされる天満宮には受験の時期になると合格を寄願する多くの絵馬が奉納される。

☐ **6** 新型の携帯電話は電波の受信状況が悪く、不具合の発生賓度も高いと評判が芳しくない。

☐ **7** 贈収賄事件の公判で弁護側の証人が虚疑の証言を行ったことを一人の敏腕検事が見抜いた。

☐ **8** 医療の道を志して医大に入学し、卒業後は付属病院で神経内科の臨傷医として勤務している。

☐ **9** 犯行現場には遺留品が多く、紙片の文字の筆跡観定の結果から犯人は早期に逮捕された。

☐ **10** 新社屋への移転を継機に工場の生産設備も最新式のものに一新し、効率化する計画だ。

解答

1	2	3	4	5	6	7	8	9	10
施・祉	活・渇	懲・凝	記・寄	寄・祈	賓・頻	疑・偽	傷・床	観・鑑	継・契

☐ 11 図書館に設置された機器を操作し、書名と著者名を入力すると蔵書を検削することができた。

☐ 12 周囲を敵に取り囲まれた絶体絶命の究地をどう切り抜けたか、物語はいよいよ佳境に入った。

☐ 13 多くの人命を奪いながら謝罪を去否する公害企業に対し責任を問う世論は一層厳しさを増した。

☐ 14 ストレスで体を壊したり、体の不調が精神面に作用したりするなど、心身は相護に影響しあうものだ。

☐ 15 専攻している中国仏教史に関する文件資料を他大学の図書館からお借りして論文を書き上げた。

☐ 16 円高に起因する日本経済の不凶が中小企業を圧迫し、経営を難しくしている。

☐ 17 冷戦が終わって核戦争の恐威から解放されたかに見えたが、なおも予断を許さぬ状況が続く。

☐ 18 自由主義諸国と緊密に提携して協力態勢を築く方針を謙持し、一層の国際緊張の緩和に努める。

☐ 19 一部の牛乳などで行われる低温殺禁は、本来の風味や栄養分を損ないにくい製法である。

☐ 20 受験に備えて過去の試験問題の警向を調べ、重点的に学習して苦手分野を克服する。

☐ 21 古代文明はいずれも大河流域を発承の地とし、その存在を示す器物等が今も出土している。

☐ 22 業界最大手企業が外国の中堅企業と業務提契し、さらなるサービスの向上が可能となった。

☐ 23 輸入された小動物や昆虫を逃がしたり捨てたりすると国内の生態形に悪影響を与える虞がある。

11	削・索
12	究・窮
13	去・拒
14	護・互
15	件・献
16	凶・況
17	恐・脅
18	謙・堅
19	禁・菌
20	警・傾
21	承・祥
22	契・携
23	形・系

頻出度 A ランク

誤字訂正⑨

● 次の各文にまちがって使われている**同じ読みの漢字**が**一字**ある。**誤字を正しい漢字**に直せ。

目標時間 12分

1回目 /23

2回目 /23

☐ **1** 航空機事故の犠牲者を悼む追悼式典ではまず遺族や関係者により慰霊碑に遺花が行われた。

☐ **2** 早朝からの健命の捜索活動により遭難者五名は全員無事に発見され、命に別状はなかった。

☐ **3** 部員の不祥事のため対外試合を自縮している間も、後輩たちは他日を期して練習に励んだ。

☐ **4** 母の愛は無賞の愛と言われてきたが、懸命に子育てする動物や鳥たちの姿にもそれを感じる。

☐ **5** 大学卒業後は大企業に就職したものの時間に硬束されることを嫌って農業に転じた青年がいる。

☐ **6** 今後の会社の生き残り戦略を巡り、両派の間で激しい論争の応襲が繰り広げられた。

☐ **7** 健康促進のため散歩や水中歩行、水泳などの有酸素運動を週二回以上行うことを推唱している。

☐ **8** 群雄割拠の時代ながら卑近な表現をすればどんぐりの背比べで、一定の勢力均恒は保っていた。

☐ **9** 本番前は禁張で失神しそうになるが、舞台に上がれば役に没頭して演じることができる。

☐ **10** 度重なる戦乱に焼かれて広廃した街を復興させたのは住民の不断、不屈の努力であった。

解答

1	2	3	4	5	6	7	8	9	10
遺・献	健・懸	縮・粛	賞・償	硬・拘	襲・酬	唱・奨	恒・衡	禁・緊	広・荒

☐ 11 精神的に粘り強く、組織の中殻で存分に力を発揮して会社の将来を担える人物を採用したい。

☐ 12 跡取り息子の不始末を嘆くのは無理からぬが、早急に善後策を効じることこそ重要だろう。

☐ 13 工事現場で大型トラックが係員に指定の場所まで優導された後に荷物を降ろした。

☐ 14 居並ぶ家臣の前に現した姿は、幼帝とは思えぬ偉厳に満ちた様子であった。

☐ 15 柔道は一九五六年に世界選手権大会が開採され、オリンピック東京大会で正式種目となった。

☐ 16 万年雪を頂く山に源を発する川の傾谷は紅葉が美しく、秋になると多くの観光客が訪れる。

☐ 17 西欧諸国から開国を迫られ、西国雄藩が離反していく中で幕府の力は垂退していく一方だった。

☐ 18 競売で落札された名画名品を巧妙な手口で模造品にすり替えて査取する事件が続発している。

☐ 19 水道料金が前月の三倍以上もある誓求書が届いてはじめて漏水に気がついた。

☐ 20 峠道を越える苦労を見かねた先覚者がトンネルを搾搾して往還道を開いてから今年で百年経った。

☐ 21 人々の防災意識が高まり、手動で発電できる懐中電灯や軽帯用浄水器などの売れ行きが好調だ。

☐ 22 体育館や野球場、陸上競技場、温水プールなど公共のスポーツ使設が充実している。

☐ 23 決勝戦は死力を尽くして戦っただけに銀色に輝く至杯を手にした感激はひと際大きかった。

11	12	13	14	15	16	17	18	19	20	21	22	23
殻・核	効・講	優・誘	偉・威	採・催	傾・渓	垂・衰	査・詐	誓・請	搾・削	軽・携	使・施	至・賜

読み　部首　熟語の構成　四字熟語　対義語・類義語　同音・同訓異字　誤字訂正　漢字と送りがな　書き取り　模擬テスト

頻出度 A ランク

漢字と送りがな①

目標時間 21分

1回目 ／42

2回目 ／42

● 次の――線のカタカナを漢字一字と送りがな（ひらがな）に直せ。〈例〉答えをタシカメル。 確かめる

1 政治へのイキドオリの声が上がる。
2 男はウヤウヤシクおじぎをした。
3 読書で想像力をツチカウ。
4 老女が糸車で糸をツムグ。
5 流星はマタタク間に夜空に消えた。
6 敵の戦力はアナドリがたい。
7 ふと少年時代をナツカシク思う。
8 どんなときも平静をヨソオウ。
9 山頂から雄大な景色をナガメル。
10 大学はユルヤカな丘の上にあった。

解答
1 憤り
2 恭しく 辞
3 培う 辞
4 紡ぐ 辞
5 瞬く
6 侮り
7 懐かしく
8 装う
9 眺める
10 緩やか

11 名前や年齢をイツワル。
12 高層ビルが視界をサエギル。
13 不都合な真実を闇にホウムル。
14 よい風習がスタレルのは残念だ。
15 不足金を株式の売却でマカナウ。
16 中世の雰囲気をカモシ出す。
17 先生が生徒の行いをホメル。
18 断固として要求をコバム。
19 クサイものに蓋をする。
20 勘違いもハナハダシイ。

解答
11 偽る
12 遮る 辞
13 葬る
14 廃れる 辞
15 賄う 辞
16 醸し
17 褒める
18 拒む
19 臭い
20 甚だしい

21 主人公が非業の死を**トゲル**。

22 どうにか会社倒産を**マヌカレル**。

23 庭の松の枝を**タメル**。

24 **カシコイ**犬が雑誌で紹介される。

25 夜が**フケル**まで語り合う。

26 弟はとくに運動能力に**ヒイデル**。

27 自らの非を認め罪を**ツグナウ**。

28 突然の入院で仕事が**トドコオル**。

29 皇帝が国を**スベル**。

30 波間に小舟が**タダヨウ**。

31 お菓子作りの腕を**ミガク**。

32 子どもたちを優しく**サトス**。

33 試験当日に寝坊をして**アワテル**。

34 鉄道にちなんだ**モヨオシ**を行う。

21	遂げる
22	免れる 辞
23	矯める
24	賢い
25	更ける
26	秀でる
27	償う
28	滞る 辞
29	統べる 辞
30	漂う
31	磨く
32	諭す
33	慌てる
34	催し

35 修行僧が民から**ホドコシ**を受ける。

36 体裁を取り**ツクロウ**のに必死だ。

37 ジムに通って体を**キタエル**。

38 何度か失敗して**コリタ**。

39 応援団が大きな旗を**ヒルガエス**。

40 電化製品のコードが**カラマル**。

41 軍師が奇抜な作戦を**クワダテル**。

42 学校行事への参加を**ウナガス**。

35	施し
36	繕う
37	鍛える
38	懲りた
39	翻す 辞
40	絡まる
41	企てる
42	促す

意味をCheck!

2 恭しい…相手を敬って礼儀正しくていねいであるさま。

3 培う…時間をかけて大切に養い育てる。

4 紡ぐ…言葉をつなげて文を作ること。綿やまゆを糸にすること。

12 遮る…間に障害物を置いて見えなくする。人の話など、行動や進行を妨げる。

14 廃れる…時が過ぎるにつれて行われなくなる。衰える。

15 賄う…人手などを用意する。食事を出す。切り盛りする。

22 免れる…不愉快なことや危険なことから逃れる。しないですむ。「まぬが（れる）」とも読む。

28 滞る…物事が順調に進まずはかどらない。

29 統べる…国などを一つにまとめて支配する。

39 翻す…さっと裏返しにする。突然態度を変える。風になびかせる。

頻出度
A
ランク

漢字と送りがな②

目標時間 21分

1回目 /42

2回目 /42

●次の――線のカタカナを漢字一字と送りがな（ひらがな）に直せ。〈例〉答えをタシカメル。確かめる

1 神棚に供物をタテマツル。
2 信念を曲げず理想をツラヌク。
3 枝にイコウ小鳥をスケッチする。
4 イサギヨク自分の非を認める。
5 カエルがお姫様をソソノカス。
6 カブの薄切りを梅酢にツケル。
7 若手がベテランをオビヤカス。
8 休日はモッパラ寝てばかりいる。
9 軒から雨水がシタタリ落ちる。
10 猫が足音をシノバセて歩く。

解答
1 奉る 辞
2 貫く
3 憩う
4 潔く
5 唆す 辞
6 漬ける
7 脅かす
8 専ら 辞
9 滴り
10 忍ばせ 辞

11 娘のトツグ日が近づいている。
12 無実の人を罪にオトシイレル。
13 引き出しに指がハサマル。
14 遠くを見ようとして目をコラス。
15 二人はミニクイ争いを続けた。
16 差別は自分をハズカシメル行為だ。
17 忙しい方が気がマギレル。
18 資料の整理がワズラワシイ。
19 我と我が身をイヤシメル行為だ。
20 オシイところで負けてしまった。

解答
11 嫁ぐ
12 陥れる 辞
13 挟まる
14 凝らす
15 醜い
16 辱める 辞
17 紛れる
18 煩わしい 辞
19 卑しめる 辞
20 惜しい

□ **21** 薬で病気の進行を**サマタゲル**。
□ **22** 失恋した友人を**ナグサメル**。
□ **23** 特売品は**スデニ**売り切れていた。
□ **24** 久々の雨で田畑が**ウルオウ**。
□ **25** 大きな石を庭の中央に**スエル**。
□ **26** 新郎新婦が**チカイ**の言葉を述べる。
□ **27** 返事を出し**シブル**。
□ **28** 弁当の中身が**カタヨル**。
□ **29** 門前の人影を**アヤシム**。
□ **30** 夜の明かりが街を**イロドル**。
□ **31** 青くて**スッパイ**ミカンを食べる。
□ **32** オーブンの中でパンが**フクラム**。
□ **33** **ケガラワシイ**金は受け取れない。
□ **34** 悪徳代官が民を**シイタゲル**。

21 妨げる
22 慰める
23 既に
24 潤う
25 据える 辞
26 誓い
27 渋る
28 偏る
29 怪しむ
30 彩る
31 酸っぱい
32 膨らむ
33 汚らわしい
34 虐げる

□ **35** 父は家計のことには**ウトイ**。
□ **36** 仕事机が書類の山に**ウモレル**。
□ **37** 定説を**クツガエス**理論を発表する。
□ **38** 肉の表面を軽く**コガス**。
□ **39** 国境で敵軍の進行を**ハバム**。
□ **40** 車のタイヤから空気が**モレル**。
□ **41** 母は**オダヤカ**な表情を浮かべた。
□ **42** 応援団が校旗を**カカゲル**。

35 疎い 辞
36 埋もれる
37 覆す
38 焦がす
39 阻む
40 漏れる
41 穏やか
42 掲げる

意味をCheck!

1 奉る…上位の人に差し上げる。「贈る」の謙譲語。
5 唆す…よくない行動を起こすように、おだてたり導いたりする。
8 専ら…そのことだけを集中して行うさま。ひたすら。
10 忍ばせる…相手に気づかれないよう隠し持つ。こっそりと物事を行う。
12 陥れる…だまして苦しい立場に追い込む。城などを攻めて取る。

16 辱める…恥をかかせる。名誉などを傷つける。
18 煩わしい…複雑で面倒である。心を悩ますことが多く、気が重い。
19 卑しめる…いやしいものとして見下す。
25 据える…物を、動かないように置く。建造物などを設ける。ある地位や職務に就かせる。心をしっかりと定まらせる。
35 疎い…ある事柄について知識が浅く、理解が不十分である。

頻出度 A ランク

書き取り①

目標時間 22分

1回目 /44

2回目 /44

● 次の——線のカタカナを漢字に直せ。

□ 1 このところ勉強をナマけている。
□ 2 神前で夫婦のチギりを交わす。
□ 3 首相の発言が物議をカモす。
□ 4 新たに町の消防団員をツノる。
□ 5 夜明けとともにニワトリが鳴いた。
□ 6 先祖のタマシイを供養する。
□ 7 かつお節を上手にケズる。
□ 8 マッチをスって火をつける。
□ 9 当たりサワりのない話をする。
□ 10 大雪に行く手をハバまれる。

解答

1 怠
2 契 辞
3 醸
4 募 辞
5 鶏
6 魂
7 削
8 擦
9 障
10 阻 辞

□ 11 格下の相手だとアナドっていた。
□ 12 アルバイトをして学費をカセぐ。
□ 13 亡くなった父のマボロシを見た。
□ 14 僧侶が修行を続けサトりを開く。
□ 15 ついに堪忍袋のオが切れた。
□ 16 うそ偽りがないことをチカう。
□ 17 悪徳業者のやり口にイキドオる。
□ 18 一部の観客が競技をサマタげた。
□ 19 子猫が毛糸にタワムれる。
□ 20 酒を飲んでウさを晴らす。

解答

11 侮
12 稼
13 幻
14 悟
15 緒
16 誓
17 憤
18 妨
19 戯 辞
20 憂

☐ **21** 体力の**オトロ**えを感じる。
☐ **22** 川沿いに**ヤナギ**の木を植える。
☐ **23** 暖炉の**ホノオ**が弱まってきた。
☐ **24** 子どもがいたずらを**クワダ**てる。
☐ **25** 駅伝で区間新記録に**イド**む。
☐ **26** 絹糸を**マユ**から紡ぎ出す。
☐ **27** 幾重にも**カラ**んだツタを写生した。
☐ **28** 親が我が子を**イツク**しむ。
☐ **29** 特訓により瞬発力を**キタ**える。
☐ **30** 教師が生徒に**シタ**われる。
☐ **31** 雪の斜面をソリで**スベ**り降りる。
☐ **32** **アカツキ**前に家を出る予定だ。
☐ **33** 遠足のバスで乗り物**ヨ**いをする。
☐ **34** 見事なカツオを**ツ**りあげた。

21 衰　22 柳　23 炎　24 企　25 挑　26 繭　27 絡　28 慈 辞　29 鍛　30 慕　31 滑　32 暁　33 酔　34 釣

☐ **35** 親友との別れを**オ**しむ。
☐ **36** 強盗が店主を**オド**して金を奪う。
☐ **37** 新規に従業員を**ヤト**う。
☐ **38** 健康のために塩分を**ヒカ**える。
☐ **39** 道路工事でアスファルトを**クダ**く。
☐ **40** 妹は数学の才能に**ヒイ**でている。
☐ **41** **コウゴウ**しい景色に感動する。
☐ **42** 一位との差は**ハナハ**だしかった。
☐ **43** 川の**セ**を歩いて向こう岸に渡る。
☐ **44** 祭りに参加しておみこしを**カツ**ぐ。

35 惜　36 脅　37 雇　38 控　39 砕　40 秀　41 神神（神々） 辞　42 甚 辞　43 瀬　44 担

意味をCheck!

2 契り…固い約束。将来を誓うこと。
4 募る…次第に激しくなる。広範囲から集める。
10 阻む…先へ進もうとするのを邪魔する。人の行為をさまたげる。
19 戯れる…遊び興じる。おもしろ半分に、何かをしたり言ったりする。

28 慈しむ…かわいがって大切にする。目下の者に愛情を注ぐ。
41 神神（神々）しい…おごそかで気高い。神秘的で尊い。
42 甚だしい…普通の状態をはるかに超えている。

頻出度 A ランク

書き取り②

● 次の――線のカタカナを漢字に直せ。

目標時間 22分

1回目 /44

2回目 /44

1 事故で亡くなった故人をイタむ。
2 恩師の言葉を座右のメイとする。
3 その店の主人はアイソが良い。
4 まさにコウイン矢のごとしだ。
5 幼児が自分で上手に靴をハく。
6 悲しい話を聞いて目がウルむ。
7 コンサートでハープをカナでる。
8 水槽に発生したモを除去した。
9 海賊に船の積荷をウバわれた。
10 ネバりけの強い米を好む。

解答

1 悼 辞
2 銘 辞
3 愛想
4 光陰 辞
5 履
6 潤
7 奏
8 藻
9 奪
10 粘

11 指をかむクセが直らない。
12 ミシンで服のほころびをヌう。
13 飼い主のカタワらに犬が座る。
14 並み居るライバルにセり勝つ。
15 正午に寺のカネが鳴らされる。
16 城の周囲のホリを修復する。
17 苦しい経験をカテにして成功した。
18 オロかな発言をして失笑を買う。
19 大会延期のムネの報告があった。
20 上半身ハダカになって涼む。

解答

11 癖
12 縫
13 傍 辞
14 競
15 鐘
16 堀
17 糧
18 愚
19 旨
20 裸

☑ 21 皿の**フチ**が欠けてしまった。
☑ 22 卵の**カラ**をうまくむけない。
☑ 23 株価が**ダトウ**な価格で落ち着く。
☑ 24 **キセイ**の概念にとらわれない。
☑ 25 店員が**ニセサツ**を発見した。
☑ 26 **カシコ**く心優しい熊の物語だ。
☑ 27 年々**ヨウツウ**が悪化している。
☑ 28 間食に甘い**シルコ**を食べた。
☑ 29 部屋の空気を**ジュンカン**させる。
☑ 30 アコヤ貝から**シンジュ**を採取する。
☑ 31 すし飯に上等な**ス**を使う。
☑ 32 キャンプでご飯を**タ**く係になる。
☑ 33 上司が部下に責任を**テンカ**する。
☑ 34 国を**ス**べる王として生まれる。

21 縁
22 殻
23 妥当 辞
24 既成
25 偽札
26 賢
27 腰痛
28 汁粉
29 循環
30 真珠
31 酢
32 炊
33 転嫁 辞
34 統

☑ 35 判定が**クツガエ**ることはなかった。
☑ 36 工場で木綿の糸を**ツム**ぐ。
☑ 37 **ウ**もれていた写真を整理する。
☑ 38 長く**モンピ**が閉ざされている。
☑ 39 考え方が独善的すぎると**サト**す。
☑ 40 村には**ウデキ**きの大工がいる。
☑ 41 宮廷貴族たちが和歌を**ヨ**む。
☑ 42 **フトコロ**から財布を取り出す。
☑ 43 その景色に**キョウシュウ**を覚えた。
☑ 44 需要と供給の**キンコウ**を保つ。

35 覆
36 紡
37 埋
38 門扉
39 諭
40 腕利
41 詠
42 懐
43 郷愁 辞
44 均衡

意味をCheck!

1 悼む…人の死を悲しみ嘆く。追悼する。
2 座右の銘…自分の居場所のそばに書き記して戒めにする言葉。
4 光陰矢のごとし…月日のたつのが早いことを、素早く飛ぶ矢にたとえた言葉。

13 傍ら…すぐ近く。そば。端に寄ったところ。
23 妥当…実情にそっていて無理のないこと。
33 転嫁…自分の責任や失敗などを他に押しつけること。
43 郷愁…故郷を離れている人が故郷を懐かしく思う気持ち。

頻出度 A ランク

書き取り③

目標時間 22分

1回目 ／44

2回目 ／44

●次の——線のカタカナを漢字に直せ。

1 公園が市民のイコいの場になる。
2 旅先の観光地で集合写真をトる。
3 夕食を作る材料がトボしい。
4 ボクサーがミットをナグる。
5 演奏中にギターのゲンが切れる。
6 庭に落ちた枯れ葉をハく。
7 不注意で店の商品がクズれた。
8 祖父は知性的カつ上品である。
9 火災で多くのギセイ者が出た。
10 祖母は日本庭園に対するゾウケイが深い。

解答
1 憩
2 撮
3 乏
4 殴
5 弦
6 掃
7 崩
8 且
9 犠牲
10 造詣

11 町の郊外にタツマキが発生した。
12 天井から雨水がモれている。
13 動物園のサルが一匹脱走した。
14 ウラみがましい視線を向けた。
15 工場に最新の機械をスえる。
16 弟はサムライの役を演じた。
17 メーカーが商品をオロす。
18 経営が悪化しフサイが増加する。
19 自然災害に対する注意をカンキする。
20 貧困によるウえが問題になる。

解答
11 竜巻
12 漏
13 猿
14 恨
15 据 辞
16 侍
17 卸
18 負債
19 喚起 辞
20 飢

21 **ケイセツ**の功が現れ見事合格した。
22 寄付金で寺院を**コンリュウ**する。
23 革命後に**ザンテイ**政権が発足した。
24 土地の**ウジガミ**様にお参りする。
25 女王陛下より勲章を**タマワ**る。
26 **シャショウ**に行き先を確認する。
27 濃く入れた**シブ**いお茶を飲む。
28 通学路では**ジョコウ**運転をする。
29 会社が資格取得を**ショウレイ**する。
30 二人の意見が**ショウトツ**した。
31 大根を植える**ウネ**を作る。
32 おいしい料理に**シタツヅミ**を打つ。
33 **センタク**物をベランダに干す。
34 手伝いをした子に**ダチン**をあげる。

21 蛍雪 辞
22 建立
23 暫定
24 氏神 辞
25 賜
26 車掌
27 渋
28 徐行
29 奨励
30 衝突
31 畝
32 舌鼓 辞
33 洗濯
34 駄賃

35 休み中も勉強を**オコタ**らない。
36 部屋の壁に**タナ**を取りつける。
37 ドライバーでネジを**シ**める。
38 ひびが入った壁を**ヌ**りなおす。
39 薬の効果が**ニョジツ**に現れた。
40 事態の**ハアク**ができない状況だ。
41 幼いころから金銭感覚を**ツチカ**う。
42 小舟が海岸に**ヒョウチャク**する。
43 野菜の**オロシネ**が高騰している。
44 敵を**ヒョウロウ**攻めにする。

35 怠
36 棚
37 締
38 塗
39 如実 辞
40 把握
41 培
42 漂着
43 卸値
44 兵糧 辞

意味をCheck!

15 据える…物を動かないように置く。建造物などを設ける。位置を定めて座らせる。
19 喚起…注意や世論などを呼び起こすこと。
21 蛍雪の功…苦労して勉学に取り組んだ成果。
24 氏神…神として祭られた氏族の先祖。居住地の守護神。

32 舌鼓を打つ…おいしいものを食した満足感に舌を鳴らす。不愉快な気持ちで舌を鳴らす。
39 如実…事実のそのままであること。
44 兵糧…軍隊の食料。

頻出度
A
ランク

書き取り④

目標時間 22分

1回目 /44

2回目 /44

● 次の――線の**カタカナ**を**漢字**に直せ。

1 シャンパンの**アワ**が美しい。
2 郊外に企業を**ユウチ**する。
3 荒天で船が大きく**ユ**れる。
4 **ユエ**あってしばらく姿を消す。
5 柔よく**ゴウ**を制す。
6 世間知らずの若者を**ソソノカ**す。
7 会社の経費を**サクゲン**する。
8 結婚式で神職が**ノリト**をあげる。
9 川の**アサセ**に入って釣りをする。
10 学生たちに奮起を**ウナガ**す。

解答

1	泡
2	誘致 辞
3	揺
4	故 辞
5	剛
6	唆
7	削減
8	祝詞 辞
9	浅瀬
10	促

11 大統領が演説会場に**オモム**く。
12 優秀な人材が**フッテイ**している。
13 権力者が知人に**ベンギ**をはかる。
14 種々の問題を**ホウカツ**して扱う。
15 書き初め用に筆と**スミ**を準備する。
16 証人が法廷で証言を**ヒルガエ**す。
17 大掃除で窓をきれいに**ミガ**く。
18 沿道からの応援を**ハゲ**みに走る。
19 外に出ると**ヨコナグ**りの雨だった。
20 姉は隣町の旧家に**トツ**いだ。

解答

11	赴
12	払底 辞
13	便宜
14	包括
15	墨
16	翻
17	磨
18	励
19	横殴
20	嫁

□ 21 学長は経済学の**イシズエ**を築いた。
□ 22 はっきり答えず言葉を**ニゴ**す。
□ 23 建築中の家の**ムネア**げを終える。
□ 24 しょう油の**ハッコウ**蔵を見学する。
□ 25 記者が事件の真相を**アバ**く。
□ 26 実った**イナホ**が金色に輝く。
□ 27 現場から証拠品を**オウシュウ**する。
□ 28 庭の手入れ中に**カ**に刺される。
□ 29 登山者が大部屋で**ザコ**寝をする。
□ 30 外資系企業の**サンカ**に入る。
□ 31 **クチビル**が荒れてひび割れる。
□ 32 畑の**ドジョウ**を改良する。
□ 33 税金の一部は**フクシ**に使われる。
□ 34 同じ作業の繰り返しに**ア**きる。

21 礎 辞
22 濁 辞
23 棟上
24 発酵 辞
25 暴
26 稲穂
27 押収
28 蚊
29 雑魚
30 傘下
31 唇
32 土壌
33 福祉
34 飽

□ 35 前途有望な青年を**ムコ**に迎える。
□ 36 **ロウデン**でブレーカーが落ちた。
□ 37 両国間の**ミゾ**が深まる。
□ 38 町内会が運動会を**モヨオ**す。
□ 39 **クサ**いものに蓋をする。
□ 40 自らが犯した罪を**ツグナ**う。
□ 41 納期が近くなり**アセ**りが生じる。
□ 42 木を**ホ**って動物の像を作る。
□ 43 ハワイは**トコナツ**の島と言われる。
□ 44 乱世に苦しむ民衆を**アワ**れむ。

35 婿
36 漏電 辞
37 溝
38 催
39 臭
40 償
41 焦
42 彫
43 常夏
44 哀

意味をCheck!

2 誘致…招き寄せること。
4 故…わけ。理由。
8 祝詞…神事の際に神前で唱える古い時代の言葉。
12 払底…ことごとくなくなること。少なくなること。
21 礎…石据えの意。基礎となる大事な事柄（人物）。

22 言葉を濁す…はっきりと言わず、あいまいに言うこと。
24 発酵…細菌などがもつ酵素によって、様々な物質がそれぞれ特定の別の物質に変化する現象のこと。
36 漏電…電気回路以外に電流などが流れ出ること。

頻出度 A ランク

書き取り⑤

目標時間 22分

1回目 /44

2回目 /44

● 次の――線のカタカナを漢字に直せ。

☐ 1 舞台に上がると顔がホテった。
☐ 2 友人とキッサ店で歓談する。
☐ 3 シイタげられた民衆が立ち上がる。
☐ 4 会議の資料をクリップでハサむ。
☐ 5 毎朝仏前でおキョウを読む。
☐ 6 両手にツルギを持って舞う。
☐ 7 クドクを施す儀式を行う。
☐ 8 亀がコウラ干しをしている。
☐ 9 結婚してコトブキ退社をした。
☐ 10 銀行のショウガイ担当者が訪れる。

解答
1 火照 辞
2 喫茶
3 虐
4 挟
5 経
6 剣
7 功徳 辞
8 甲羅
9 寿
10 渉外

☐ 11 カロうじて逃げ切ることができた。
☐ 12 ネギをアラく刻んでいためる。
☐ 13 名士である父の体面をケガした。
☐ 14 二国間で条約がテイケツされた。
☐ 15 不平等な条約がテッパイされた。
☐ 16 おとなしすぎてハキに欠ける。
☐ 17 秋になり稲のホサキが垂れる。
☐ 18 神社にお酒をホウノウする。
☐ 19 ツラの皮が厚いと言われた。
☐ 20 ブローチをエリモトにつける。

解答
11 辛
12 粗
13 汚
14 締結
15 撤廃
16 覇気 辞
17 穂先
18 奉納
19 面
20 襟元

☐ 21 英数字の**ラレツ**をにらむ。
☐ 22 ご**リヤク**のある寺として有名だ。
☐ 23 高校で**リンリ**の授業を選択する。
☐ 24 日本近代化の**モトイ**を築く。
☐ 25 飼い猫の首輪に**スズ**をつける。
☐ 26 父は年よりも**フ**けて見える。
☐ 27 残り物で**マカナ**い料理を作る。
☐ 28 申し入れを**カイダク**する。
☐ 29 新しい知識に**カツ**している。
☐ 30 黄金の**カンムリ**が展示された。
☐ 31 **ユル**い規制に不満が寄せられる。
☐ 32 まんまと敵を**アザム**いた。
☐ 33 料理の皿を**ウヤウヤ**しく差し出す。
☐ 34 **キョウリョウ**な考え方を改める。

21 羅列
22 利益
23 倫理
24 基
25 鈴
26 老
27 賄
28 快諾
29 渇
30 冠
31 緩
32 欺
33 恭
34 狭量 辞

☐ 35 結婚を**ケイキ**に家を建てる。
☐ 36 山間の**ケイコク**のつり橋を渡る。
☐ 37 試合の結果に**コウデイ**する。
☐ 38 体操選手の体は**ジュウナン**だ。
☐ 39 古くなった**タタミ**を張り替える。
☐ 40 今後は**ショクタク**社員として働く。
☐ 41 変化の速度は**カメ**の歩みのようだ。
☐ 42 **チュウシン**からおわびをする。
☐ 43 肩書きだけで実力が**トモナ**わない。
☐ 44 友人と話して気分が**マギ**れる。

意味をCheck!

1 火照る…体が熱を帯びて熱くなる。
7 功徳…幸福をもたらすような善行。また、よい行いをしたことで神仏から与えられる恵み。御利益。
16 覇気…物事に進んで取り組もうとする意気込み。人に勝とうとする野心。
34 狭量…他の考えなどを受け入れられないこと。度量が狭いさま。
40 嘱託…ある業務に従事することを依頼すること。
42 衷心…心の底。

35 契機
36 渓谷
37 拘泥
38 柔軟
39 畳
40 嘱託 辞
41 亀
42 衷心 辞
43 伴
44 紛

頻出度 A ランク

書き取り⑥

目標時間 22分

1回目 ／44

2回目 ／44

●次の——線のカタカナを漢字に直せ。

1 試合には歴戦のモサがそろった。
2 帽子をマブカにかぶる。
3 雪を見ながら日本酒をクむ。
4 将棋界のリョウユウが対戦する。
5 皮膚にエンショウが起きる。
6 首相や閣僚らがカンテイに入る。
7 政治家がキョウジンに倒れる。
8 軽率な行為はツツシみなさい。
9 悪貨は良貨をクチクする。
10 若いが実力派でスミに置けない。

解答

1 猛者
2 目深
3 酌
4 両雄
5 炎症
6 官邸
7 凶刃 辞
8 慎
9 駆逐
10 隅

11 さまざまな思いがコウサクする。
12 何とかなるが兄のクチグセだ。
13 魚をクロコげにしてしまった。
14 浅はかなコンタンが透けて見える。
15 ハグキに麻酔を打って抜歯する。
16 バスで妊婦に席をユズる。
17 新しい公園にナエギを植える。
18 山で野生の鹿にソウグウした。
19 修行によりボンノウを断ち切る。
20 兵士はユウカンに敵と戦った。

解答

11 交錯
12 口癖
13 黒焦
14 魂胆
15 歯茎
16 譲
17 苗木
18 遭遇
19 煩悩 辞
20 勇敢

□ 21 大統領が各地を**ユウゼイ**する。
□ 22 社長の**レイジョウ**と見合いをする。
□ 23 **ワンガン**から海上花火を見る。
□ 24 世界一とは看板に**イツワ**りありだ。
□ 25 少女が**コクウ**を見つめている。
□ 26 自己**ケイハツ**書を購入する。
□ 27 血液は**コツズイ**で作られている。
□ 28 会社の**ジュウチン**が勢ぞろいした。
□ 29 新月の夜空に星が**マタタ**く。
□ 30 新婚夫婦のように**ウイウイ**しい。
□ 31 裁判で**ショウゾウ**権について争う。
□ 32 屋内では**ウワグツ**に履き替える。
□ 33 みなさん、**セイシュク**に願います。
□ 34 こぼしたコーヒーが服に**シ**みる。

21	22	23	24	25	26	27	28	29	30	31	32	33	34
遊説 辞	令嬢	湾岸	偽	虚空 辞	啓発	骨髄	重鎮 辞	瞬	初初 初々 辞	肖像	上靴	静粛	染

□ 35 とんだ**ウ**き目にあった。
□ 36 **シタタ**る水が岩に穴をあけた。
□ 37 採用で新卒か**イナ**かは問わない。
□ 38 店の装飾に趣向を**コ**らす。
□ 39 急な客の来訪に**アワ**てる。
□ 40 平和を求める機運が**キザ**す。
□ 41 騒動の**カチュウ**の人を取材する。
□ 42 試合終盤の**ドタンバ**で逆転した。
□ 43 **イ**まわしい事件が起こる。
□ 44 土地の使用権を**ジョウト**する。

35	36	37	38	39	40	41	42	43	44
憂	滴	否	凝	慌	兆 辞	渦中	土壇場 辞	忌	譲渡

意味をCheck!

7 凶刃…人を殺傷するための刃物。
19 煩悩…欲望、怒り、執着など、人の心身の苦しみを生み出す精神の作用。
21 遊説…考えを説いて各地を歩くこと。
25 虚空…何も存在していない空間。大空。

28 重鎮…ある社会や組織で重きをなす人物。
30 初初しい…慣れない様子で好感がもてる。
40 兆す…何かが起こる気配がある。草木が芽を出す。
42 土壇場…最後の場面。

頻出度 A ランク

書き取り⑦

目標時間 22分

1回目 /44

2回目 /44

●次の――線のカタカナを漢字に直せ。

☐1 シャツのエリが汚れる。
☐2 兄の容姿はヒトキワ目立つ。
☐3 職人のタクみな技に感動した。
☐4 民衆は自由をカツボウしていた。
☐5 予定どおりに作戦をカンスイした。
☐6 空腹でミジめな気分になる。
☐7 刑事が容疑者をキツモンする。
☐8 教会のソウゴンな外観が印象的だ。
☐9 花のクキをはさみで切る。
☐10 段ボールを倉庫のカタスミに置いた。

解答

1 襟
2 一際
3 巧
4 渇望 辞
5 完遂
6 惨
7 詰問 辞
8 荘厳
9 茎
10 片隅

☐11 舟を係留していたツナを解く。
☐12 裁判でコクビャクを明らかにする。
☐13 旅人をネンゴろにもてなす。
☐14 借金返済のサイソクを受ける。
☐15 巻末に便利なサクインを付ける。
☐16 つる草で夏の日差しをサエギる。
☐17 草むらからヘビが出てきた。
☐18 バラのカンバしい香りが漂う。
☐19 ジュウタイが緩和された。
☐20 うっかりして鍋をコがした。

解答

11 綱
12 黒白 辞
13 懇
14 催促
15 索引
16 遮 辞
17 蛇
18 芳
19 渋滞
20 焦

☐ 21 試験に落ちた友人を**ナグサ**める。
☐ 22 兄は**オヤユズ**りの頑固者だ。
☐ 23 努力が**スイホウ**に帰した。
☐ 24 **アヤマ**ちばかりの人生だった。
☐ 25 **カッスイ**でダムが干上がる。
☐ 26 道路が突然**カンボツ**した。
☐ 27 叔母の家に**イソウロウ**する。
☐ 28 王の**オオ**せに従います。
☐ 29 最近は陶芸に**コ**っている。
☐ 30 **コウジン**の至りでございます。
☐ 31 代官が農民から**サクシュ**する。
☐ 32 ガラスの**ハチ**で金魚を飼う。
☐ 33 着物が**ス**れる音が聞こえる。
☐ 34 床屋で顔の**ウブゲ**をそってもらう。

21	22	23	24	25	26	27	28	29	30	31	32	33	34
慰	親譲	水泡	過	渇水	陥没 辞	居候	仰	凝	幸甚	搾取 辞	鉢	擦	産毛

☐ 35 乳児の食器を**シャフツ**消毒する。
☐ 36 海岸沿いの**ミサキ**に灯台がある。
☐ 37 攻撃を**ミズギワ**で食い止める。
☐ 38 **ホ**っするがままに金銀財宝を奪った。
☐ 39 契約書の**タダ**し書きを読む。
☐ 40 **アクセン**身につかず。
☐ 41 国の将来を**ニナ**う人材を育てる。
☐ 42 酒を飲んで昼まで**デイスイ**する。
☐ 43 敗者が**クヤ**し涙を流す。
☐ 44 農民が**ネング**を納める。

35	36	37	38	39	40	41	42	43	44
煮沸	岬	水際	欲	但	悪銭 辞	担	泥酔	悔	年貢

意味をCheck!

4 渇望…心から望むこと。
7 詰問…相手を厳しく問いただすこと。
12 黒白…黒と白。物事の是非。
16 遮る…間に障害物を置いて見えなくする。人の話など、行動や進行を妨げる。
26 陥没…落ち込み、くぼむこと。

31 搾取…乳などをしぼりとること。正当な対価を払わず利益をわがものにすること。
40 悪銭身につかず…賭け事や盗みなどの悪事で得た金は、無駄に使ってすぐになくなってしまう。

頻出度 A ランク

書き取り⑧

目標時間 22分

1回目 ／44

2回目 ／44

● 次の――線のカタカナを漢字に直せ。

☐ 1 一枚岩にキレツが走る。
☐ 2 友人の才能にシットする。
☐ 3 口をヌグって知らん顔をする。
☐ 4 勉強部屋をセイトンする。
☐ 5 鋭い質問に返答にキュウする。
☐ 6 竹ひごを火であぶってタめる。
☐ 7 樹齢千年の大木をアオぐ。
☐ 8 僧侶へのお礼におフセを包む。
☐ 9 古いタオルでゾウキンを縫う。
☐ 10 新年のアイサツをしに帰省する。

解答

1 亀裂
2 嫉妬
3 拭
4 整頓
5 窮 辞
6 矯 辞
7 仰
8 布施
9 雑巾
10 挨拶

☐ 11 複数の理事がコウテツされた。
☐ 12 カンペキな出来栄えと自画自賛した。
☐ 13 ついに決勝戦にコマを進める。
☐ 14 他校との試合でザンパイした。
☐ 15 趣味のボンサイを写真に撮る。
☐ 16 ヨイゴしの茶を飲むなと言われる。
☐ 17 新入社員同士でシンボクを深める。
☐ 18 その老人は刀のメキきとして名高い。
☐ 19 ヨシありげな様子で訪ねて来た。
☐ 20 息をヒソめて成り行きを見守る。

解答

11 更迭 辞
12 完璧
13 駒
14 惨敗
15 盆栽
16 宵越 辞
17 親睦
18 目利
19 由
20 潜

□ 21 衣食足りて**レイセツ**を知る。
□ 22 退職する人の**イロウ**会を開く。
□ 23 すっかり気持ちが**ナ**える。
□ 24 失敗に**コ**りて慎重になった。
□ 25 千載一遇の機会を**イッ**する。
□ 26 **アマモ**りのする長屋で暮らす。
□ 27 **ウス**と杵《きね》で米をつく。
□ 28 二人の力には**ウンデイ**の差がある。
□ 29 祖父は時代に**ホンロウ**された。
□ 30 話し合いで**オンビン**に処理する。
□ 31 友人の**オンド**に合わせて歌い出す。
□ 32 **ワイロ**の受け取りを拒否した。
□ 33 **ガクフ**を見ずに演奏する。
□ 34 **アゴ**にひげをたくわえている。

21 礼節
22 慰労
23 萎
24 懲
25 逸
26 雨漏
27 臼
28 雲泥
29 翻弄
30 穏便
31 音頭
32 賄賂
33 楽譜
34 顎

□ 35 選挙の結果に大きく紙面を**サ**く。
□ 36 一頭の鹿が**ヤミ**の中に消えていった。
□ 37 腰痛を和らげる**イス**を買った。
□ 38 祖父に対して**イフ**の念を抱く。
□ 39 息子は非常に好奇心が**オウセイ**だ。
□ 40 **ガケ**の下には砂浜が広がっていた。
□ 41 株の暴落で大**キョウコウ**が起こる。
□ 42 臭い物に**フタ**をする。
□ 43 **ケイベツ**の眼差しを受けた。
□ 44 ピアノの**ケンバン**の修理が必要だ。

35 割
36 闇
37 椅子
38 畏怖
39 旺盛
40 崖
41 恐慌 辞
42 蓋
43 軽蔑
44 鍵盤

意味をCheck!

5 窮する…行き詰まる。どうにもならず、困りきる。金などが不足して困る。

6 矯める…木や竹などを曲げたりまっすぐに伸ばしたりして形を整える。悪い性質を矯正する。

11 更迭…地位の高い人物を他の者に替えること。

16 宵越し…前日の夜から翌日まで持ち越すこと。宵越しの茶は体によくないとされる。

41 恐慌…商品の生産過剰や需要の低下などにより景気が一挙に後退し、経済活動が麻痺すること。

頻出度 A ランク

書き取り⑨

目標時間 22分

1回目 ／44

2回目 ／44

●次の――線のカタカナを漢字に直せ。

1 犯人は未だシッソウ中である。
2 思い切りよくボールをケり返す。
3 花のシュビョウを販売している。
4 運動後にカワいたのどを潤す。
5 シンセキ付き合いを密にする。
6 読者層は女性にネラいを定めた。
7 誘惑に負けず初心をツラヌく。
8 羊が毛を刈られてマルハダカだ。
9 キクの花の品評会が行われた。
10 一週間にオヨぶ試験が終わった。

解答

1	失踪
2	蹴
3	種苗 辞
4	渇
5	親戚
6	狙
7	貫
8	丸裸
9	菊
10	及

11 社長のツルの一声で即決された。
12 教師になる夢をアキラめる。
13 キョセイを張って生きてきた。
14 岩にハサまって身動きが取れない。
15 キョウキンを開いて語り合う。
16 成功して故郷にニシキを飾る。
17 強い風でカワラが飛んだ。
18 玄関のカギを掛け忘れる。
19 山の中腹にある寺へサンケイした。
20 ユイショある血統の馬だ。

解答

11	鶴
12	諦
13	虚勢 辞
14	挟
15	胸襟 辞
16	錦
17	瓦
18	鍵
19	参詣
20	由緒

21 人をだますのがイヤになった。
22 昨年来のケンアンを片付ける。
23 ハれ物のような扱いを受ける。
24 ショウチュウの水割りを飲む。
25 式場はゲンシュクな雰囲気だった。
26 コドク死を防ぐ取り組みを始めた。
27 アワただしく時間が過ぎた。
28 コウズイの危険性がある。
29 辞書のハンレイを確認する。
30 社長はゴウテイに住んでいる。
31 あの牧師さんはジヒ深い方だ。
32 疲れて目がジュウケツする。
33 結婚する部下にシュウギを渡す。
34 幼馴染《なじみ》を生涯のハンリョとする。

21 嫌
22 懸案 辞
23 腫
24 焼酎
25 厳粛
26 孤独
27 慌
28 洪水
29 凡例
30 豪邸
31 慈悲
32 充血
33 祝儀
34 伴侶

35 挨拶は社会生活のジュンカツ油だ。
36 中途採用者のショグウを決める。
37 辺りはヨイヤミに包まれた。
38 旅行には親のショウダクが必要だ。
39 ジンリンにもとる行為はしない。
40 山のスソノに牧草地が広がる。
41 大願ジョウジュを神に祈る。
42 暗闇に山賊がヒソんでいる。
43 その場をツクロって難を逃れた。
44 互いの力がソウサイされる。

35 潤滑
36 処遇
37 宵闇
38 承諾
39 人倫 辞
40 裾野
41 成就
42 潜
43 繕
44 相殺 辞

意味をCheck!

3 種苗…植物のたねとなえ。漁業では稚魚を指す。
13 虚勢…見せかけの威勢のよさ。「虚勢を張る」は弱い部分を隠して見た目だけ威勢のよいふりをする。
15 胸襟…「胸襟を開く」は隠し立てせず、心中を打ち明けること。「襟」は衣服のえり。

22 懸案…前から解決しないままになっている問題。
39 人倫…人と人との秩序関係、間柄。人道。
44 相殺…差し引きして帳消しにすること。

頻出度
Bランク

読み①

●次の——線の漢字の読みをひらがなで答えよ。

□1 兵糧攻めの持久戦に持ち込む。
□2 その画家は若くして亡くなった。
□3 重労働で椎間板を痛める。
□4 急に十歳も老けたように見える。
□5 コンクリート用の砕石を製造する。
□6 届いた密書を披見する。
□7 経営者は冷徹な判断を下した。
□8 これは前世の罪業の報いか。
□9 この煮物は味がよく染みている。
□10 己の信じる道を進む。

解答
1 ひょうろう
2 な
3 ついかんばん
4 ふ
5 さいせき
6 ひけん 辞
7 れいてつ
8 ざいごう
9 し
10 おのれ

□11 絵馬に願い事を書いて奉納する。
□12 調べたことを概括して報告する。
□13 祭りで山車を引いて練り歩く。
□14 従容として運命を受け入れる。
□15 互いに胸襟を開いて話し合う。
□16 法に基づいて粛々と進める。
□17 二人の間には埋めがたい溝がある。
□18 験をかついで茶断ちをする。
□19 領主によって搾取される。
□20 書棚の本を整理する。

解答
11 えま
12 がいかつ 辞
13 だし
14 しょうよう
15 きょうきん
16 しゅくしゅく
17 みぞ
18 げん
19 さくしゅ
20 しょだな

目標時間 22分
1回目 /44
2回目 /44

□ 21 父にも質朴な青年時代があった。
□ 22 土地の所有権を譲渡する。
□ 23 物言えば唇寒し秋の風。
□ 24 母は父より肝が据わっている。
□ 25 人垣をかきわけて前へ出る。
□ 26 友人の所在を把握できない。
□ 27 胸中に漠とした不安を抱える。
□ 28 筆禍事件を引き起こす。
□ 29 この町は昔から紡織業が盛んだ。
□ 30 筆を墨汁にひたして書き始める。
□ 31 摩耗したタイヤを交換する。
□ 32 先人の教えを銘記する。
□ 33 海底に油井を掘る。
□ 34 その考えは時代遅れだと喝破する。

21 しつぼく 辞
22 じょうと
23 くちびる
24 す
25 ひとがき
26 はあく
27 ばく
28 ひっか 辞
29 ぼうしょく
30 ぼくじゅう
31 まもう 辞
32 めいき
33 ゆせい
34 かっぱ 辞

□ 35 校風は寛厳よろしきを得ていた。
□ 36 突然道路の一部が陥没した。
□ 37 強肩でならした投手が入団した。
□ 38 若年から統率力が傑出していた。
□ 39 もはや昔日の面影は見られない。
□ 40 心地よい浦風に吹かれて歩く。
□ 41 購買意欲をそそる宣伝文句だ。
□ 42 郷里の母を思慕する。
□ 43 時宜を得た催し物が計画された。
□ 44 子どもは好奇心旺盛なものだ。

35 かんげん
36 かんぼつ
37 きょうけん
38 けっしゅつ
39 せきじつ
40 うらかぜ
41 こうばい
42 しぼ
43 じぎ 辞
44 おうせい

意味をCheck!

6 **披見**…手紙や文書などを開いて見ること。
12 **概括**…内容を大ざっぱにまとめること。
21 **質朴**…かざりけがなく素直で、世間ずれしていないこと。
28 **筆禍**…記事や著書が原因で、当局や社会から制裁を受けること。

31 **摩耗**…こすれてすり減ること。
34 **喝破**…大声で叱りつけること。堂々と議論をして真実を明らかにすること。
43 **時宜**…その時にふさわしいこと。ちょうどよい時。

頻出度
B
ランク

読み②

目標時間 22分

1回目 /44

2回目 /44

● 次の――線の**漢字の読み**を**ひらがな**で答えよ。

☐ 1 レモン若しくはユズを添える。
☐ 2 醜い争いを繰り広げる。
☐ 3 弟子の中でも桁違いの俊傑だ。
☐ 4 神前に誓願して無事を祈る。
☐ 5 宇宙開発の壮図を抱く。
☐ 6 一時的に記憶喪失になる。
☐ 7 社有車を貸与する。
☐ 8 水槽についた藻を掃除する。
☐ 9 摩滅した碑の文字を解読する。
☐ 10 日々料理の腕を磨いている。

解答

1 も 辞
2 みにく
3 しゅんけつ 辞
4 せいがん 辞
5 そうと
6 そうしつ
7 たいよ
8 も
9 まめつ 辞
10 みが

☐ 11 恐悦至極に存じます。
☐ 12 深海の世界を探索する。
☐ 13 薬草を煎じて飲む。
☐ 14 生きるか死ぬかの瀬戸際だ。
☐ 15 年のせいか流行に疎くなった。
☐ 16 しばらくは模様眺めだった。
☐ 17 年端もいかない子を働かせる。
☐ 18 新商品を無料で頒布する。
☐ 19 美醜の基準は国や時代で異なる。
☐ 20 生糸の紡績で町が発展する。

解答

11 きょうえつ
12 たんさく
13 せん
14 せとぎわ 辞
15 うと
16 なが
17 としは
18 はんぷ
19 びしゅう
20 ぼうせき

□ 21 強敵に雄々しく立ち向かう。
□ 22 友人は倫理観が欠如している。
□ 23 多額の累積赤字を抱えている。
□ 24 在庫はすでに僅少だ。
□ 25 まるで疫病神のような男だ。
□ 26 夜半に下弦の月が昇る。
□ 27 歯列矯正で歯並びを直す。
□ 28 拾得物を交番に届ける。
□ 29 伸びやかな美しい肢体に見とれる。
□ 30 お客の機嫌を損ねてしまった。
□ 31 腰痛治療のため湯治に行く。
□ 32 孫の着物用に花柄の反物を選ぶ。
□ 33 二人は無惨にも引き裂かれた。
□ 34 このところ厄日が続いている。

21 おお
22 りんり
23 るいせき
24 きんしょう
25 やくびょうがみ
26 かげん
27 きょうせい
28 しゅうとく
29 したい
30 そこ
31 とうじ
32 たんもの
33 むざん
34 やくび

□ 35 社員を代表して弔辞を述べる。
□ 36 受験にご利益のある神社へ行く。
□ 37 約束の履行を迫る。
□ 38 悪弊は排除されるべきだ。
□ 39 常に新しいことに挑んでいる。
□ 40 週刊誌を購読している。
□ 41 官房長官が閣僚名簿を発表した。
□ 42 新生児の産毛は柔らかい。
□ 43 結婚や出産などの慶事が続く。
□ 44 父といっしょに渓流釣りに行く。

35 ちょうじ
36 りやく
37 りこう 辞
38 あくへい 辞
39 いど
40 こうどく
41 かくりょう
42 うぶげ
43 けいじ
44 けいりゅう

意味をCheck!

1 若しくは…どちらか一方を選ぶときに用いる接続詞。あるいは。または。
3 俊傑…飛び抜けてすぐれていること。またその人。
4 誓願…神仏に誓いを立て、その成就を願うこと。
9 摩滅…すり減ってなくなること。

14 瀬戸際…狭い海峡と海との境目をいい、成功・失敗の分かれ目の意で用いられる。
37 履行…決めたことや約束したことを実際に行うこと。
38 悪弊…よくない風習のこと。悪習。

頻出度 B ランク

読み③

● 次の――線の**漢字の読み**を**ひらがな**で答えよ。

☐ 1 二人は犬猿の仲だとのうわさだ。
☐ 2 節電や節水を推奨する。
☐ 3 腰を据えて研究に取り組む。
☐ 4 会社の中核として活躍する。
☐ 5 不肖の身ながら精一杯務める。
☐ 6 じっと虚空を見つめる。
☐ 7 鋼のような強い意志をもつ。
☐ 8 七九四年、平安京へ遷都が行われた。
☐ 9 各地で渇水被害が発生した。
☐ 10 臆面もなく出しゃばる。

解答
1 けんえん
2 すいしょう
3 す
4 ちゅうかく
5 ふしょう 辞
6 こくう 辞
7 はがね
8 せんと
9 かっすい
10 おくめん

☐ 11 各地の農村歌舞伎を研究する。
☐ 12 陰鬱な曇り空が毎日続く。
☐ 13 昔は怨霊のたたりを恐れた。
☐ 14 艶然たる笑顔に魅了された。
☐ 15 今夜ついに決戦の火蓋を切る。
☐ 16 苛烈なリーグ戦を勝ち抜いた。
☐ 17 先生は顎に傷がある。
☐ 18 含羞の風情に心引かれる。
☐ 19 胸中の葛藤に苦しめられる。
☐ 20 蛇が鎌首をもたげる。

解答
11 かぶき
12 いんうつ 辞
13 おんりょう
14 えんぜん 辞
15 ひぶた
16 かれつ
17 あご
18 がんしゅう 辞
19 かっとう
20 かまくび

目標時間 22分

1回目 ／44

2回目 ／44

☐ 21 人込みの間隙を縫って前へ進む。
☐ 22 愚昧な弟に手を焼く。
☐ 23 僅かな貯金を切りくずす。
☐ 24 別枠で予算を立てる。
☐ 25 肩肘張らず気楽にしよう。
☐ 26 バイオリンの稽古に励む。
☐ 27 見栄えの良い服を買う。
☐ 28 不祥事が週刊誌の好餌となる。
☐ 29 細緻を極めた作品を鑑賞する。
☐ 30 先生からご叱正を賜る。
☐ 31 漆の樹液を加工する。
☐ 32 タンク内に酸素を充塡する。
☐ 33 権力者が城塞を築く。
☐ 34 辛辣な言葉を投げつける。

21 かんげき
22 ぐまい 辞
23 わず
24 わく
25 かたひじ
26 けいこ
27 みば
28 こうじ 辞
29 さいち
30 しっせい 辞
31 うるし
32 じゅうてん
33 じょうさい
34 しんらつ

☐ 35 父の苦しみは想像に難くない。
☐ 36 ストレッチをして猫背を治す。
☐ 37 農民が年貢の取り立てに苦しむ。
☐ 38 脊椎を損傷して治療を受ける。
☐ 39 友人は人も羨む子福者だ。
☐ 40 古拙な仏像に親しみを覚える。
☐ 41 ライオンがウサギを狙う。
☐ 42 水源を目指して川を遡る。
☐ 43 大事な貯金を詐取された。
☐ 44 廃屋を改修して店を開く。

35 かた
36 ねこぜ
37 ねんぐ
38 せきつい
39 うらや
40 こせつ
41 ねら
42 さかのぼ
43 さしゅ
44 はいおく

意味をCheck!

5 不肖…未熟なこと。親や師に似ず、愚かなこと。
6 虚空…何も存在していない空間。大空。
12 陰鬱…陰気でうっとうしい様子。心が晴れない状態のこと。
14 艶然…にっこりとほほえむ様子。色っぽくほほえむこと。

18 含羞…はにかみ。恥じらい。
22 愚昧…おろかで道理に暗いこと。
28 好餌…よいえさ。相手を誘い出すためのよい材料や手段。
30 叱正…しかり正すこと。他人に論文などの添削を求める際にへりくだっていう語。

頻出度 **B** ランク

読み ④

目標時間 22分

1回目 ／44

2回目 ／44

● 次の――線の**漢字の読み**を**ひらがな**で答えよ。

☐ **1** 病気を媒介する虫に注意する。

☐ **2** 唾棄すべき人間として描かれる。

☐ **3** 赤ちゃんに産湯を使わせる。

☐ **4** 師匠について長唄を習う。

☐ **5** 素晴らしい機会を頂戴する。

☐ **6** バターを湯煎で溶かす。

☐ **7** 枝垂れ桜の美しさに目を奪われる。

☐ **8** 検査のため瞳孔を開く。

☐ **9** 山賊の毒牙にかかる。

☐ **10** 収賄容疑で逮捕された。

解答

1 ばいかい
2 だき
3 うぶゆ
4 ながうた
5 ちょうだい
6 ゆせん 辞
7 しだ
8 どうこう
9 どくが
10 しゅうわい

☐ **11** 先生は憤然と席を立った。

☐ **12** 会議は罵り合いで終始した。

☐ **13** 後輩の送辞に目が潤む。

☐ **14** 賭博で身を持ち崩す。

☐ **15** 隣家との境に塀を建てる。

☐ **16** 第二次世界大戦が勃発した。

☐ **17** 冥土の土産に花嫁姿が見たい。

☐ **18** 刃先で野菜に切れ目を入れる。

☐ **19** 尊敬の念は崇拝に変わった。

☐ **20** 偏狭な考え方にうんざりする。

解答

11 ふんぜん
12 ののし
13 うる
14 とばく
15 へい
16 ぼっぱつ
17 めいど
18 はさき
19 すうはい
20 へんきょう 辞

□ **21** 寸暇を盗んで本を読む。
□ **22** 事故現場を見て慄然とする。
□ **23** 穴の開いた靴下を繕う。
□ **24** 疎漏のないよう準備する。
□ **25** 年若い君主を籠絡する。
□ **26** 選手が出場資格を剝奪される。
□ **27** 巧みに策を弄する。
□ **28** 目の前の料理に生唾を飲み込む。
□ **29** 調べたい用語を索引から探す。
□ **30** 畑の野菜が霜害で全滅だ。
□ **31** 友人の昇進が羨ましい。
□ **32** 肝腎な点をぼかして話す。
□ **33** 爽涼な風が吹き抜ける。
□ **34** 蚕が繭を作る様子を観察する。

21 すんか
22 りつぜん 辞
23 つくろ
24 そろう 辞
25 ろうらく 辞
26 はくだつ
27 ろう
28 なまつば
29 さくいん
30 そうがい 辞
31 うらや
32 かんじん
33 そうりょう
34 まゆ

□ **35** 窓の隙間から冷風が入る。
□ **36** 拳銃に弾丸を装塡する。
□ **37** 鳥籠の中の文鳥がさえずる。
□ **38** 勅命により国分寺を建てる。
□ **39** 多くの食品を満遍なく食べる。
□ **40** 悠揚とした物腰で話をする。
□ **41** 耳を塞いでも聞こえてくる。
□ **42** 伊勢《いせ》神宮に参詣する。
□ **43** コアラは有袋類の動物だ。
□ **44** 腫瘍を摘出する手術を行う。

35 すきま
36 そうてん
37 とりかご
38 ちょくめい 辞
39 まんべん
40 ゆうよう
41 ふさ
42 さんけい
43 ゆうたいるい
44 しゅよう

意味をCheck!

6 湯煎…器ごと湯の中に入れて間接的に熱を通すこと。
20 偏狭…度量の小さいこと。自分の狭い考えばかりにとらわれること。
22 慄然…おそろしさでぞっとする様子。
24 疎漏…おおざっぱで、抜け落ちたところがあること。そのような様子。
25 籠絡…人をうまく手なずけ、自分の思うように操ること。
30 霜害…霜が降りて農作物がいたむことによる損害。
38 勅命…天皇の命令のこと。みことのり。

頻出度
B
ランク

読み ⑤

目標時間 22分

1回目 /44

2回目 /44

●次の――線の**漢字の読み**を**ひらがな**で答えよ。

1 民衆の反乱を鎮める。
2 頂上に到達して汗を拭う。
3 大きな災禍を乗り越える。
4 光熱費の支払いが滞る。
5 厳しい詮議の末に罪を認めた。
6 曽祖父の代まで漁師だった。
7 二人はわがチームの双璧だ。
8 中腹まで登ると眺望が開けた。
9 過疎化現象は等閑視できない。
10 篤志家による寄付があった。

解答
1 しず
2 ぬぐ
3 さいか
4 とどこお
5 せんぎ 辞
6 そうそふ
7 そうへき 辞
8 ちょうぼう
9 とうかんし 辞
10 とくし

11 三味線を爪弾く。
12 上司と部下の板挟みに苦しむ。
13 人の幸せを妬んでしまう。
14 戦場には硝煙がたちこめていた。
15 都会へ物見遊山に出かける。
16 備忘録に連絡先を書いておく。
17 唯美主義は美を最高のものとする。
18 理想的な伴侶を得る。
19 後ろ姿に哀愁を漂わせる。
20 誤った情報が氾濫している。

解答
11 つまび
12 いたばさ
13 ねた
14 しょうえん
15 ゆさん
16 びぼうろく
17 ゆいび
18 はんりょ
19 あいしゅう
20 はんらん

21 ばらの花の余薫を楽しむ。
22 壁のポスターを剝がす。
23 弟は開校以来の逸材だ。
24 焼き魚にスダチの果汁をかける。
25 役者冥利に尽きる幸せな一生だ。
26 予想外の荷重が崩壊の原因だ。
27 美女が妖艶な笑みを浮かべる。
28 釈尊はこの木の下で解脱した。
29 古くから窯業が盛んな町だ。
30 解毒剤で一命をとりとめる。
31 年を取ると涙腺が緩むようだ。
32 すじこはサケの卵巣の塩漬けだ。
33 病気はすっかり快癒した。
34 世界経済が疲弊している。

21 よくん 辞
22 は
23 いつざい
24 かじゅう
25 みょうり
26 かじゅう
27 ようえん
28 げだつ
29 ようぎょう 辞
30 げどくざい
31 るいせん
32 らんそう
33 かいゆ
34 ひへい

35 カントの言葉に感銘を受ける。
36 窓から見える閑雅な景色を楽しむ。
37 囲碁の棋譜を並べて定石を研究する。
38 年齢を詐称したことが露顕する。
39 若い警察官が殉職した。
40 劇場の貴賓席へと案内された。
41 辣腕を振るって経営を立て直す。
42 真偽のほどはいまだわからない。
43 命を賭して挑戦する。
44 組織ぐるみで真実を隠蔽する。

35 かんめい
36 かんが
37 きふ
38 さしょう
39 じゅんしょく
40 きひん
41 らつわん 辞
42 しんぎ
43 と
44 いんぺい

意味をCheck!

5 詮議…評議して明らかにすること。また、罪人を取り調べること。
7 双璧…二つのものがともにすぐれていて優劣がつけられないこと。
9 等閑視…物事をいいかげんに扱うこと。ないがしろにすること。

21 余薫…あとまで残る香り。
29 窯業…粘土などを窯などで高熱処理をして、陶磁器などを製造する工業。
41 辣腕…物事をてきぱきと的確に処理する能力があること。

頻出度
B
ランク

読み⑥

目標時間 22分

1回目 /44

2回目 /44

● 次の――線の**漢字の読み**を**ひらがな**で答えよ。

☐ 1 この作品は日本映画の白眉である。
☐ 2 勧められて料理に箸をつけた。
☐ 3 歌い終わって喝采を浴びた。
☐ 4 滑稽なしぐさが笑いを誘う。
☐ 5 左右から膝詰めで問い詰められた。
☐ 6 大事に至らぬよう布石を打つ。
☐ 7 後の展開を予想して伏線を張る。
☐ 8 規則を蔑視した振る舞いをいさめる。
☐ 9 自分のことを謙遜して言う。
☐ 10 二人の容貌には類似点が多い。

解答

1 はくび 辞
2 はし
3 かっさい
4 こっけい
5 ひざづ
6 ふせき
7 ふくせん
8 べっし
9 けんそん
10 ようぼう

☐ 11 数寄屋造りの家に住む。
☐ 12 稚児行列に参加する。
☐ 13 川の両岸には沃野が広がっている。
☐ 14 割れやすいので丁寧に扱う。
☐ 15 二本のひもが絡まっている。
☐ 16 恩師に自分の著作を謹呈した。
☐ 17 キュウリをぬかに漬ける。
☐ 18 寛大な処置がとられた。
☐ 19 苦吟してやっと一句を得た。
☐ 20 駆逐艦が沖に停泊している。

解答

11 すきや 辞
12 ちご
13 よくや 辞
14 ていねい
15 から
16 きんてい
17 つ
18 かんだい
19 くぎん 辞
20 くちく

21 千円札を出して釣りを受け取る。
22 文化勲章の受章者が決まった。
23 将来の夢を諦める。
24 犬を我が子のように溺愛する。
25 研磨して元の輝きを取り戻す。
26 名門校は多くの賢哲を輩出している。
27 ボールが当たって指を捻挫した。
28 経営破綻が相次いでいる。
29 地域によって食の好尚は異なる。
30 ライバル企業を偵察する。
31 腸閉塞で入院する。
32 一枚の便箋に思いを書き連ねる。
33 圧政に苦しむ民衆が蜂起した。
34 船に新型エンジンを搭載する。

21 つ
22 くんしょう
23 あきら
24 できあい
25 けんま
26 けんてつ 辞
27 ねんざ
28 はたん
29 こうしょう 辞
30 ていさつ
31 へいそく
32 びんせん
33 ほうき 辞
34 とうさい

35 週三回の人工透析を受けている。
36 眼下には広漠とした森が広がっていた。
37 雨の日は憂鬱な気分になる。
38 脇目も振らず練習に励む。
39 絞首刑による死刑が執行された。
40 何と高尚な趣味をお持ちだ。
41 姉は大学院出の才媛だ。
42 物憂くて何も手につかない。
43 砕氷船は南極に向かって出航した。
44 各の席に着いてください。

35 とうせき
36 こうばく 辞
37 ゆううつ
38 わきめ
39 こうしゅ
40 こうしょう
41 さいえん
42 ものう
43 さいひょう
44 おのおの

意味をCheck!

1 白眉…最もすぐれている人や物のたとえ。
11 数寄屋造り…茶室風の建築様式。
13 沃野…作物がよくできる、地味の肥えた平野。
19 苦吟…苦心して詩歌や俳句を作ること。

26 賢哲…賢人と哲人。賢明で物事の道理に通じていること。
29 好尚…このみ。流行。
33 蜂起…大勢が同時に暴動などの行動を起こすこと。
36 広漠…広々として果てしないこと。

頻出度
B
ランク

読み⑦

目標時間 22分

1回目 ／44

2回目 ／44

● 次の――線の**漢字の読み**を**ひらがな**で答えよ。

☐ 1 括弧内は翻訳者の私見だ。
☐ 2 窮余の策で良い結果を得た。
☐ 3 母は愚痴ばかりこぼしている。
☐ 4 挨拶は時の氏神。
☐ 5 カニは甲殻類に属する。
☐ 6 懇意にしている店を紹介する。
☐ 7 昔からの商店街が寂れていく。
☐ 8 長年の宿弊を絶つ。
☐ 9 話し合いは深更に及んだ。
☐ 10 禅譲により地位を継承した。

解答

1 かっこ
2 きゅうよ 辞
3 ぐち
4 うじがみ
5 こうかく
6 こんい 辞
7 さび
8 しゅくへい 辞
9 しんこう 辞
10 ぜんじょう 辞

☐ 11 怠惰な生き方を改める。
☐ 12 泥炭地は地盤が弱い。
☐ 13 当選を目指して奔走する。
☐ 14 社員の引き留めに躍起になる。
☐ 15 病気平癒のお守りを買う。
☐ 16 参加者は累計二百万に達した。
☐ 17 イベントの規模を拡充する。
☐ 18 評判の塩煎餅をお土産に買う。
☐ 19 管轄する部署が違うと断られた。
☐ 20 巧みに岩礁を避けて船を進める。

解答

11 たいだ
12 でいたん
13 ほんそう
14 やっき 辞
15 へいゆ
16 るいけい
17 かくじゅう
18 せんべい
19 かんかつ
20 がんしょう

- □ 21 幕府に恭順の意を示す。
- □ 22 弊社受付までお越しください。
- □ 23 お寺の朝の勤行に参加する。
- □ 24 空漠とした砂の世界が広がる。
- □ 25 保険会社の約款を確認する。
- □ 26 事態の収拾に向けて動き出す。
- □ 27 町長の周旋で就職できた。
- □ 28 地下茎を食用とする。
- □ 29 常夏の島で休暇を過ごす。
- □ 30 応募者に図書券を進呈する。
- □ 31 最近は川柳に凝っている。
- □ 32 懐かしい旋律が流れてきた。
- □ 33 衝突のショックで喪心する。
- □ 34 家出人の捜索願を出す。

21 きょうじゅん
22 へいしゃ
23 ごんぎょう
24 くうばく 辞
25 やっかん
26 しゅうしゅう
27 しゅうせん
28 ちかけい
29 とこなつ
30 しんてい
31 せんりゅう
32 せんりつ
33 そうしん 辞
34 そうさく

- □ 35 愉快な挿話に緊張がほぐれた。
- □ 36 本籍地から戸籍謄本を取り寄せる。
- □ 37 乱世で覇業を成し遂げる。
- □ 38 試験に頻出する問題をおさえる。
- □ 39 お寺さんにお布施を包む。
- □ 40 富の偏在が問題となっている。
- □ 41 暮色の迫る中、家路を急ぐ。
- □ 42 反対派を放逐する。
- □ 43 批判の矢面に立たされた。
- □ 44 厄介な問題が持ち込まれた。

35 そうわ
36 とうほん
37 はぎょう
38 ひんしゅつ
39 ふせ
40 へんざい
41 ぼしょく
42 ほうちく
43 やおもて
44 やっかい

意味をCheck!

2 窮余…困ったあげく、苦しまぎれの意。
6 懇意…親しくつき合っていること。遠慮のいらない間柄であること。
8 宿弊…古くから続いている弊害のこと。
9 深更…夜更け、深夜のこと。

10 禅譲…世襲によらず、徳のある人に譲ること。
14 躍起…あせってむきになること。必死になること。
24 空漠…非常に広く、果てしないさま。ぼんやりして、とらえどころがないさま。
33 喪心…放心すること。

頻出度 B ランク

読み⑧

目標時間 22分

1回目 ／44

2回目 ／44

● 次の――線の**漢字の読み**を**ひらがな**で答えよ。

☐ 1 手続きは煩雑を極めた。

☐ 2 すだれで夏の日光を遮る。

☐ 3 小型犬は愛玩犬として飼われる。

☐ 4 展示品はみな国宝級の逸品だ。

☐ 5 幼い一人息子に家督を譲る。

☐ 6 集金した売上金を拐帯する。

☐ 7 人に寛容であれと教えられた。

☐ 8 なんとなく空疎な気持ちになる。

☐ 9 被災者救援のために献金する。

☐ 10 兵士の士気を鼓吹する。

解答

1 はんざつ
2 さえぎ
3 あいがん
4 いっぴん
5 かとく 辞
6 かいたい 辞
7 かんよう
8 くうそ
9 けんきん
10 こすい

☐ 11 豪壮な邸宅に目をみはる。

☐ 12 綿と麻混紡のシャツを買う。

☐ 13 祖父から詩吟を習う。

☐ 14 美しい漆黒の髪に見とれる。

☐ 15 初々しい新入生を迎える。

☐ 16 見渡す限り沼沢地が広がる。

☐ 17 文章の間に図を挿入する。

☐ 18 接待の席でお相伴にあずかった。

☐ 19 毎日を惰性で生きている。

☐ 20 連続ドラマの端役をもらった。

解答

11 ごうそう 辞
12 こんぼう 辞
13 しぎん
14 しっこく
15 ういうい
16 しょうたく
17 そうにゅう
18 しょうばん
19 だせい
20 はやく

□ 21 官僚の汚職問題を弾劾する。
□ 22 かさばる衣類を納戸にしまう。
□ 23 名簿から名前が抹消される。
□ 24 公務員が諭旨免職となった。
□ 25 公園の木陰で涼む。
□ 26 髪を明るい褐色に染める。
□ 27 「謹啓」は手紙の冒頭に使う。
□ 28 「蛍の光」を歌って卒業生を送る。
□ 29 ハイドンの弦楽四重奏曲を聴く。
□ 30 懇願されて断りきれなかった。
□ 31 災厄にあわぬようにと祈願する。
□ 32 組織の自浄能力を信頼する。
□ 33 交通の要衝に拠点を置く。
□ 34 厚地の遮光性カーテンをかける。

21 だんがい 辞
22 なんど
23 まっしょう
24 ゆし 辞
25 すず
26 かっしょく
27 きんけい
28 ほたる
29 げんがく
30 こんがん
31 さいやく
32 じじょう
33 ようしょう 辞
34 しゃこう

□ 35 叔母の家に泊めてもらう。
□ 36 俊敏な動きについていけない。
□ 37 銀行で渉外担当として働く。
□ 38 犯罪は人倫にもとる行為だ。
□ 39 摂政として国政をつかさどる。
□ 40 一里ごとに塚を築く。
□ 41 日本の現状に苦言を呈する。
□ 42 都を制して覇を唱えた。
□ 43 もはや時間の猶予はない。
□ 44 悪の勢力の餌食になる。

35 おば
36 しゅんびん
37 しょうがい
38 じんりん
39 せっしょう
40 つか
41 てい
42 は
43 ゆうよ
44 えじき

意味をCheck!

5 家督…家を継ぐべき子。あとつぎ。相続すべきもの。
6 拐帯…預かった金品を持ち逃げすること。
11 豪壮…大きく宮々としている様子。
12 混紡…種類の違う繊維を混ぜ合わせて糸につむぐこと。

21 弾劾…不正や犯罪を公にし、責任を追及すること。
24 諭旨…上の立場の者から、事の趣旨や理由をよく言い聞かせること。
33 要衝…商業や交通、軍事などで重要な場所のこと。要所。

頻出度 **B** ランク

読み⑨

●次の――線の**漢字の読み**を**ひらがな**で答えよ。

目標時間 22分

1回目 /44

2回目 /44

1 主役登場で場内は沸き立った。

2 夢は泡のように消え去った。

3 業界の寡占状態に批判が集まる。

4 その判定は両者に禍根を残した。

5 まんまと敵の術中に陥った。

6 艶消しの黒が洗練された印象を与える。

7 反省の気持ちに偽りはない。

8 謹んでお受け致します。

9 社長の苦衷は察するに余りある。

10 タンポポの茎で笛を作る。

解答

1 わ

2 あわ

3 かせん 辞

4 かこん

5 おちい

6 つやけ

7 いつわ

8 つつし

9 くちゅう 辞

10 くき

11 和服姿の女性が鼓を打つ。

12 幼い我が子を懇々と諭した。

13 草むらで蛇に出くわして驚く。

14 新郎の自宅で祝言を挙げる。

15 重い扉を開けて社長室に入る。

16 ピーマンを嫌う子は多い。

17 山奥はまるで仙境のようだった。

18 試合前に選手宣誓を行う。

19 上空をヘリコプターが旋回する。

20 湯飲みについた茶渋を落とす。

解答

11 つづみ

12 こんこん

13 へび

14 しゅうげん

15 とびら

16 きら

17 せんきょう 辞

18 せんせい

19 せんかい

20 ちゃしぶ

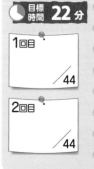

☐ 21 何とか倒産だけは免れた。
☐ 22 絶好の機会を逸してしまった。
☐ 23 卵の殻をきれいにむく。
☐ 24 心静かに座禅を組む。
☐ 25 両者の実力は伯仲している。
☐ 26 思わず忘我の境をさまよう。
☐ 27 故人に哀悼の意をささげる。
☐ 28 空に向けて威嚇射撃をする。
☐ 29 耐寒品種の育苗を試みる。
☐ 30 韻律を整えて詩を書き上げた。
☐ 31 島流しの罪人が赦免された。
☐ 32 母の還暦を祝う。
☐ 33 領主は民の窮迫を無視した。
☐ 34 亡き祖母の挙措は美しかった。

21 まぬか
22 いっ
23 から
24 ざぜん
25 はくちゅう
26 ぼうが
27 あいとう
28 いかく
29 いくびょう
30 いんりつ
31 しゃめん
32 かんれき
33 きゅうはく
34 きょそ 辞

☐ 35 旅の空にふと郷愁を覚える。
☐ 36 暁天に白い月がかかる。
☐ 37 大木の中は空洞になっていた。
☐ 38 鉄棒の懸垂を日課にしている。
☐ 39 国際会議の綱領が発表された。
☐ 40 男女共に行政に参画する。
☐ 41 千円紙幣で代金を払う。
☐ 42 招待客にお酌して回る。
☐ 43 「玉の緒」は命も意味する。
☐ 44 一生をかけて罪を償う。

35 きょうしゅう
36 ぎょうてん 辞
37 くうどう
38 けんすい
39 こうりょう 辞
40 さんかく
41 しへい
42 しゃく
43 お 辞
44 つぐな

意味をCheck!

3 **寡占**…一つの産業内で、少数の大企業がその市場を支配している状態のこと。
9 **苦衷**…苦しくてつらい心のうち。
17 **仙境**…仙人が住むところ。俗界を離れた静かで清らかな土地。

34 **挙措**…立ち居振る舞い。
36 **暁天**…夜明けの空のこと。
39 **綱領**…政党や団体などの基本的な考え方や方針などを要約した文書のこと。
43 **緒**…物事のはじまり、発端。細いひも。

頻出度
B
ランク

読み ⑩

目標時間 22分

1回目 /44

2回目 /44

● 次の――線の**漢字の読み**を**ひらがな**で答えよ。

☐ 1 退職後も嘱託として勤務する。
☐ 2 人の世の辛酸をなめつくす。
☐ 3 一年間、父の喪に服す。
☐ 4 全国優勝の壮挙を成し遂げる。
☐ 5 贈賄の容疑が固まった。
☐ 6 働きもせず惰眠をむさぼる。
☐ 7 駄弁を弄するのは止めよう。
☐ 8 戦争の惨禍を記録する。
☐ 9 大軍を擁して戦う。
☐ 10 藍染めの布で小物を作る。

解答

1 しょくたく
2 しんさん 辞
3 も
4 そうきょ
5 ぞうわい
6 だみん
7 だべん
8 さんか 辞
9 よう
10 あいぞ

☐ 11 脱税の証拠書類を押収する。
☐ 12 利益を住民に還元する。
☐ 13 問診票に既往症を記入する。
☐ 14 秋の渓谷に紅葉を見に行く。
☐ 15 盗みの嫌疑をかけられる。
☐ 16 将来を見据えての改革だ。
☐ 17 ひとり孤塁を守る闘いを続ける。
☐ 18 肯定する立場から意見を述べる。
☐ 19 地方の営業所に左遷された。
☐ 20 あとは実践あるのみだ。

解答

11 おうしゅう
12 かんげん
13 きおうしょう
14 けいこく
15 けんぎ
16 みす
17 こるい 辞
18 こうてい
19 させん
20 じっせん

- 21 交通を遮断して工事を行う。
- 22 授業開始前に予鈴を鳴らす。
- 23 野生動物の剥製を展示する。
- 24 議長の権限を委譲する。
- 25 敵は定石通りに攻めてきた。
- 26 作業小屋を撤収する。
- 27 心の内奥に悲しみを秘める。
- 28 近代産業に関する文献を読む。
- 29 迷妄から覚めて立ち直った。
- 30 病気に対し免疫ができる。
- 31 幼いころの面影が残っている。
- 32 当代きっての歌詠みと呼ばれる。
- 33 敵を容赦なく攻撃する。
- 34 この草には解毒作用がある。

21 しゃだん
22 よれい
23 はくせい
24 いじょう
25 じょうせき
26 てっしゅう
27 ないおう 辞
28 ぶんけん
29 めいもう 辞
30 めんえき
31 おもかげ
32 うたよ
33 ようしゃ
34 げどく

- 35 部下の失態を遺憾に思う。
- 36 テレビ番組の懸賞に当たった。
- 37 港に検疫場が設置された。
- 38 歌舞音曲を自粛する。
- 39 手際よく夕食を準備する。
- 40 殉教者をいたむ石碑が立った。
- 41 実験方法を詳述する。
- 42 解熱剤を服用して安静にする。
- 43 台風で受けた被害は甚大だ。
- 44 天に賦与された才能を持つ。

35 いかん 辞
36 けんしょう
37 けんえき 辞
38 じしゅく
39 てぎわ
40 じゅんきょう 辞
41 しょうじゅつ
42 げねつざい
43 じんだい
44 ふよ 辞

意味をCheck!

2 辛酸…つらく苦しい思い。
8 惨禍…天災または人災によるいたましい災難。
17 孤塁…一つだけ残ったとりでのこと。孤立した根拠地。
27 内奥…内部の奥深いところ。
29 迷妄…道理がわからず、誤りを真実と思い込むこと。

35 遺憾…期待したようにならず、残念に思うこと。
37 検疫…伝染病などの予防のため、検査し、処置を行うこと。
40 殉教…信仰する宗教のために命をささげること。
44 賦与…分け与えること。

頻出度 B ランク

読み⑪

目標時間 22分

1回目 /44

2回目 /44

● 次の――線の**漢字の読み**を**ひらがな**で答えよ。

1 抑えきれぬ怒りが沸々とわく。
2 努力で勝利を手繰り寄せる。
3 勇壮なマーチが鳴り響く。
4 悠久の歴史に思いをはせる。
5 志半ばでの急逝を惜しむ。
6 拷問に耐えかねて自白した。
7 あなたの意見は首肯できない。
8 山村の人々の純朴さに触れる。
9 秘伝の醸成法で生まれた酒だ。
10 風を食らって逃げ出した。

解答

1 ふつふつ
2 たぐ
3 ゆうそう
4 ゆうきゅう
5 きゅうせい 辞
6 ごうもん
7 しゅこう 辞
8 じゅんぼく
9 じょうせい
10 く

11 官界の腐敗を糾弾する。
12 先の大戦で勲功を立てた。
13 時の権力者に迎合する。
14 いわれのない侮辱を受けた。
15 会社の俸給だけでは不足がちだ。
16 この薬剤には滅菌作用がある。
17 柳に風とばかり受け流す。
18 経営者が会社の窮状を訴える。
19 会場は厳粛な雰囲気に包まれた。
20 宇宙開発はここで産声をあげた。

解答

11 きゅうだん
12 くんこう
13 げいごう
14 ぶじょく
15 ほうきゅう
16 めっきん
17 やなぎ
18 きゅうじょう
19 げんしゅく
20 うぶごえ

☐ 21 五世紀ごろに儒学が伝わった。
☐ 22 庭の水仙が芽を出した。
☐ 23 足のけががようやく治癒した。
☐ 24 子どもが増えて手狭になった。
☐ 25 寄付金を出し渋る。
☐ 26 外交官を本国に召還する。
☐ 27 浄化槽の保守管理を行う。
☐ 28 故人の安らかな成仏を願う。
☐ 29 輸入規制の撤廃を検討する。
☐ 30 減価償却費を算出する。
☐ 31 摩天楼の最上階から見下ろす。
☐ 32 子どもの八重歯がかわいらしい。
☐ 33 少しでも閑暇があれば勉強した。
☐ 34 同盟罷業の指導者と話し合う。

21 じゅがく
22 すいせん
23 ちゆ
24 てぜま
25 しぶ
26 しょうかん 辞
27 じょうか
28 じょうぶつ
29 てっぱい
30 しょうきゃく
31 まてんろう
32 やえば
33 かんか
34 ひぎょう 辞

☐ 35 先祖の供養を行う。
☐ 36 部屋を隅々まで掃除する。
☐ 37 男は模範的な囚人だった。
☐ 38 運動会で校歌を斉唱する。
☐ 39 租借権は来年で切れる。
☐ 40 憎しみは忘却のかなたに去った。
☐ 41 店はいつも閑古鳥が鳴いている。
☐ 42 売り上げが逓増している。
☐ 43 知らせを受けて急ぎ弔問する。
☐ 44 裁判長が「静粛に」と注意した。

35 くよう
36 すみずみ
37 しゅうじん
38 せいしょう
39 そしゃく 辞
40 ぼうきゃく
41 かんこどり 辞
42 ていぞう
43 ちょうもん
44 せいしゅく

意味をCheck!

5 急逝…人が急に亡くなること。
7 首肯…うなずくこと。賛成すること。
26 召還…国外に派遣していた者などを本国に呼び戻すこと。
34 罷業…業務や作業をやめること。仕事をしないこと。

39 租借…他国の領土の一部を借りること。
41 閑古鳥が鳴く…人が訪れず、静まりかえっている様子。客が来ず商売がはやらないさま。閑古鳥はカッコウの別名。

頻出度

B

ランク

部首①

目標時間 28分

1回目 ／56

2回目 ／56

● 次の漢字の**部首**を答えよ。

〈例〉 花 [艹]　関 [門]

1 剖　2 奨　3 堪　4 閥　5 執　6 舌

7 美　8 赴　9 靴　10 卵　11 我　12 督

解答

1 刂（りっとう）　2 大（だい）　3 土（つちへん）　4 門（もんがまえ）　5 土（つち）　6 舌（した）

7 羊（ひつじ）　8 走（そうにょう）　9 革（かわへん）　10 卩（わりふ ふしづくり）　11 戈（ほこづくり ほこがまえ）　12 目（め）

13 衰　14 朱　15 宜　16 廷　17 罷　18 凡

19 履　20 誓　21 悠　22 衝　23 魔　24 戯

解答

13 衣（ころも）　14 木（き）　15 宀（うかんむり）　16 廴（えんにょう）　17 罒（あみがしら あみめ よこめ）　18 几（つくえ）

19 尸（かばね しかばね）　20 言（げん）　21 心（こころ）　22 行（ぎょうがまえ ゆきがまえ）　23 鬼（おに）　24 戈（ほこづくり ほこがまえ）

☐25	碁
☐26	釈
☐27	裁
☐28	匠
☐29	丘
☐30	玄
☐31	辛
☐32	斤
☐33	藻
☐34	幣
☐35	猶
☐36	奪
☐37	兆
☐38	帝
☐39	嚇
☐40	虐

25	石	（いし）
26	釆	（のごめへん）
27	衣	（ころも）
28	匚	（はこがまえ）
29	一	（いち）
30	玄	（げん）
31	辛	（からい）
32	斤	（きん）
33	艹	（くさかんむり）
34	巾	（はば）
35	犭	（けものへん）
36	大	（だい）
37	儿	（ひとあし にんにょう）
38	巾	（はば）
39	口	（くちへん）
40	虍	（とらがしら とらかんむり）

☐41	矯
☐42	者
☐43	鼓
☐44	首
☐45	窃
☐46	頒
☐47	革
☐48	師
☐49	青
☐50	轄
☐51	甘
☐52	尿
☐53	腐
☐54	麗
☐55	患
☐56	賄

41	矢	（やへん）
42	耂	（おいかんむり おいがしら）
43	鼓	（つづみ）
44	首	（くび）
45	穴	（あなかんむり）
46	頁	（おおがい）
47	革	（かくのかわ つくりがわ）
48	巾	（はば）
49	青	（あお）
50	車	（くるまへん）
51	甘	（かん あまい）
52	尸	（かばね しかばね）
53	肉	（にく）
54	鹿	（しか）
55	心	（こころ）
56	貝	（かいへん）

頻出度 B ランク

部首②

目標時間 28分

1回目 /56

2回目 /56

● 次の漢字の**部首**を答えよ。

〈例〉花 [艹]　関 [門]

1 街
2 薦
3 競
4 蛮
5 懲
6 妄

7 塗
8 傘
9 准
10 音
11 死
12 秀

解答

1 行（ぎょうがまえ ゆきがまえ）
2 艹（くさかんむり）
3 立（たつ）
4 虫（むし）
5 心（こころ）
6 女（おんな）
7 土（つち）
8 入（ひとやね）
9 冫（にすい）
10 音（おと）
11 歹（かばねへん いちたへん がつへん）
12 禾（のぎ）

13 戒
14 般
15 斗
16 房
17 裏
18 卑

19 拳
20 頃
21 載
22 羨
23 旦
24 眉

解答

13 戈（ほこづくり ほこがまえ）
14 舟（ふねへん）
15 斗（とます）
16 戸（とだれ とかんむり）
17 衣（ころも）
18 十（じゅう）
19 手（てへん）
20 頁（おおがい）
21 車（くるま）
22 羊（ひつじ）
23 日（ひ）
24 目（め）

番号	漢字
25	毀
26	骨
27	慕
28	版
29	頑
30	傑
31	魂
32	童
33	雰
34	暮
35	唯
36	壱
37	崖
38	虎
39	彩
40	曽

番号	部首	部首名
25	殳	（るまた ほこづくり）
26	骨	（ほね）
27	小	（したごころ）
28	片	（かたへん）
29	頁	（おおがい）
30	亻	（にんべん）
31	鬼	（おに）
32	立	（たつ）
33	雨	（あめかんむり）
34	日	（ひ）
35	口	（くちへん）
36	士	（さむらい）
37	山	（やま）
38	虍	（とらがしら とらかんむり）
39	彡	（さんづくり）
40	曰	（ひらび いわく）

番号	漢字
41	義
42	頓
43	歯
44	髪
45	鼻
46	幕
47	舞
48	遷
49	臼
50	亀
51	鶏
52	訃
53	以
54	骸
55	嗅
56	延

番号	部首	部首名
41	羊	（ひつじ）
42	頁	（おおがい）
43	歯	（は）
44	髟	（かみがしら）
45	鼻	（はな）
46	巾	（はば）
47	舛	（まいあし）
48	辶	（しんにょう しんにゅう）
49	臼	（うす）
50	亀	（かめ）
51	鳥	（とり）
52	言	（ごんべん）
53	人	（ひと）
54	骨	（ほねへん）
55	口	（くちへん）
56	廴	（えんにょう）

頻出度 B ランク

熟語の構成①

●**熟語の構成**のしかたには次のようなものがある。

ア 同じような意味の漢字を重ねたもの（**岩石**）
イ 反対または対応の意味を表す字を重ねたもの（**高低**）
ウ 上の字が下の字を修飾しているもの（**洋画**）
エ 下の字が上の字の目的語・補語になっているもの（**着席**）
オ 上の字が下の字の意味を打ち消しているもの（**非常**）

次の熟語は右の**ア〜オ**のどれにあたるか、**一つ**選び、**記号**で答えよ。

1 山麓
2 傲慢
3 嫉視
4 献杯
5 遡行
6 憧憬

解答と解説

1 **ウ**（**さんろく**）山の⬇麓（ふもと）
2 **ア**（**ごうまん**）どちらも「おごりたかぶる」の意。
3 **ウ**（**しっし**）嫉（ねたみをもって）⬇視（見ること）
4 **エ**（**けんぱい**）献ずる⬆杯を
5 **ウ**（**そこう**）（川を）遡って⬇行く
6 **ア**（**しょうけい**）どちらも「あこがれる」意。

7 養蜂
8 汎用
9 旺盛
10 真摯
11 俊秀
12 拙劣

解答と解説

7 **エ**（**ようほう**）養う（飼育する）⬆蜂を
8 **ウ**（**はんよう**）汎（広い用途に）⬇用いる
9 **ア**（**おうせい**）どちらも「さかん」の意。
10 **ア**（**しんし**）どちらも「まこと」の意。
11 **ア**（**しゅんしゅう**）どちらも「ひいでる」意。
12 **ア**（**せつれつ**）どちらも「おとっている」意。

目標時間 18分

1回目 /36

2回目 /36

13 僅差
14 施肥
15 全貌
16 土壌
17 輪禍
18 不遜
19 未踏
20 添削

13 ウ（きんさ）
僅かな⬇差

14 エ（せひ）
施す⬆肥料を

15 ウ（ぜんぼう）
全体の⬇貌（様子）

16 ア（どじょう）
どちらも「つち」の意。

17 ウ（りんか）
輪（車輪などによる）⬇禍（わざわい）

18 オ（ふそん）
謙遜の気持ちがない

19 オ（みとう）
未（いま）だ踏み入れない

20 イ（てんさく）
添（くわえる）⬍削る

21 哀歓
22 不慮
23 充満
24 出没
25 弊風
26 謹慎
27 不穏
28 無粋

21 イ（あいかん）
哀（かなしみ）⬍歓（よろこび）

22 オ（ふりょ）
慮（おもんぱか）らない（思いがけない）

23 ア（じゅうまん）
どちらも「みちる」意。

24 イ（しゅつぼつ）
出る⬍没する

25 ウ（へいふう）
弊（よくない）⬇風習

26 ア（きんしん）
どちらも「つつしむ」意。

27 オ（ふおん）
穏やかでない

28 オ（ぶすい）
粋でない

29 献呈
30 甲殻
31 筆禍
32 徹夜
33 出納
34 随時
35 紛糾
36 摩擦

29 ア（けんてい）
どちらも「たてまつる、差し上げる」意。

30 ア（こうかく）
甲は「こうら、から」の意。

31 ウ（ひっか）
筆（書いた記事など）による⬇禍（わざわい）

32 エ（てつや）
徹する⬆夜を

33 イ（すいとう）
出す（支出）⬍納める（収納）

34 エ（ずいじ）
随（したがう）⬆時に

35 ア（ふんきゅう）
どちらも「もつれる」意。

36 ア（まさつ）
どちらも「こする」意。

頻出度 B ランク

熟語の構成②

●熟語の構成のしかたには次のようなものがある。

ア 同じような意味の漢字を重ねたもの （岩石）
イ 反対または対応の意味を表す字を重ねたもの （高低）
ウ 上の字が下の字を修飾しているもの （洋画）
エ 下の字が上の字の目的語・補語になっているもの （着席）
オ 上の字が下の字の意味を打ち消しているもの （非常）

次の熟語は右のア～オのどれにあたるか、一つ選び、記号で答えよ。

目標時間 18分

1回目 ／36
2回目 ／36

1 懇談
2 硝煙
3 媒体
4 蔑視
5 余剰
6 得喪

解答と解説

1 ウ（こんだん）懇（親しく）⬇談（話す）
2 ウ（しょうえん）硝（火薬の爆発による）⬇煙
3 ウ（ばいたい）媒（なかだちする、伝達する）⬇体（もの、手段）
4 ウ（べっし）蔑（あなどって）⬇視（見る）
5 ア（よじょう）どちらも「あまる」意。
6 イ（とくそう）得る⬍喪（うしなう）

7 繊毛
8 渉外
9 威嚇
10 防疫
11 離礁
12 不朽

解答と解説

7 ウ（せんもう）繊（細い）⬇毛
8 エ（しょうがい）交渉する⬆外部と
9 ア（いかく）どちらも「おどす」意。
10 エ（ぼうえき）予防する⬆疫病を
11 エ（りしょう）離れる⬆暗礁を
12 オ（ふきゅう）朽ちない

□13 岐路
□14 災禍
□15 屈伸
□16 雲泥
□17 嫌悪
□18 罷免
□19 遮光
□20 不審

13 ウ（きろ） 岐（わか）れた⬇路（みち）
14 ア（さいか） どちらも「わざわい」の意。
15 イ（くっしん） 屈（まげる）⬍伸ばす
16 イ（うんでい） 雲（天）⬍泥（地）
17 ア（けんお） 嫌は「きらう」、悪は「にくむ」意。
18 ア（ひめん） どちらも「公職をやめさせる」意。
19 エ（しゃこう） 遮る⬆光を
20 オ（ふしん） 審（つまびらか）でない

□21 暗礁
□22 尚早
□23 仙境
□24 覇権
□25 不遇
□26 憂愁
□27 懸命
□28 徹宵

21 ウ（あんしょう） 暗い（隠れて見えない）⬇礁（かくれ岩）
22 ウ（しょうそう） 尚（まだ）⬇早い
23 ウ（せんきょう） 仙人が住む⬇境（場所）
24 ウ（はけん） 覇（武力で従える）⬇権力
25 オ（ふぐう） 遇されない
26 ア（ゆうしゅう） どちらも「うれえる」意。
27 エ（けんめい） 懸ける⬆命を
28 エ（てっしょう） 徹する⬆宵（夜）を

□29 免疫
□30 美醜
□31 不屈
□32 真偽
□33 向背
□34 枯渇
□35 赦免
□36 徹底

29 エ（めんえき） 免れる⬆疫（病原菌、毒素）から
30 イ（びしゅう） 美しい⬍醜い
31 オ（ふくつ） 屈しない
32 イ（しんぎ） 真実⬍偽り
33 イ（こうはい） 向く（したがう）⬍背く
34 ア（こかつ） どちらも「かれる」意。
35 ア（しゃめん） どちらも「ゆるす」意。
36 エ（てってい） 徹（とおす）⬆底まで（余す所なく）

頻出度
B
ランク

熟語の構成③

●**熟語の構成**のしかたには次のようなものがある。

ア 同じような意味の漢字を重ねたもの　（**岩石**）
イ 反対または対応の意味を表す字を重ねたもの　（**高低**）
ウ 上の字が下の字を修飾しているもの　（**洋画**）
エ 下の字が上の字の目的語・補語になっているもの　（**着席**）
オ 上の字が下の字の意味を打ち消しているもの　（**非常**）

次の熟語は右の**ア**～**オ**のどれにあたるか、**一つ**選び、**記号**で答えよ。

1 尼僧
2 頻度
3 不惑
4 懲悪
5 未到
6 粗密

解答と解説

1 ウ（にそう）
尼（出家の女子）⬇僧（僧侶）

2 ウ（ひんど）
頻（繰り返す）⬇度数

3 オ（ふわく）
惑わない

4 エ（ちょうあく）
懲らしめる⬆悪を

5 オ（みとう）
未（いま）だ到達せず

6 イ（そみつ）
粗い⬍密（こ）まかい

7 明滅
8 抗菌
9 退廷
10 払底
11 無為
12 開拓

解答と解説

7 イ（めいめつ）
明かりがつく⬍きえる

8 エ（こうきん）
抗（あらがう）⬆菌に

9 エ（たいてい）
退く⬆法廷から

10 エ（ふってい）
払う⬆底を（すっかり無くなる意）

11 オ（むい）
作為がない

12 ア（かいたく）
どちらも「ひらく」意。

目標時間 18分

1回目 ／36

2回目 ／36

□ 13 貸借
□ 14 苦衷
□ 15 諭旨
□ 16 悠久
□ 17 釣果
□ 18 納涼
□ 19 盲信
□ 20 因果

13 **イ（たいしゃく）** 貸す↕借りる

14 **ウ（くちゅう）** 苦しい↓衷（胸の内）

15 **エ（ゆし）** 諭す↑旨（意味、内容）を

16 **ア（ゆうきゅう）** 悠は「はるか」、久は「時間が長い」意。

17 **ウ（ちょうか）** 釣りの↓成果

18 **エ（のうりょう）** 納める↑涼しさを

19 **ウ（もうしん）** 盲（むやみに）↓信じる

20 **イ（いんが）** 因（原因）↕果（結果）

□ 21 雪渓
□ 22 無謀
□ 23 画趣
□ 24 順逆
□ 25 未満
□ 26 霊魂
□ 27 窮地
□ 28 懇望

21 **ウ（せっけい）** 雪の↓渓谷

22 **オ（むぼう）** 謀（深い考え）が無い

23 **ウ（がしゅ）** 画（絵のような）↓趣（おもむき）

24 **イ（じゅんぎゃく）** 順（したがうこと）↕逆（そむくこと）

25 **オ（みまん）** 未（いま）だ満たさない

26 **ア（れいこん）** どちらも「たましい」の意。

27 **ウ（きゅうち）** 窮まった↓地（立ち場）

28 **ウ（こんぼう）** 懇（心から）↓望む

□ 29 砕身
□ 30 遮音
□ 31 舌禍
□ 32 遭難
□ 33 痛快
□ 34 破戒
□ 35 彼我
□ 36 無恥

29 **エ（さいしん）** 砕く↑身を

30 **エ（しゃおん）** 遮る↑音を

31 **ウ（ぜっか）** 舌（ことば）による↓禍（わざわい）

32 **エ（そうなん）** 遭う↑災難に

33 **ウ（つうかい）** 痛（非常に）↓快い

34 **エ（はかい）** 破る↑戒（宗教上の規律）を

35 **イ（ひが）** 彼（相手）↕我（自分）

36 **オ（むち）** 恥じることがない

頻出度 B ランク

四字熟語①

目標時間 15分

1回目 ／30

2回目 ／30

● 次の**四字熟語**について、**問1**～**問4**に答えよ。

問1 次の**四字熟語**の（1～10）に入る適切な語を下の□の中から選び、**漢字二字**で答えよ。

☐**ア**（ **1** ）自縛
☐**イ** 面目（ **2** ）
☐**ウ** 西方（ **3** ）
☐**エ** 興味（ **4** ）
☐**オ** 自由（ **5** ）
☐**カ**（ **6** ）断行
☐**キ**（ **7** ）自在
☐**ク**（ **8** ）一菜
☐**ケ** 内憂（ **9** ）
☐**コ**（ **10** ）牛後

いちじゅう　がいかん　けいこう　じじょう　じょうど　じゅくりょ　しんしん　へんげん　ほんぽう　やくじょ

解答

1 自《じ》縄《じょう》自《じ》縛《ばく》 辞
2 面《めん》目《もく》躍《やく》如《じょ》 辞
3 西《さい》方《ほう》浄《じょう》土《ど》 辞
4 興《きょう》味《み》津《しん》津《しん》 辞
5 自《じ》由《ゆう》奔《ほん》放《ぼう》 辞
6 熟《じゅく》慮《りょ》断《だん》行《こう》 辞
7 変《へん》幻《げん》自《じ》在《ざい》 辞
8 一《いち》汁《じゅう》一《いっ》菜《さい》 辞
9 内《ない》憂《ゆう》外《がい》患《かん》 辞
10 鶏《けい》口《こう》牛《ぎゅう》後《ご》 辞

問3 次の**四字熟語**の（16～25）に入る適切な語を下の□の中から選び、**漢字二字**で答えよ。

☐**サ** 二律（ **16** ）
☐**シ** 鼓舞（ **17** ）
☐**ス** 周知（ **18** ）
☐**セ**（ **19** ）曲直
☐**ソ**（ **20** ）非才
☐**タ**（ **21** ）徒食
☐**チ**（ **22** ）一新
☐**ツ**（ **23** ）漢才
☐**テ**（ **24** ）自在
☐**ト** 刻苦（ **25** ）

かんきゅう　げきれい　せんがく　てってい　はいはん　べんれい　むい　めんもく　りひ　わこん

解答

16 二《に》律《りつ》背《はい》反《はん》 辞
17 鼓《こ》舞《ぶ》激《げき》励《れい》 辞
18 周《しゅう》知《ち》徹《てっ》底《てい》 辞
19 理《り》非《ひ》曲《きょく》直《ちょく》 辞
20 浅《せん》学《がく》非《ひ》才《さい》 辞
21 無《む》為《い》徒《と》食《しょく》 辞
22 面《めん》目《もく》一《いっ》新《しん》 辞
23 和《わ》魂《こん》漢《かん》才《さい》 辞
24 緩《かん》急《きゅう》自《じ》在《ざい》 辞
25 刻《こっ》苦《く》勉《べん》励《れい》 辞

問2 次の11～15の**意味**にあてはまるものを**問1**の**ア～コの四字熟語**から**一つ**選び、**記号**で答えよ。

☐ **11** 内外ともに不安が多いこと。

☐ **12** 人や物事への関心が尽きないさま。

☐ **13** 質素な食事のたとえ。

☐ **14** よく考えて思い切って実行すること。

☐ **15** 評判どおりの活躍をして名誉が高まるさま。

11	12	13	14	15
ケ	エ	ク	カ	イ

問4 次の26～30の**意味**にあてはまるものを**問3**の**サ～トの四字熟語**から**一つ**選び、**記号**で答えよ。

☐ **26** 世間の評判や外見。また、内容をすっかり変える。

☐ **27** 状況に応じて思うままに行うこと。

☐ **28** 隅々まで広く知れ渡らせること。

☐ **29** 日本固有の精神を持ちつつ中国の学問を摂取する。

☐ **30** 何もせずに遊び暮らすこと。

26	27	28	29	30
チ	テ	ス	ツ	タ

意味をCheck!

1 自縄自縛…自分の縄で自分を縛るように、自分の行為や心がけのために、自分が苦しい立場になること。

2 面目躍如…世間の評価通りの活躍をし、生き生きとしているさま。世間体がよくなり、名誉が高まるさま。

3 西方浄土…人間界から遠く離れた西のかなたにあるという、煩悩のない世界。喜びに満ちた極楽。

4 興味津津…関心が尽きないさま。

5 自由奔放…何にもとらわれることなく、自分の思う通りに振る舞うこと。

6 熟慮断行…十分に考えたうえで、思いきって実行すること。

7 変幻自在…思いのままに現れたり消えたりすること。

8 一汁一菜…汁物一品と、おかず一品。質素な食事のたとえ。

9 内憂外患…国内の心配事と、外国との間に生じる問題。内外ともに不安が多いこと。

10 鶏口牛後…大きな組織の中の末端にいるよりも、小さな集団の長となって重んじられるほうがよいということ。

16 二律背反…相反する二つの命題が、同じだけの合理性や妥当性をもっていること。自己矛盾におちいること。

17 鼓舞激励…「鼓舞」は鼓を打って舞う意で、転じて人の気持ちを元気づけること。人を奮い立たせ、励ますこと。

18 周知徹底…広く世間のすみずみにまで知れわたらせること。

19 理非曲直…道理にかなっていることと、はずれていること。間違ったことと正しいこと。

20 浅学非才…学識が浅く、才能が乏しいこと。自分を謙遜するときに用いる言葉。

21 無為徒食…何もせずに遊び暮らすこと。

22 面目一新…外見や内容がすっかり変化すること。世間の評判が高まること。「面目」は「めんぼく」とも読む。

23 和魂漢才…日本固有の精神を持ちながら、中国伝来の学問を消化し活用すべきである意。

24 緩急自在…速度などをゆるめたり速めたりして、思うままに調節すること。物事を自由自在に操ること。

25 刻苦勉励…非常に苦労をして勉学や仕事に励むこと。

頻出度 **B** ランク

四字熟語②

● 次の**四字熟語**について、**問1**～**問4**に答えよ。

目標時間 15分

1回目 /30

2回目 /30

問1 次の**四字熟語**の（1～10）に入る適切な語を下の□の中から選び、**漢字二字**で答えよ。

- ☑ **ア** 前代（ **1** ）
- ☑ **イ** （ **2** ）夜行
- ☑ **ウ** （ **3** ）無二
- ☑ **エ** 異端（ **4** ）
- ☑ **オ** （ **5** ）満面
- ☑ **カ** 朝令（ **6** ）
- ☑ **キ** 進取（ **7** ）
- ☑ **ク** （ **8** ）当千
- ☑ **ケ** 当代（ **9** ）
- ☑ **コ** 安寧（ **10** ）

いっき　かかん　きしょく　じゃせつ　ずいいち　ちつじょ　ひゃっき　ぼかい　みもん　ゆいいつ

解答

1 前《ぜん》代《だい》未《み》聞《もん》 辞
2 百《ひゃっ》鬼《き》夜《や》行《こう》 辞
3 唯《ゆい》一《いつ》無《む》二《に》 辞
4 異《い》端《たん》邪《じゃ》説《せつ》 辞
5 喜《き》色《しょく》満《まん》面《めん》 辞
6 朝《ちょう》令《れい》暮《ぼ》改《かい》 辞
7 進《しん》取《しゅ》果《か》敢《かん》 辞
8 一《いっ》騎《き》当《とう》千《せん》 辞
9 当《とう》代《だい》随《ずい》一《いち》 辞
10 安《あん》寧《ねい》秩《ちつ》序《じょ》 辞

問3 次の**四字熟語**の（16～25）に入る適切な語を下の□の中から選び、**漢字二字**で答えよ。

- ☑ **サ** 順風（ **16** ）
- ☑ **シ** （ **17** ）外患
- ☑ **ス** 群雄（ **18** ）
- ☑ **セ** （ **19** ）塞源
- ☑ **ソ** （ **20** ）円蓋
- ☑ **タ** （ **21** ）禍福
- ☑ **チ** 支離（ **22** ）
- ☑ **ツ** 情状（ **23** ）
- ☑ **テ** （ **24** ）雨読
- ☑ **ト** （ **25** ）後楽

かっきょ　きっきょう　しゃくりょう　せいこう　せんゆう　ないゆう　ばっぽん　ほうてい　まんぱん　めつれつ

解答

16 順《じゅん》風《ぷう》満《まん》帆《ぱん》 辞
17 内《ない》憂《ゆう》外《がい》患《かん》 辞
18 群《ぐん》雄《ゆう》割《かっ》拠《きょ》 辞
19 抜《ばっ》本《ぽん》塞《そく》源《げん》 辞
20 方《ほう》底《てい》円《えん》蓋《がい》 辞
21 吉《きっ》凶《きょう》禍《か》福《ふく》 辞
22 支《し》離《り》滅《めつ》裂《れつ》 辞
23 情《じょう》状《じょう》酌《しゃく》量《りょう》 辞
24 晴《せい》耕《こう》雨《う》読《どく》 辞
25 先《せん》憂《ゆう》後《こう》楽《らく》 辞

問2 次の11～15の**意味**にあてはまるものを**問1**の**ア～コの四字熟語**から**一つ**選び、**記号**で答えよ。

☑ **11** 方針などが頻繁に変えられて定まらないこと。

☑ **12** 包みきれない喜びが表情にあふれること。

☑ **13** 国や社会が平和であること。

☑ **14** 人並みはずれた能力のたとえ。

☑ **15** 自ら物事に取り組み、決断力があるさま。

11	12	13	14	15
カ	オ	コ	ク	キ

問4 次の26～30の**意味**にあてはまるものを**問3**の**サ～トの四字熟語**から**一つ**選び、**記号**で答えよ。

☑ **26** 田舎で悠悠自適の生活を送ること。

☑ **27** 物事が順調に運ぶこと。

☑ **28** 事情を酌んで刑罰を軽くすること。

☑ **29** ばらばらでまとまりがなく、一貫性がないこと。

☑ **30** 先に心配事を片付け、その後に楽しむ心がけ。

26	27	28	29	30
テ	サ	ツ	チ	ト

意味をCheck!

1 前代未聞…これまでに聞いたこともないような珍しいこと。

2 百鬼夜行…多くの妖怪が夜中に行列をつくって歩き回る意から、得体の知れない人たちがのさばり、勝手に振る舞うこと。「夜行」は「やぎょう」とも読む。

3 唯一無二…それ一つだけで、同じものは二つとないこと。

4 異端邪説…正統ではないよこしまな思想や信仰、学説。「邪説異端」ともいう。

5 喜色満面…顔中に喜びの表情があふれている様子。

6 朝令暮改…方針などが頻繁に変えられて定まらないこと。朝命令を出して、夕方には早々に変更するということ。

7 進取果敢…自ら物事に取り組み、決断力があるさま。

8 一騎当千…一騎で千人を相手にできる意から、人並みはずれた能力のたとえ。

9 当代随一…今の時代、またはその当時に第一位であること。

10 安寧秩序…国や社会などが落ち着いていて、平和であること。穏やかで乱れていないこと。

16 順風満帆…追い風を受けて船が順調に進む意から、物事が順調に運ぶこと。

17 内憂外患…国内の心配事と、外国との間に生じる問題。内外ともに不安が多いこと。

18 群雄割拠…多くの英雄が各地に乱立し、天下を争うこと。

19 抜本塞源…災いのもとになるものを徹底的に取り除くこと。木の根っこを抜き、水源をふさぐ意から。

20 方底円蓋…物事がかみあわないたとえ。底が四角形の容器に円形の蓋をかぶせる意から。

21 吉凶禍福…吉事と凶事。幸せなことと、わざわい。

22 支離滅裂…まとまりがなく、一貫性がないこと。

23 情状酌量…裁判において、犯罪の同情すべき諸事情を酌み取り、刑罰を軽くすること。

24 晴耕雨読…晴れた日には田畑を耕し、雨の日には家で読書をする意から、田舎で悠悠自適の生活を送ること。

25 先憂後楽…先に苦労をしたり心配事をなくしておけば、やがて楽しむことができるということ。

頻出度
B ランク

四字熟語③

目標時間 15分

1回目 /30

2回目 /30

● 次の**四字熟語**について、**問1**～**問4**に答えよ。

問1 次の**四字熟語**の（1～10）に入る適切な語を下の□の中から選び、**漢字二字**で答えよ。

- ア（ 1 ）心小
- イ（ 2 ）不落
- ウ 延命（ 3 ）
- エ 空空（ 4 ）
- オ（ 5 ）万紅
- カ 飛花（ 6 ）
- キ 率先（ 7 ）
- ク 一網（ 8 ）
- ケ 自暴（ 9 ）
- コ 失望（ 10 ）

じき　すいはん　せんし　そくさい　だじん　たんだい　なんこう　ばくばく　らくたん　らくよう

解答

1 胆《たん》大《だい》心《しん》小《しょう》 辞
2 難《なん》攻《こう》不《ふ》落《らく》 辞
3 延《えん》命《めい》息《そく》災《さい》 辞
4 空《くう》空《くう》漠《ばく》漠《ばく》 辞
5 千《せん》紫《し》万《ばん》紅《こう》 辞
6 飛《ひ》花《か》落《らく》葉《よう》 辞
7 率《そっ》先《せん》垂《すい》範《はん》 辞
8 一《いち》網《もう》打《だ》尽《じん》 辞
9 自《じ》暴《ぼう》自《じ》棄《き》 辞
10 失《しつ》望《ぼう》落《らく》胆《たん》 辞

問3 次の**四字熟語**の（16～25）に入る適切な語を下の□の中から選び、**漢字二字**で答えよ。

- サ（ 16 ）一声
- シ（ 17 ）東風
- ス 要害（ 18 ）
- セ（ 19 ）整然
- ソ 優勝（ 20 ）
- タ（ 21 ）飛語
- チ（ 22 ）一体
- ツ（ 23 ）曲直
- テ 生殺（ 24 ）
- ト（ 25 ）独尊

けんご　ぜひ　たいかつ　ばじ　ひょうり　ゆいが　よだつ　りゅうげん　りろ　れっぱい

解答

16 大《たい》喝《かつ》一《いっ》声《せい》 辞
17 馬《ば》耳《じ》東《とう》風《ふう》 辞
18 要《よう》害《がい》堅《けん》固《ご》 辞
19 理《り》路《ろ》整《せい》然《ぜん》 辞
20 優《ゆう》勝《しょう》劣《れっ》敗《ぱい》 辞
21 流《りゅう》言《げん》飛《ひ》語《ご》 辞
22 表《ひょう》裏《り》一《いっ》体《たい》 辞
23 是《ぜ》非《ひ》曲《きょく》直《ちょく》 辞
24 生《せい》殺《さつ》与《よ》奪《だつ》 辞
25 唯《ゆい》我《が》独《どく》尊《そん》 辞

問2 次の11〜15の**意味**にあてはまるものを**問1**の**ア〜コの四字熟語**から**一つ**選び、**記号**で答えよ。

☐ **11** がっかりすること。

☐ **12** 悪人をひとまとめに捕えること。

☐ **13** 攻撃が難しく、簡単には陥落しないこと。

☐ **14** 何事もなく長生きすること。

☐ **15** 大胆でしかも心配りが細やか。

11	12	13	14	15
コ	ク	イ	ウ	ア

問4 次の26〜30の**意味**にあてはまるものを**問3**の**サ〜トの四字熟語**から**一つ**選び、**記号**で答えよ。

☐ **26** 確証もなく言いふらされるうわさ。

☐ **27** 自分の思うままであること。

☐ **28** 自分以上に偉い者はいないとうぬぼれること。

☐ **29** 他人からの意見や忠告を心にとめないこと。

☐ **30** 地形が険しく、簡単には攻め落とせないこと。

26	27	28	29	30
タ	テ	ト	シ	ス

意味をCheck!

1 胆大心小…大胆でありながら、細心の注意を払うこと。

2 難攻不落…攻撃が難しく、簡単には陥落しないこと。

3 延命息災…命をのばし、わざわいをなくす意。何事もなく長生きすること。

4 空空漠漠…果てしなく広いさま。また、とらえどころがなく、ぼんやりしたさま。「空漠」を繰り返して強調した語。

5 千紫万紅…色とりどりに咲いている花のこと。いろどりが豊かなさま。

6 飛花落葉…風に吹かれて散る花、枯れて落ちる葉の意から、絶えず移り変わる人の世の無常のたとえ。

7 率先垂範…人の先頭に立って模範を示すこと。

8 一網打尽…一度打った網で魚を捕り尽くす意から、悪人などを一度に全部捕らえるたとえ。

9 自暴自棄…失敗や失望などでやけになり、理性を失って自分で自分の身を持ちくずすこと。

10 失望落胆…希望を失い、がっかりすること。

16 大喝一声…大きな声で叱りつけること。また、その声。「大声一喝」ともいう。

17 馬耳東風…「東風」は春風。人には心地よい春風だが、馬の耳を吹き抜けても何も感じないように見えることから、人の意見や忠告に注意を払わないことのたとえ。何を言っても反応がないこと。

18 要害堅固…地形が険しく、簡単には攻め落とせないこと。

19 理路整然…文章や話の筋道がよく通って秩序正しいさま。

20 優勝劣敗…強く優れた者が生き残り、弱く劣っている者が滅びること。生存競争における弱肉強食。

21 流言飛語…確証もなく言いふらされるうわさ。

22 表裏一体…一つのものの表と裏を切り離せないように、密接な関係にあること。

23 是非曲直…物事の正・不正や、善悪。

24 生殺与奪…生かすも殺すも、与えることも奪うことも思うままであること。

25 唯我独尊…自分以上に偉い者はいないとうぬぼれること。

頻出度

B ランク

四字熟語④

目標時間 15分

1回目 /30

2回目 /30

● 次の**四字熟語**について、**問1**～**問4**に答えよ。

問1 次の**四字熟語**の(1～10)に入る適切な語を下の□の中から選び、**漢字二字**で答えよ。

□ア 熱願（1）

□イ 怨親（2）

□ウ 錦衣（3）

□エ 錦上（4）

□オ（5）空拳

□カ（6）瓦鶏

□キ 破綻（7）

□ク 報怨（8）

□ケ 妖言（9）

□コ（10）虎皮

いとく
ぎょくしょく
てんか
とうけん
としゅ
ひゃくしゅつ
びょうどう
ようしつ
れいてい
わくしゅう

解答

1 熱《ねつ》願《がん》冷《れい》諦《てい》 辞

2 怨《おん》親《しん》平《びょう》等《どう》 辞

3 錦《きん》衣《い》玉《ぎょく》食《しょく》 辞

4 錦《きん》上《じょう》添《てん》花《か》 辞

5 徒《と》手《しゅ》空《くう》拳《けん》 辞

6 陶《とう》犬《けん》瓦《が》鶏《けい》 辞

7 破《は》綻《たん》百《ひゃく》出《しゅつ》 辞

8 報《ほう》怨《えん》以《い》徳《とく》 辞

9 妖《よう》言《げん》惑《わく》衆《しゅう》 辞

10 羊《よう》質《しつ》虎《こ》皮《ひ》 辞

問3 次の**四字熟語**の(16～25)に入る適切な語を下の□の中から選び、**漢字二字**で答えよ。

□サ（16）無稽

□シ 頓首（17）

□ス（18）玩味

□セ 正真（19）

□ソ（20）頓挫

□タ（21）実実

□チ（22）割拠

□ツ 夏炉（23）

□テ（24）勃勃

□ト（25）外親

きょきょ
ぐんゆう
こうとう
さいはい
じゅくどく
しょうめい
とうせん
ないそ
ゆうしん
よくよう

解答

16 荒《こう》唐《とう》無《む》稽《けい》 辞

17 頓《とん》首《しゅ》再《さい》拝《はい》 辞

18 熟《じゅく》読《どく》玩《がん》味《み》 辞

19 正《しょう》真《しん》正《しょう》銘《めい》 辞

20 抑《よく》揚《よう》頓《とん》挫《ざ》 辞

21 虚《きょ》虚《きょ》実《じつ》実《じつ》 辞

22 群《ぐん》雄《ゆう》割《かっ》拠《きょ》 辞

23 夏《か》炉《ろ》冬《とう》扇《せん》 辞

24 雄《ゆう》心《しん》勃《ぼっ》勃《ぼつ》 辞

25 内《ない》疎《そ》外《がい》親《しん》 辞

問2 次の11〜15の**意味**にあてはまるものを**問1**の**ア〜コの四字熟語**から**一つ**選び、**記号**で答えよ。

11 あやしい言説で多くの人を惑わすこと。

12 よいことの上に更によいことが重なること。

13 何かを始めようとするときに頼るもののないこと。

14 言動に次々とほころびが出ること。

15 敵も味方も同じように扱うこと。

11	ケ
12	エ
13	オ
14	キ
15	イ

問4 次の26〜30の**意味**にあてはまるものを**問3**の**サ〜トの四字熟語**から**一つ**選び、**記号**で答えよ。

26 多くの英雄が各地に乱立し、天下を争うこと。

27 季節はずれの無駄なもののたとえ。

28 丁寧にお辞儀をすること。

29 表面上は親しくすること。

30 文章をよく読み、考え味わうこと。

26	チ
27	ツ
28	シ
29	ト
30	ス

意味をCheck!

1 **熱願冷諦**…熱心に願い求めることと、冷静に観察して本質を見極めること。

2 **怨親平等**…恨み敵対する者も憎むべきでなく、親しいものと同じように慈しみの心をもつこと。

3 **錦衣玉食**…ぜいたくな生活をすること。

4 **錦上添花**…よいものや美しいものの上にさらによいもの、美しいものを加えること。

5 **徒手空拳**…何か物事を始めようとするとき、身一つで他に頼れるものがないこと。

6 **陶犬瓦鶏**…形ばかりりっぱで、役に立たないもののたとえ。作り物の犬や鶏では、夜の番や朝の告知など本来の役割が果たせない意から。

7 **破綻百出**…言動がいいかげんで、次々とほころびが出てくること。

8 **報怨以徳**…怨みを持っている人にも、徳と愛情をもって接すること。

9 **妖言惑衆**…あやしい話を言いふらし、多くの人を惑わせること。

10 **羊質虎皮**…外見はりっぱだが、実質が伴わないこと。

16 **荒唐無稽**…言動に根拠がなく、現実性に欠けること。

17 **頓首再拝**…手紙などの最後に敬意を表して用いる言葉。深く頭を下げて丁寧にお辞儀をすること。

18 **熟読玩味**…文章をじっくり読み、深く味わうこと。

19 **正真正銘**…まったくうそ偽りがないこと。偽りのない本物であること。

20 **抑揚頓挫**…文や声の調子を上げ下げしたり、勢いを変えたりすること。

21 **虚虚実実**…お互いに手段や作戦を尽くして戦うこと。お互いに相手の腹を読みあって駆け引きすること。

22 **群雄割拠**…多くの英雄が各地に乱立し、天下を争うこと。

23 **夏炉冬扇**…夏の火鉢と冬の扇の意から、時期はずれの無駄なもののたとえ。

24 **雄心勃勃**…雄々しい勇気があふれ出してくること。

25 **内疎外親**…内心ではうとんじているが、表面上は親しげにすること。

頻出度

B ランク

四字熟語⑤

目標時間 15分

1回目 /30

2回目 /30

● 次の**四字熟語**について、**問1**～**問4**に答えよ。

問1 次の**四字熟語**の（1～10）に入る適切な語を下の□の中から選び、**漢字二字**で答えよ。

☐ **ア**（ **1** ）来復
☐ **イ**（ **2** ）一紅
☐ **ウ**（ **3** ）禁断
☐ **エ**（ **4** ）湯池
☐ **オ** 一子（ **5** ）
☐ **カ**（ **6** ）短小
☐ **キ**（ **7** ）千万
☐ **ク** 故事（ **8** ）
☐ **ケ**（ **9** ）環視
☐ **コ** 生者（ **10** ）

いかん　いちよう　きんじょう　けいはく　しゅうじん　せっしょう　そうでん　ばんりょく　ひつめつ　らいれき

解答

1 一陽来復《いちようらいふく》 辞
2 万緑一紅《ばんりょくいっこう》 辞
3 殺生禁断《せっしょうきんだん》 辞
4 金城湯池《きんじょうとうち》 辞
5 一子相伝《いっしそうでん》 辞
6 軽薄短小《けいはくたんしょう》 辞
7 遺憾千万《いかんせんばん》 辞
8 故事来歴《こじらいれき》 辞
9 衆人環視《しゅうじんかんし》 辞
10 生者必滅《しょうじゃひつめつ》 辞

問3 次の**四字熟語**の（16～25）に入る適切な語を下の□の中から選び、**漢字二字**で答えよ。

☐ **サ**（ **16** ）自在
☐ **シ**（ **17** ）行賞
☐ **ス**（ **18** ）薄命
☐ **セ**（ **19** ）風月
☐ **ソ** 一念（ **20** ）
☐ **タ** 天下（ **21** ）
☐ **チ** 新進（ **22** ）
☐ **ツ**（ **23** ）濫造
☐ **テ** 明鏡（ **24** ）
☐ **ト**（ **25** ）集散

かじん　かちょう　かっさつ　きえい　ごめん　しすい　そせい　ほっき　りごう　ろんこう

解答

16 活殺自在《かっさつじざい》 辞
17 論功行賞《ろんこうこうしょう》 辞
18 佳人薄命《かじんはくめい》 辞
19 花鳥風月《かちょうふうげつ》 辞
20 一念発起《いちねんほっき》 辞
21 天下御免《てんかごめん》 辞
22 新進気鋭《しんしんきえい》 辞
23 粗製濫造《そせいらんぞう》 辞
24 明鏡止水《めいきょうしすい》 辞
25 離合集散《りごうしゅうさん》 辞

問2 次の11〜15の**意味**にあてはまるものを**問1**の**ア〜コの四字熟語**から**一つ**選び、**記号**で答えよ。

☐ **11** 命あるものは必ず死ぬときが来るということ。

☐ **12** 攻撃しづらく、備えが非常に堅固なこと。

☐ **13** 冬が終わって春が来ること。回復すること。

☐ **14** 多くの人が見ていること。

☐ **15** 非常に残念であること。

11 コ　**12** エ　**13** ア　**14** ケ　**15** キ

問4 次の26〜30の**意味**にあてはまるものを**問3**の**サ〜トの四字熟語**から**一つ**選び、**記号**で答えよ。

☐ **26** 成果を調べ、それに応じて褒美を与えること。

☐ **27** 心が澄み切ってわだかまりがないさま。

☐ **28** 将来有望であること。

☐ **29** 自然の美しい風景。

☐ **30** あることを成し遂げようと心に決めること。

26 シ　**27** テ　**28** チ　**29** セ　**30** ソ

意味をCheck!

1 **一陽来復**…冬が終わって春が来ること。また、悪いことが続いた後に、幸運に向かうこと。

2 **万緑一紅**…平凡なもののなかに、一つだけ優れたものがあること。一面の緑の草むらの中に、一輪の紅い花があることから。

3 **殺生禁断**…仏教の慈悲の精神から、生き物を殺すことを禁ずること。

4 **金城湯池**…金の城と熱湯をたたえた堀の意から、守りが非常に堅固で、城が侵略されにくいこと。

5 **一子相伝**…学問や技芸などの奥義を自分の子ども一人だけに伝え、他にはもらさないこと。

6 **軽薄短小**…内容などが薄っぺらで、中身のないさま。

7 **遺憾千万**…非常に残念であること。思いどおりにいかず、非常に心残りであること。

8 **故事来歴**…古くから伝わる事柄の由来や歴史。「故事」は「古事」とも書く。

9 **衆人環視**…多くの人がまわりを取り囲むようにして見ていること。

10 **生者必滅**…命あるものは必ず死ぬときが来るということ。

16 **活殺自在**…相手を生かすも殺すも思いのままという意から、相手を自分の望むとおりにあやつることができること。

17 **論功行賞**…成果を調べ、それに応じて褒美を与えること。

18 **佳人薄命**…美人はとかく薄幸であること、短命であること。

19 **花鳥風月**…自然の美しい風景。また、自然の風景を題材に詩歌を作ったり、絵画を描いたりすること。

20 **一念発起**…あることを成し遂げようと心に決めること。悟りを開こうと決める仏教の言葉。

21 **天下御免**…誰にも遠慮せずに行動してよいこと。公然と許されること。

22 **新進気鋭**…ある分野に新しくあらわれ、意気込みが鋭く将来有望であること。そのような人。

23 **粗製濫造**…質の悪い製品を、むやみに数多く作ること。「濫造」は「乱造」とも書く。

24 **明鏡止水**…曇りもない鏡や静止した澄んだ水のように、よこしまな心がなく澄みきった心境。

25 **離合集散**…離れたり集まったり、力を合わせたり反目したりすること。

頻出度
B
ランク

四字熟語⑥

目標時間 15分

1回目 /30

2回目 /30

● 次の**四字熟語**について、**問1**～**問4**に答えよ。

問1 次の**四字熟語**の（1～10）に入る適切な語を下の□の中から選び、**漢字二字**で答えよ。

- ア（ 1 ）明瞭
- イ（ 2 ）済民
- ウ（ 3 ）大事
- エ 国士（ 4 ）
- オ 神出（ 5 ）
- カ 虎渓（ 6 ）
- キ 犬牙（ 7 ）
- ク 春日（ 8 ）
- ケ（ 9 ）秩序
- コ 終始（ 10 ）

あんねい　いっかん　かんたん　きぼつ　けいせい　ごしょう　さんしょう　そうせい　ちち　むそう

解答

1 簡単明瞭《かんたんめいりょう》 辞
2 経世済民《けいせいさいみん》 辞
3 後生大事《ごしょうだいじ》 辞
4 国士無双《こくしむそう》 辞
5 神出鬼没《しんしゅつきぼつ》 辞
6 虎渓三笑《こけいさんしょう》 辞
7 犬牙相制《けんがそうせい》 辞
8 春日遅遅《しゅんじつちち》 辞
9 安寧秩序《あんねいちつじょ》 辞
10 終始一貫《しゅうしいっかん》 辞

問3 次の**四字熟語**の（16～25）に入る適切な語を下の□の中から選び、**漢字二字**で答えよ。

- サ 抑揚（ 16 ）
- シ 盲亀（ 17 ）
- ス 勇猛（ 18 ）
- セ（ 19 ）弄法
- ソ 千載（ 20 ）
- タ（ 21 ）雑言
- チ 読書（ 22 ）
- ツ 良風（ 23 ）
- テ 複雑（ 24 ）
- ト（ 25 ）千里

あっこう　いちぐう　かかん　たき　とんざ　びぞく　ひゃっぺん　ぶぶん　ふぼく　よくや

解答

16 抑揚頓挫《よくようとんざ》 辞
17 盲亀浮木《もうきふぼく》 辞
18 勇猛果敢《ゆうもうかかん》 辞
19 舞文弄法《ぶぶんろうほう》 辞
20 千載一遇《せんざいいちぐう》 辞
21 悪口雑言《あっこうぞうごん》 辞
22 読書百遍《どくしょひゃっぺん》 辞
23 良風美俗《りょうふうびぞく》 辞
24 複雑多岐《ふくざつたき》 辞
25 沃野千里《よくやせんり》 辞

問2 次の11～15の**意味**にあてはまるものを**問1**の**ア～コの四字熟語**から**一つ**選び、**記号**で答えよ。

- 11 夢中になりすぎて他のことをすべて忘れてしまうこと。
- 12 わかりやすくはっきりしているさま。
- 13 態度などがずっと変わらないこと。
- 14 世の中をよく治め、人々を救うこと。
- 15 春の日が長く、暮れるのが遅いさま。

11 カ　**12** ア　**13** コ　**14** イ　**15** ク

問4 次の26～30の**意味**にあてはまるものを**問3**の**サ～トの四字熟語**から**一つ**選び、**記号**で答えよ。

- 26 いさましくて力強いこと。
- 27 広々としたよく肥えた平地が広がっていること。
- 28 非常にまれな、またとない機会。
- 29 法律の条文を都合のいいように解釈して乱用すること。
- 30 勢いが途中で急になくなること。

26 ス　**27** ト　**28** ソ　**29** セ　**30** サ

意味をCheck!

1 **簡単明瞭**…物事がやさしく、はっきりしていてわかりやすいさま。

2 **経世済民**…世の中をよく治め、人々を苦しみから救うこと。

3 **後生大事**…心を込めて非常に大切にすること。現在ではそのことをばかにして用いることが多い。もと仏教語。

4 **国士無双**…国内で並ぶ者がないような傑出した人物。

5 **神出鬼没**…すばやく現れたり隠れたりすること。自由自在に出没し、居場所がわからないこと。

6 **虎渓三笑**…あることに熱中するあまり、他のことをすべて忘れてしまうこと。中国の晋の時代、一人の高僧が二度と虎渓の石橋を渡らないと決めていたが、知人二人とともに話ながら歩いているうちに話に夢中になり、気づいたときには虎渓の石橋を渡っており、三人で大笑いした、という中国の故事から。

7 **犬牙相制**…国境が複雑に入り組んだ国同士がけん制しあうこと。互いに食い違っている犬の牙にたとえた言葉。

8 **春日遅遅**…春の日が長く、暮れるのが遅いさま。

9 **安寧秩序**…社会や国家の状態が平穏であること。

10 **終始一貫**…態度などがずっと変わらないこと。

16 **抑揚頓挫**…文や声の調子を上げ下げしたりして、調和がとれていること。盛んな勢いが途中でくじけること。

17 **盲亀浮木**…めったにないことのたとえ。盲目の亀が、水面に浮かぶ木のたった一つの穴に入ろうとするが容易には入れないという寓話による。

18 **勇猛果敢**…強くて勇ましく、決断力に富むこと。

19 **舞文弄法**…法律の条文を都合よく解釈して乱用すること。

20 **千載一遇**…非常にまれな、またとない機会。

21 **悪口雑言**…口にまかせて悪口を言うこと。またその悪口。

22 **読書百遍**…難解な書物でも繰り返し読めば、意味が自然にわかってくるということ。

23 **良風美俗**…非常によい風俗習慣のこと。

24 **複雑多岐**…物事が多くの道筋に分かれ、しかも込み入っているさま。

25 **沃野千里**…広々としたよく肥えた実りがある平地のこと。

頻出度
B
ランク

対義語・類義語①

目標時間 20分

1回目 ／40

2回目 ／40

● 次の**対義語**、**類義語**を**1**～**4**それぞれ後の□の中から選び、**漢字**で答えよ。□の中の語は一度だけ使うこと。

1

対義語

- □ 1 存続
- □ 2 召還 辞
- □ 3 詳細
- □ 4 定住
- □ 5 飽食

類義語

- □ 6 固執
- □ 7 学識
- □ 8 是認
- □ 9 寄与
- □ 10 計略

がいりゃく・きが・こうけん
こうてい・さくぼう
ぞうけい・はいし・はけん
ぼくしゅ・るろう

解答

1 廃止《はいし》
2 派遣《はけん》
3 概略《がいりゃく》
4 流浪《るろう》
5 飢餓《きが》
6 辞 墨守《ぼくしゅ》
7 辞 造詣《ぞうけい》
8 肯定《こうてい》
9 貢献《こうけん》
10 辞 策謀《さくぼう》

2

対義語

- □ 11 陳腐
- □ 12 巧遅 辞
- □ 13 受諾
- □ 14 解放
- □ 15 総合

類義語

- □ 16 尽力
- □ 17 処罰
- □ 18 平穏
- □ 19 強情
- □ 20 強壮

あんたい・がんけん・がんこ
きょひ・ざんしん・せっそく
そくばく・ちょうかい
ぶんせき・ほんそう

解答

11 斬新《ざんしん》
12 辞 拙速《せっそく》
13 拒否《きょひ》
14 束縛《そくばく》
15 分析《ぶんせき》
16 奔走《ほんそう》
17 懲戒《ちょうかい》
18 安泰《あんたい》
19 頑固《がんこ》
20 辞 頑健《がんけん》

3

対義語

- ☐ 21 緩慢
- ☐ 22 枯渇
- ☐ 23 疎遠 辞
- ☐ 24 悪臭
- ☐ 25 末端

類義語

- ☐ 26 削除
- ☐ 27 心配
- ☐ 28 掃討
- ☐ 29 適切
- ☐ 30 親友

くちく・こんい・じゅんたく
じんそく・だとう・ちき
ちゅうすう・ほうこう
まっしょう・ゆうりょ

解答

21 迅速《じんそく》
22 潤沢《じゅんたく》
23 懇意《こんい》
24 芳香《ほうこう》
25 中枢《ちゅうすう》
26 抹消《まっしょう》
27 憂慮《ゆうりょ》 辞
28 駆逐《くちく》
29 妥当《だとう》
30 知己《ちき》 辞

4

対義語

- ☐ 31 不毛
- ☐ 32 没落
- ☐ 33 特殊
- ☐ 34 軽侮
- ☐ 35 催眠

類義語

- ☐ 36 必死
- ☐ 37 全治
- ☐ 38 親密
- ☐ 39 猛者
- ☐ 40 絶壁

いふ・かいゆ・かくせい
けんめい・ごうけつ・こんい
だんがい・ひよく・ふへん
ぼっこう

解答

31 肥沃《ひよく》
32 勃興《ぼっこう》 辞
33 普遍《ふへん》
34 畏怖《いふ》
35 覚醒《かくせい》
36 懸命《けんめい》
37 快癒《かいゆ》 辞
38 懇意《こんい》
39 豪傑《ごうけつ》
40 断崖《だんがい》

意味をCheck!

2 召還…国外に派遣していた者などを本国に呼び戻すこと。
6 墨守…しきたりや習慣、主張などを、かたく守ること。
7 造詣…学問や技芸などについての広い知識。

10 策謀…はかりごとをめぐらすこと。
12 巧遅…出来ばえはよいが、完成に時間がかかること。
12 拙速…出来はよくないが、仕上がりが早いこと。

20 頑健…体がとても丈夫で健康なこと。
23 疎遠…関係が希薄になっている状態。
27 憂慮…心配すること。
30 知己…自分のことや心の内をよく理解してくれている人。親友。

32 勃興…急激に勢力が拡大し、栄えること。
37 快癒…病気などが完全に治ること。

頻出度 B ランク

対義語・類義語②

目標時間 20分

1回目 ／40

2回目 ／40

●次の**対義語**、**類義語**を**1**～**4**それぞれ後の□の中から選び、**漢字**で答えよ。□の中の語は一度だけ使うこと。

1

対義語

□1 蓄積

□2 払暁

□3 畏敬 辞

□4 過激

□5 不足

類義語

□6 奇抜

□7 全治

□8 筋道

□9 両雄

□10 頑丈

おんけん・かじょう・けんご
ざんしん・しょうもう
そうへき・はくぼ・ぶべつ
へいゆ・みゃくらく

解答

1 消耗《しょうもう》
2 薄暮《はくぼ》
3 侮蔑《ぶべつ》
4 穏健《おんけん》
5 過剰《かじょう》
6 斬新《ざんしん》
7 平癒《へいゆ》
8 脈絡《みゃくらく》
9 双璧《そうへき》
10 堅固《けんご》

2

対義語

□11 冗漫 辞

□12 理論

□13 剛健

□14 繁忙

□15 直進

類義語

□16 核心

□17 抄録

□18 安値

□19 献上

□20 比肩 辞

かんけつ・かんさん
きんてい・じっせん・だこう
ちゅうすう・にゅうじゃく
ばっすい・ひってき・れんか

解答

11 簡潔《かんけつ》
12 実践《じっせん》
13 柔弱《にゅうじゃく》
14 閑散《かんさん》
15 蛇行《だこう》
16 中枢《ちゅうすう》
17 抜粋《ばっすい》
18 廉価《れんか》 辞
19 謹呈《きんてい》
20 匹敵《ひってき》

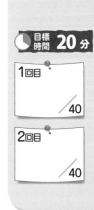

3

対義語

□21 釈放

□22 低俗

□23 事実

□24 軽快

□25 秘匿

類義語

□26 妨害

□27 起源

□28 交渉

□29 隷従

□30 重病

きょうじゅん・きょこう
こうしょう・こうそく
せっしょう・そうちょう・そし
たいかん・ばくろ・はっしょう

解答

21 拘束《こうそく》

22 高尚《こうしょう》 辞

23 虚構《きょこう》 辞

24 荘重《そうちょう》 辞

25 暴露《ばくろ》

26 阻止《そし》

27 発祥《はっしょう》

28 折衝《せっしょう》 辞

29 恭順《きょうじゅん》 辞

30 大患《たいかん》

4

対義語

□31 拒絶

□32 強硬

□33 豪放

□34 削除

□35 融解 辞

類義語

□36 歴史

□37 調停

□38 座視

□39 扇動 辞

□40 興廃

えんかく・ぎょうこ・じゅだく
せいすい・せんさい
ちゅうさい・ちょうはつ
てんか・なんじゃく・ぼうかん

解答

31 受諾《じゅだく》

32 軟弱《なんじゃく》

33 繊細《せんさい》

34 添加《てんか》

35 凝固《ぎょうこ》

36 沿革《えんかく》

37 仲裁《ちゅうさい》

38 傍観《ぼうかん》

39 挑発《ちょうはつ》

40 盛衰《せいすい》 辞

意味をCheck!

2 払暁…明け方。夜明け。

3 畏敬…崇高な存在や偉大な人を、心からおそれ敬うこと。

11 冗漫…表現に無駄が多く、しまりのないさま。

18 廉価…値段が安いこと。安価。

20 比肩…同じ程度であること。肩を並べること。

22 高尚…学問や品性などの程度が高く上品なこと。

23 虚構…実際にないことを事実のようにつくり上げること。

24 荘重…厳かで重々しいこと。

28 折衝…問題を有利に解決するために、かけひきをすること。

29 恭順…命令に対し、かしこまって従うこと。

35 融解…とけること。固体が液体になること。

39 扇動…人々をあおり立て、特定の行動を起こすようにしむけること。

40 盛衰…栄えたり衰えたりすること。

頻出度 **B** ランク

対義語・類義語③

目標時間 20分

1回目 ／40

2回目 ／40

●次の**対義語**、**類義語**を**1**～**4**それぞれ後の□の中から選び、**漢字**で答えよ。□の中の語は一度だけ使うこと。

1

対義語

- □ 1 古豪
- □ 2 病弱
- □ 3 不足
- □ 4 対立
- □ 5 尊宅

類義語

- □ 6 不意
- □ 7 崇拝
- □ 8 完遂
- □ 9 人相
- □ 10 中枢

いけい・かくしん・じょうじゅ
しんえい・せったく・そうけん
だきょう・とつじょ・ようぼう
よじょう

解答

1 新鋭《しんえい》
2 壮健《そうけん》 辞
3 余剰《よじょう》
4 妥協《だきょう》
5 拙宅《せったく》 辞
6 突如《とつじょ》
7 畏敬《いけい》
8 成就《じょうじゅ》 辞
9 容貌《ようぼう》
10 核心《かくしん》

2

対義語

- □ 11 薄暮
- □ 12 永遠
- □ 13 老練 辞
- □ 14 虚弱
- □ 15 売却

類義語

- □ 16 心酔
- □ 17 制約
- □ 18 傾斜
- □ 19 考慮
- □ 20 死角

きょうそう・けいとう
こうにゅう・こうばい
しゃくりょう・せつな・そくばく
ふつぎょう・もうてん・ようち

解答

11 払暁《ふつぎょう》
12 刹那《せつな》 辞
13 幼稚《ようち》
14 強壮《きょうそう》
15 購入《こうにゅう》
16 傾倒《けいとう》 辞
17 束縛《そくばく》
18 勾配《こうばい》
19 酌量《しゃくりょう》 辞
20 盲点《もうてん》

3

対義語

21 硬直
22 応諾
23 凡百
24 圧勝
25 凝固

類義語

26 一般
27 留意 辞
28 中核
29 受胎
30 同輩

きょぜつ・ざんぱい・じゅうなん
すうじく・どうりょう
にんしん・はいりょ・ふへん
ゆいいつ・ゆうかい

解答

21 柔軟《じゅうなん》
22 拒絶《きょぜつ》
23 唯一《ゆいいつ》
24 惨敗《ざんぱい》
25 融解《ゆうかい》
26 普遍《ふへん》 辞
27 配慮《はいりょ》
28 枢軸《すうじく》
29 妊娠《にんしん》
30 同僚《どうりょう》

4

対義語

31 密集
32 無欲
33 挫折
34 覚醒
35 枯渇

類義語

36 丹念
37 頑健
38 歳月
39 沈着
40 危機

かんてつ・きゅうち・きょうそう
こういん・さいみん・たいぜん
ていねい・てんざい
どんよく・ゆうしゅつ

解答

31 点在《てんざい》
32 貪欲《どんよく》
33 貫徹《かんてつ》
34 催眠《さいみん》
35 湧出《ゆうしゅつ》
36 丁寧《ていねい》
37 強壮《きょうそう》
38 光陰《こういん》
39 泰然《たいぜん》 辞
40 窮地《きゅうち》

意味をCheck!

2 壮健…健康で元気なこと。
5 拙宅…自分の家をへりくだっていう言葉。
8 成就…成し遂げること、実現すること。
12 刹那…短い時間。時間の最小単位。

13 老練…経験を重ねて、物事が巧みなこと。
16 傾倒…傾いて倒れること。夢中になること。心から尊敬すること。

19 酌量…もろもろの事情を考慮して、処罰などに手ごころを加えること。
20 盲点…目の構造上見えない点。またうっかり見落とすこと。
26 普遍…すべてのものに当てはまること。全体に行き渡ること。

27 留意…心にとどめて気をつけること。
39 泰然…冷静で物事に動じない様子。

頻出度 B ランク

同音・同訓異字①

目標時間 21分

1回目 /42

2回目 /42

● 次の――線のカタカナを漢字に直せ。

1 闘犬の血を引くので気がアラい。
2 目のアラいやすりを使用する。

3 事故の犠牲者をイタむ。
4 イタむ箇所を医師に見せる。

5 態度の悪い生徒をイッカツする。
6 残金をイッカツで支払う。

7 若手が活躍の場にウえている。
8 公園に桜の木をウえる。

9 法をオカして密入国する。
10 嵐をオカして出航する。

解答
1 荒
2 粗
3 悼
4 痛
5 一喝 辞
6 一括
7 飢
8 植
9 犯
10 冒

11 孫にカイジュウのおもちゃを買う。
12 社長が役員をカイジュウする。

13 長時間走った後は喉がカワく。
14 天気のよい日は洗濯物がカワく。

15 海底にトンネルをホる。
16 金属の表面に模様をホる。

17 早期退職をカンショウする。
18 展覧会の出品作をカンショウする。

19 暗闇でケイコウ塗料が光る。
20 いつも手鏡をケイコウしている。

解答
11 怪獣
12 懐柔 辞
13 渇
14 乾
15 掘
16 彫
17 勧奨 辞
18 鑑賞
19 蛍光 辞
20 携行 辞

☐ 21 入国時にケンエキを受ける。
☐ 22 我が国のケンエキを保護する。

☐ 23 違法車両が警察にケンキョされた。
☐ 24 ケンキョな態度に好感を持つ。

☐ 25 算数でジョウヨの計算を習う。
☐ 26 祖母が孫に財産をジョウヨする。

☐ 27 ベランダにセンタク物を干す。
☐ 28 五つのセンタク肢から解答する。

☐ 29 難事件のソウサに乗り出す。
☐ 30 パソコンのソウサを覚える。

☐ 31 その商品の値段はダトウだ。
☐ 32 敵チームのダトウに燃える。

☐ 33 商品の過剰ホウソウを抑制する。
☐ 34 弁護士としてホウソウ界で働く。

21	検疫 辞
22	権益
23	検挙
24	謙虚 辞
25	剰余 辞
26	譲与 辞
27	洗濯
28	選択
29	捜査
30	操作
31	妥当
32	打倒
33	包装
34	法曹 辞

☐ 35 読書に没頭して夜がフける。
☐ 36 白髪が増えたのはフけた証拠だ。
☐ 37 ふきんで茶碗をフく。

☐ 38 敵地でユウシュウの身となる。
☐ 39 ユウシュウな成績で卒業する。
☐ 40 引退試合でユウシュウの美を飾る。

☐ 41 姉はホウヨウ力の強い人だ。
☐ 42 母が我が子をホウヨウする。

35	更
36	老
37	拭
38	幽囚 辞
39	優秀
40	有終
41	包容
42	抱擁

意味をCheck!

5 一喝…大声で叱りつけること。
12 懐柔…相手をうまく手なずけて、自分の思い通りに従わせること。
17 勧奨…すすめること。そのことをするように励ますこと。
19 蛍光…光を当てると別の光を発する現象。ホタルが発する光。
20 携行…身につけていくこと。
21 検疫…伝染病などの予防のため、検査し、処置を行うこと。

24 謙虚…つつましやかで、素直な態度。
25 剰余…あまり。割り算のあまり。
26 譲与…金品や権利などを、ゆずりあたえること。
34 法曹…裁判官や検察官、弁護士などの法律事務に従事する人。法曹界は法律関係の仕事に携わる職業の業界、またはその職業。
38 幽囚…捕らえられて、閉じ込められること。

頻出度
B
ランク

同音・同訓異字②

目標時間 21分

1回目 /42

2回目 /42

● 次の――線のカタカナを漢字に直せ。

☐ 1 友人の態度に堪忍袋の**オ**が切れる。
☐ 2 山の**オ**根をたどって行く。

☐ 3 物語の**カクシン**が明らかになる。
☐ 4 大学入試の合格を**カクシン**する。

☐ 5 電線の**カセン**を工事している。
☐ 6 雨が降らず**カセン**の水位が低い。

☐ 7 消費者の注意を**カンキ**する。
☐ 8 こまめに部屋の**カンキ**をする。

☐ 9 水泳で**キョウイ**的な記録が出た。
☐ 10 隣国の軍備増強は**キョウイ**だ。

解答
1 緒
2 尾
3 核心
4 確信
5 架線
6 河川
7 喚起 辞
8 換気
9 驚異
10 脅威 辞

☐ 11 友人の**ケイジ**が続いている。
☐ 12 合格者の名前が**ケイジ**された。

☐ 13 **ケイチョウ**用の礼服をそろえる。
☐ 14 物事の**ケイチョウ**を見極める。

☐ 15 国王に黄金を**ケンジョウ**する。
☐ 16 「いただく」は**ケンジョウ**語だ。

☐ 17 趣味で**コト**を習っている。
☐ 18 この道は**コト**に交通量が多い。

☐ 19 本州を車で**ジュウダン**した。
☐ 20 従軍記者が**ジュウダン**に倒れる。

解答
11 慶事 辞
12 掲示
13 慶弔
14 軽重 辞
15 献上
16 謙譲
17 琴
18 殊
19 縦断
20 銃弾

□21 臨時収入を旅行費に**ジュウトウ**する。
□22 **ジュウトウ**法違反で逮捕される。
□23 水分の**シ**める割合が多い。
□24 アルバイトの募集を**シ**め切る。
□25 遭難者が奇跡的に**セイカン**する。
□26 事の成り行きを**セイカン**する。
□27 食後に**セイチョウ**剤を飲む。
□28 山で**セイチョウ**な空気を吸う。
□29 絵本の**ソウサク**活動をしている。
□30 行方不明者の**ソウサク**が続く。
□31 道路の**ソッコウ**の泥を掃除する。
□32 **ソッコウ**して先制点を奪う。
□33 **テンジョウ**から雨漏りしている。
□34 旅行に**テンジョウ**員が同行する。

21 充当 辞
22 銃刀
23 占
24 締
25 生還
26 静観 辞
27 整腸
28 清澄 辞
29 創作
30 捜索
31 側溝 辞
32 速攻
33 天井
34 添乗

□35 今回のみ**トクレイ**の措置を取る。
□36 社長が社員を**トクレイ**する。
□37 夜も更けたので**トコ**につく。
□38 **トコ**しえの眠りについた。
□39 実力が**ハクチュウ**している。
□40 **ハクチュウ**に事件が起きた。
□41 経費の**ルイケイ**額を算出する。
□42 性格を五つの**ルイケイ**に分ける。

35 特例
36 督励 辞
37 床
38 常
39 伯仲 辞
40 白昼
41 累計 辞
42 類型 辞

意味をCheck!

7 喚起…呼びかけて、注意や良心などを呼び起こすこと。
10 脅威…強い力でおびやかすこと。おびやかされ、おどされること。また、それによって感じる恐れ。
11 慶事…祝いごと。結婚や出産などの、おめでたい喜びごと。
14 軽重…価値や程度の大小。重量の軽さ、重さ。
21 充当…目的や用途に人員や金品をあてること。
26 静観…静かに観察すること。物事の本質を見きわめること。
28 清澄…澄みきって、清らかなこと。
31 側溝…道路に沿って作られた排水用の溝。
36 督励…監督して、励ますこと。
39 伯仲…力が似かよっていて優劣がつけがたいこと。兄と弟。
41 累計…部分ごとの小計を順々に加えて合計を出すこと。
42 類型…似ている型。いくつかの物に共通する特徴や性質。

頻出度 B ランク

同音・同訓異字③

目標時間 21分

1回目 /42

2回目 /42

●次の——線のカタカナを漢字に直せ。

1 試合後に選手たちをイロウする。
2 準備にイロウがないようにする。
3 試合に負けカイコンの思いが残る。
4 祖父がカイコンした土地を譲り受ける。
5 落花生のカラをむいて食べる。
6 夕食にカラ揚げを調理する。
7 長さをメートル法にカンサンする。
8 人口減少で街はカンサンとしている。
9 宇宙飛行士が無事にキカンする。
10 消化キカンの働きを学ぶ。

解答

1 慰労 辞
2 遺漏 辞
3 悔恨 辞
4 開墾 辞
5 殻
6 唐
7 換算
8 閑散 辞
9 帰還
10 器官

11 キュウカンが病院に運ばれる。
12 発行部数が伸びすキュウカンとなった。
13 主人公はキュウチを脱した。
14 友人の兄とはキュウチの間柄だ。
15 キュウヨの一策を打ち出す。
16 会社からキュウヨが支払われる。
17 歯並びをキョウセイする。
18 旅行への参加をキョウセイする。
19 その言葉は皆のキンセンに触れた。
20 キンセン的な援助を受ける。

解答

11 急患
12 休刊
13 窮地 辞
14 旧知
15 窮余 辞
16 給与
17 矯正
18 強制
19 琴線 辞
20 金銭

☐ **21** 伸びをして**キンチョウ**をほぐす。

☐ **22** 教授の講演を**キンチョウ**する。

☐ **23** 相手の意図を**ク**むことが大切だ。

☐ **24** 工事現場で足場を**ク**む。

☐ **25** **ケンメイ**に試験勉強をする。

☐ **26** 緊急措置は**ケンメイ**な判断だ。

☐ **27** 古い民謡を**サイフ**する。

☐ **28** **サイフ**の中には小銭しかない。

☐ **29** 優勝**シハイ**を授与される。

☐ **30** 重苦しい沈黙が**シハイ**する。

☐ **31** 血液は体内を**ジュンカン**している。

☐ **32** **ジュンカン**の雑誌を発行する。

☐ **33** 遺跡は数千年の**セイソウ**を経てできた。

☐ **34** 毎朝の**セイソウ**を欠かさず行う。

21 緊張
22 謹聴 辞
23 酌
24 組
25 懸命
26 賢明
27 採譜 辞
28 財布
29 賜杯 辞
30 支配
31 循環
32 旬刊
33 星霜 辞
34 清掃

☐ **35** 休日に車を**センジョウ**する。

☐ **36** 家屋が**センジョウ**に広がっている。

☐ **37** **トウセキ**を離脱し無所属になる。

☐ **38** 人工**トウセキ**治療を受ける。

☐ **39** 古いテレビを**ハイキ**する。

☐ **40** 自動車の**ハイキ**ガス検査を行う。

☐ **41** 古代の**フンキュウ**墓が見つかる。

☐ **42** 議会が**フンキュウ**する。

35 洗浄
36 扇状
37 党籍
38 透析
39 廃棄 辞
40 排気
41 墳丘
42 紛糾 辞

意味をCheck!

1 慰労…苦労をねぎらうこと。
2 遺漏…重要な事が抜け落ちていること。
3 悔恨…過ちをくやむこと。
4 開墾…原野や山林を切り開いて田畑にすること。
8 閑散…ひっそりと静まりかえっていること。
13 窮地…追われて逃げ場のない苦しい立ち場。
15 窮余…追い詰められて困り果てたあげく。苦しまぎれ。
19 琴線…琴に張る糸。心の糸のたとえとしても用いる。

---

22 謹聴…拝聴すること。つつしんで聞くこと。
27 採譜…楽譜のない口承の歌や曲を楽譜に書き取ること。
29 賜杯…天皇や皇族などから競技の勝者に与えられる優勝杯。
33 星霜…長い年月。
39 廃棄…不用として捨てること。
42 紛糾…意見などが対立して物事がもつれること。ごたごた。

頻出度 B ランク

同音・同訓異字④

目標時間 21分

1回目 ／42

2回目 ／42

● 次の――線のカタカナを漢字に直せ。

☐ 1 **ボウエキ**風に乗って帆船が進む。
☐ 2 伝染病の**ボウエキ**に努める。

☐ 3 ケースに**ホウショク**品を並べる。
☐ 4 教師として母校に**ホウショク**する。

☐ 5 交渉は**アンショウ**に乗り上げた。
☐ 6 **アンショウ**番号の入力が必要だ。

☐ 7 海辺に**ウラ**風が吹きつける。
☐ 8 家の**ウラ**手に空き地がある。

☐ 9 夏に祖父の三**カイキ**を迎える。
☐ 10 **カイキ**現象を扱った映画を見た。

解答
1 貿易
2 防疫 辞
3 宝飾
4 奉職 辞
5 暗礁 辞
6 暗証
7 浦
8 裏
9 回忌
10 怪奇

☐ 11 一方的な**カイコ**の通告を受けた。
☐ 12 元首相の**カイコ**録が出版された。

☐ 13 戦後、財閥が**カイタイ**された。
☐ 14 会社の金を**カイタイ**して逃亡した。

☐ 15 街**カド**で移動式の花屋を営む。
☐ 16 笑う**カド**には福来たる。

☐ 17 海辺で貝**ガラ**を見つける。
☐ 18 **ガラ**にもなく謙虚なことを言う。

☐ 19 祖父は毎朝**カンプ**摩擦をしている。
☐ 20 **カンプ**なきまでに論破された。

解答
11 解雇
12 回顧
13 解体
14 拐帯 辞
15 角
16 門
17 殻
18 柄
19 乾布
20 完膚 辞

21 朝から父のキゲンが悪い。
22 締め切りのキゲンが近い。
23 日本語はギセイ語が豊富だ。
24 戦争で多くのギセイを払った。
25 有名人をキャクイン教授に招く。
26 漢詩は必ずキャクインを踏む。
27 キュウメイ胴衣を身につける。
28 代表者の責任をキュウメイする。
29 父はキョウコウな手段に出た。
30 株安からキョウコウが起こる。
31 敵の野営地をキョウシュウする。
32 キョウシュウの思いが強まる。
33 幼いめいのコウケン人を務める。
34 科学の進歩にコウケンする。

21 機嫌
22 期限
23 擬声
24 犠牲
25 客員
26 脚韻 辞
27 救命
28 糾明 辞
29 強硬
30 恐慌
31 強襲
32 郷愁 辞
33 後見
34 貢献

35 ゴシンのために空手を習う。
36 医者が患者の病気をゴシンする。
37 催し物のポスターをスる。
38 猫が柱に体をスりつける。
39 大臣への就任要請をコジする。
40 学歴をコジして嫌われる。
41 敵の城にシカクを差し向ける。
42 シカクになって見えない場所がある。

35 護身
36 誤診
37 刷
38 擦
39 固辞 辞
40 誇示 辞
41 刺客 辞
42 死角

意味をCheck!

2 防疫…感染症の発生や流行を予防すること。
4 奉職…公職につくこと。
5 暗礁…水面下に隠れて見えない岩。「暗礁に乗り上げる」は予想しなかった障害にぶつかり、物事が前に進まなくなること。
14 拐帯…人から預かった金品を持ち逃げすること。
20 完膚…完全な皮膚。傷のない部分。「完膚なきまでに」は無傷の部分がなくなるほど徹底的に、という意味。
26 脚韻…詩歌で、句末や行末を同じ韻にすること。
28 糾明…罪や悪事を問いただし、追及して真相を明らかにすること。
32 郷愁…故郷を離れている人が故郷を懐かしく思う気持ち。
39 固辞…きっぱりと、かたく辞退すること。
40 誇示…ほこらしげに示し、見せること。
41 刺客…暗殺する人。

頻出度
B ランク

誤字訂正①

目標時間 12分

1回目 /23

2回目 /23

● 次の各文にまちがって使われている**同じ読みの漢字**が**一字**ある。**誤字**を**正しい漢字**に直せ。

1 党首の座に就くやかつての同志を次々に縮清し恐怖政治を行った男の生涯を描いた映画をみた。

2 上役の度重なる暴言や横暴な態度に、ついに部下たちの堪忍袋の尾が切れた。

3 市道の陥没が原因である交通事故の被害者が市当局に対し賠傷金を請求する裁判を起こした。

4 難民となって国外に逃れた人々の訴えにより独裁政権の内包する問題が初めて検在化した。

5 近代洋画界の巨将たちの作品展が開催され、連日入場制限が行われるほどの盛況となった。

6 突然の父の病気により学業の継続が困難となったが、彰学金制度を利用して無事卒業した。

7 今年は夫婦そろって通院や入院手術が重なり、確定申告で医療費恒除を申請できそうだ。

8 独立を目指す民衆運動は都市部から地方へと波求し、ついに植民地支配を脱することに成功した。

9 風邪とよく似た傷状が一箇月以上も続き、心配した家族に検査入院を強く勧められた。

10 台風への対策を講じなかった船は、風にあおられると暗床に乗り上げ船底に大穴が開いた。

解答

1 縮・粛
2 尾・緒
3 傷・償
4 検・顕
5 将・匠
6 彰・奨
7 恒・控
8 求・及
9 傷・症
10 床・礁

☐ 11 公共交通機関を整備しなくては高齢者による車の事故は減らないと識者は警彰を鳴らしている。

☐ 12 精密検査の結果ガン細胞の増植が認められ、早急に再手術を受けるため入院の手続きをした。

☐ 13 態度を硬化させた隣国との関係改善を図るため、外交の鍵を握る人物と接嘱する予定である。

☐ 14 人口減少対策や高齢者対策を重視した新年度の予算案が専門委員会の慎理を経て成立した。

☐ 15 多くの発展途上国では自国の経済発展の推進のために外国の企業や工場の誘致に甚力している。

☐ 16 犯人の逃走経路は過去の経験から容易に垂測できたので、道路の封鎖を命じて即刻後を追った。

☐ 17 最高気温が連日三十度を超える克暑の中、熱中症の疑いで病院に搬送される人が増加している。

☐ 18 抽選で選ばれた学校の主将が選手宣誠を行い、春の選抜高等学校野球大会が幕を開けた。

☐ 19 小兵ながら多才な技を繰り出して土俵を沸かせた力士が、今場所を最後に引退することになった。

☐ 20 新市庁舎の建設計画は、住民投票で反対意見が過半数を締めたため中止された。

☐ 21 築年数が古く設備の老朽化が著しいため、外壁や配管などの修善を進めている。

☐ 22 山間部の農山村では過措化が進み、少子高齢化現象と相まって小中学校の統廃合が行われている。

☐ 23 専門病院で受診したところ胸に病層が見つかり、転地療養して健康回復を図ることにした。

11	12	13	14	15	16	17	18	19	20	21	22	23
彰・鐘	植・殖	嘱・触	慎・審	甚・尽	垂・推	克・酷	誠・誓	才・彩	締・占	善・繕	措・疎	層・巣

頻出度

B

ランク

漢字と送りがな①

●次の——線のカタカナを漢字一字と送りがな（ひらがな）に直せ。〈例〉答えをタシカメル。確かめる

目標時間 21分

1回目 ／42

2回目 ／42

1 当初の期待はもろくもクズレル。
2 山ほどの仕事をカカエル。
3 風が木の枝をユスル。
4 浜辺でウクレレをカナデル。
5 予算をケズルのに苦労した。
6 台風で延期モシクハ中止する。
7 勉強をオコタルと後で苦労する。
8 柿が赤くウレルのを待ってもぐ。
9 読みかけの本を机にフセル。
10 今朝の友達はご機嫌ウルワシイ。

解答

1 崩れる
2 抱える
3 揺する
4 奏でる
5 削る
6 若しくは 辞
7 怠る
8 熟れる
9 伏せる
10 麗しい 辞

11 ダム建造に巨額の資金をツイヤス。
12 スズシイ場所に食料を保存する。
13 二人の仲をヘダテル。
14 棒高跳びの日本記録にイドム。
15 昨夜の記憶がサダカでない。
16 寒さで手足がコゴエル。
17 プリンのナメラカナ食感を楽しむ。
18 イヤガル子を歯医者に連れていく。
19 週末ごとに降る雨がウラメシイ。
20 友への冷たい態度をクイル。

解答

11 費やす
12 涼しい
13 隔てる
14 挑む
15 定か 辞
16 凍える
17 滑らかな
18 嫌がる
19 恨めしい
20 悔いる

□21 優しい言葉が心に**シミル**。
□22 お盆に寺で先祖の魂を**トムラウ**。
□23 消費者の心理を巧みに**アヤツル**。
□24 自分の心を**アザムク**のはやめた。
□25 避難時に防災品を**タズサエル**。
□26 重い米袋を肩に**カツグ**。
□27 苦難を**トモナウ**旅が終わった。
□28 カラス対策にごみを網で**オオウ**。
□29 捨てる新聞紙をひもで**シバル**。
□30 映画のエキストラを**ツノル**。
□31 香木の**カンバシイ**香りがする。
□32 誰にでもよく**ナツク**犬だ。
□33 若い兵士が戦地に**オモムク**。
□34 木の葉が**スレル**音がする。

21 染みる
22 弔う (辞)
23 操る
24 欺く (辞)
25 携える (辞)
26 担ぐ
27 伴う
28 覆う
29 縛る
30 募る
31 芳しい (辞)
32 懐く
33 赴く
34 擦れる (辞)

□35 経営陣の**アセリ**が隠せない。
□36 年の離れた妹が姉を**シタウ**。
□37 景気回復の**キザシ**が見える。
□38 試合に負けて自信が**ユラグ**。
□39 犯した**アヤマチ**を反省する。
□40 **オロカナ**行いで身を滅ぼした。
□41 **トボシイ**材料で料理を作る。
□42 悪は必ず**ホロビル**はずだ。

35 焦り
36 慕う (辞)
37 兆し (辞)
38 揺らぐ
39 過ち
40 愚かな
41 乏しい
42 滅びる

意味をCheck!

6 若しくは…どちらか一方を選ぶときに用いる接続詞。あるいは。または。

10 麗しい…気高く美しい。心あたたまるさまだ。機嫌がよく晴れ晴れしている。

15 定か…はっきりしているさま。あきらかなさま。多く打消しの語を伴う。

22 弔う…人の死を悲しみいたむ。おくやみを言う。死者のために葬儀や供養を営む。

24 欺く…巧妙なうそで相手をだます。

25 携える…身につけて持つ。連れて歩く。手を取り合う。

31 芳しい…においがいい。立派だ。

34 擦れる…物と物とがすれ合う。

36 慕う…恋しく思う。なつかしく思う。離れがたく後を追う。目上の人の人格や学識に憧れる。

37 兆し…これから物事が起こりそうな気配。兆候。

頻出度
B
ランク

漢字と送りがな②

目標時間 21分

1回目 /42

2回目 /42

●次の——線のカタカナを漢字一字と送りがな（ひらがな）に直せ。〈例〉答えをタシカメル。 確かめる

☑ 1 天ぷらを上手にアゲル。
☑ 2 十分な食べ物がなくてウエル。
☑ 3 人生の無常をサトル。
☑ 4 アキルまで同じものを食べる。
☑ 5 生活がイチジルシク変化した。
☑ 6 中年を過ぎて体力がオトロエル。
☑ 7 物陰に不気味な生き物がヒソム。
☑ 8 アツカマシイにも程がある。
☑ 9 音楽が気分をヤワラゲル。
☑ 10 雨が降って畑の土がシメル。

解答
1 揚げる
2 飢える
3 悟る 辞
4 飽きる
5 著しく 辞
6 衰える
7 潜む
8 厚かましい
9 和らげる
10 湿る

☑ 11 電車で妊婦に席をユズル。
☑ 12 ナゲカワシイ事実に直面する。
☑ 13 サンマを焼いて部屋がケムル。
☑ 14 夫人が首相のカタワラに立つ。
☑ 15 雪の玉が壁に当たってクダケル。
☑ 16 ニクラシイほど落ち着いている。
☑ 17 社員にきつい仕事をシイル。
☑ 18 運動で汗をかき水をホッスル。
☑ 19 人にはイツクシミの心が必要だ。
☑ 20 目を酷使して眼病をワズラウ。

解答
11 譲る
12 嘆かわしい
13 煙る
14 傍ら 辞
15 砕ける
16 憎らしい
17 強いる
18 欲する
19 慈しみ 辞
20 患う

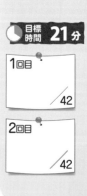

☑21 早すぎる友人の死を**イタム**。
☑22 犯人が刃物で店員を**オドス**。
☑23 生徒**ナラビニ**保護者に注意を促す。
☑24 月の明かりが水面に**ハエル**。
☑25 親と意見の**ヘダタリ**がある。
☑26 **タクミナ**交渉術で説得する。
☑27 泥水で着物の裾が**ヨゴレル**。
☑28 お金を**カセグ**大変さを知った。
☑29 **クヤシイ**思いをばねに努力する。
☑30 子どもの能力を最大限に**ノバス**。
☑31 神社の老木が**クチル**。
☑32 体を**ソラシ**て柔軟体操をする。
☑33 試合で**カガヤカシイ**成績を残す。
☑34 **ツツシンデ**お祝い申し上げます。

21 悼む 辞
22 脅す
23 並びに
24 映える 辞
25 隔たり 辞
26 巧みな
27 汚れる
28 稼ぐ
29 悔しい
30 伸ばす
31 朽ちる 辞
32 反らし
33 輝かしい
34 謹んで 辞

☑35 働き過ぎて健康を**ソコネル**。
☑36 ビニール袋が**サケル**。
☑37 少年の乗った馬が草原を**カケル**。
☑38 **サイワイ**第一志望校に合格した。
☑39 思わぬ大役を**オオセ**つかる。
☑40 顔が**フケル**原因を解明する。
☑41 寺の僧侶が題目を**トナエル**。
☑42 大会に出る友人を**ハゲマス**。

35 損ねる
36 裂ける
37 駆ける
38 幸い
39 仰せ 辞
40 老ける
41 唱える 辞
42 励ます

意味をCheck!

3 悟る…真実をはっきり理解する。隠されているものに気づく。
5 著しい…めざましい。はっきりと目立つ。目下の者などに愛情を注ぐ。
14 傍ら…すぐ近く。そば。端に寄ったところ。
19 慈しむ…かわいがって大切にする。
21 悼む…人の死を悲しみ嘆く。
24 映える…光り輝く。引き立ってあざやかに見える。

25 隔たる…距離があって離れる。年月が過ぎる。
31 朽ちる…腐ってくずれる。ぼろぼろになる。名声や評判が衰える。
34 謹んで…相手に敬意を示して、うやうやしく物事を行うさま。
39 仰せ…ご命令。命令の尊敬語。お言葉。
41 唱える…声に出して言う。大声で言う。人より先に言い出す、主張する。名付けて呼ぶ。

頻出度
B ランク

書き取り①

目標時間 22分

1回目 /44

2回目 /44

●次の――線のカタカナを漢字に直せ。

1 小説のチンプな内容にあきれる。
2 敗戦続きの監督をヨウゴする。
3 フゼイのある庭園を散策する。
4 もうセンタクの余地は無い。
5 ジュウジツした時間を過ごす。
6 買い物にフクロを持参する。
7 警察に容疑者がタイホされた。
8 人口減少によるカソが問題になる。
9 周囲からカクゼツした村に住む。
10 鷹はタクエツした視力を持つ。

解答
1 陳腐
2 擁護
3 風情 辞
4 選択
5 充実
6 袋
7 逮捕
8 過疎
9 隔絶
10 卓越

11 その作戦はキジョウの空論だ。
12 キリスト教にキエする。
13 議会はキンパクした状態が続く。
14 格下に負けてクツジョクを味わう。
15 ホタルは水のきれいな川辺にすむ。
16 兄はケッペキな性格をしている。
17 非現実的なゲンソウを抱く。
18 五世紀頃のコフンを復元する。
19 教科書が机のハシから落ちる。
20 サジキ席から花火を見物する。

解答
11 机上
12 帰依 辞
13 緊迫
14 屈辱
15 蛍
16 潔癖
17 幻想
18 古墳
19 端
20 桟敷 辞

□ **21** **ス**いも甘いも知りつくす。

□ **22** 取引の記録を**チョウボ**につける。

□ **23** 式の後の**シュクエン**に出席する。

□ **24** 相手に**ジョウホ**したら負けだ。

□ **25** ありがたく**チョウダイ**いたします。

□ **26** ついに登頂を成し**ト**げた。

□ **27** 山火事はようやく**チンカ**した。

□ **28** ご尊父はご**ソウケン**で何よりだ。

□ **29** 真相は闇から闇に**ホウム**られた。

□ **30** こまは**ダセイ**で回り続けた。

□ **31** 問題は一時**タナア**げされた。

□ **32** 望み通りの**ホウビ**を与える。

□ **33** **ダンチョウ**の思いで決断する。

□ **34** 悪人は**ジゴク**に落ちるという。

21	22	23	24	25	26	27	28	29	30	31	32	33	34
酸	帳簿	祝宴	譲歩	頂戴	遂	鎮火	壮健	葬	惰性	棚上	褒美	断腸 辞	地獄

□ **35** 町一番の**テイタク**に泥棒が入った。

□ **36** **ドロナワ**式の対策では心配だ。

□ **37** 囲炉裏で**テツビン**に湯を沸かす。

□ **38** 月給制を**ネンポウ**制に改めた。

□ **39** 農具を**ナヤ**にしまった。

□ **40** 人が集まると必ず**ハバツ**ができる。

□ **41** ついに**バキャク**をあらわした。

□ **42** 軽く**エシャク**して通り過ぎた。

□ **43** 家出騒ぎで警察の手を**ワズラ**わす。

□ **44** 芸術のために一生を**ツイ**やした。

35	36	37	38	39	40	41	42	43	44
邸宅	泥縄 辞	鉄瓶	年俸	納屋	派閥	馬脚 辞	会釈	煩	費

意味をCheck!

3 風情…その場から感じられる独特の趣。

12 帰依…神仏や高僧などを信じて、すがること。

20 桟敷…劇場などの一段高い板敷きの見物席。祭りなどの仮設の席。

33 断腸の思い…はらわたがちぎれるほど、非常に悲しくつらいこと。

36 泥縄…「泥棒を捕らえてから縄をなう」の意から、事が起きてから慌てて準備をすること。

41 馬脚をあらわす…隠していたことが明らかになる。

頻出度 B ランク

書き取り②

目標時間 22分

1回目 ／44

2回目 ／44

● 次の──線のカタカナを漢字に直せ。

□ 1 **ヒサメ**が肩に冷たい。
□ 2 大臣のお**スミツ**きを取りつける。
□ 3 車体の擦った部分を**トソウ**した。
□ 4 夫婦で海外旅行を**マンキツ**した。
□ 5 友人を海外旅行に**サソ**った。
□ 6 温泉街に**イオウ**臭が立ちこめる。
□ 7 兄はひときわ**イサイ**を放つ存在だ。
□ 8 万事**イロウ**のないよう手配する。
□ 9 非難の**オウシュウ**に終始した。
□ 10 数隻の**カンテイ**が海上を進む。

解答

1 氷雨 辞
2 墨付 辞
3 塗装
4 満喫
5 誘
6 硫黄
7 異彩 辞
8 遺漏
9 応酬
10 艦艇

□ 11 土地の**ツボ**単価が値上がりする。
□ 12 先生は闘志の**カタマリ**だ。
□ 13 鋭い**ツメ**で獲物を捕らえる。
□ 14 料理を美しい**ウツワ**に盛る。
□ 15 試験合格の**キッポウ**が届く。
□ 16 **ツマサキ**立ちをして窓の外を見る。
□ 17 余勢を**カ**って決勝戦に進む。
□ 18 **シセイ**の人々を描いた映画だ。
□ 19 板に**ケイコウ**塗料を塗る。
□ 20 肉眼でも雪の**ケッショウ**が見えた。

解答

11 坪
12 塊
13 爪
14 器
15 吉報
16 爪先
17 駆
18 市井 辞
19 蛍光
20 結晶

21 祖母から**フジイロ**の着物を譲ってもらう。
22 **ケンキョ**な態度で話を聞く。
23 非常識な行動に**ゲンメツ**した。
24 警察の**ソウサ**は大臣にまで及んだ。
25 賃金の値上げを**コウショウ**する。
26 波の静かな入り**エ**を散策する。
27 **トクシュ**な機能を持つ機械ができた。
28 下絵に彩色を**ホドコ**す。
29 内臓**シッカン**の治療で入院する。
30 通行人に**ナンクセ**をつける。
31 平穏に**シュンジュウ**が過ぎる。
32 **ヨイ**の明星が輝いている。
33 この病気は自覚**ショウジョウ**が無い。
34 数々の料理が**ショクタク**に並ぶ。

21	22	23	24	25	26	27	28	29	30	31	32	33	34
藤色	謙虚	幻滅 辞	捜査	交渉	江	特殊	施	疾患	難癖 辞	春秋	宵 辞	症状	食卓

35 **シンギ**の程を確かめに行く。
36 休日は**モッパ**らアウトドアで過ごす。
37 **シモバシラ**を踏んで学校へ行く。
38 将来については**タイコバン**を押す。
39 年月を経て見事な**タイジュ**に育った。
40 小数点以下の**ハスウ**は切り捨てる。
41 居間の**ダンロ**に薪をくべる。
42 記念の銀貨を**イ**る。
43 野外**チョウコク**展を見に行く。
44 他社の**ツイズイ**を阻止する。

35	36	37	38	39	40	41	42	43	44
真偽	専	霜柱	太鼓判	大樹	端数	暖炉	鋳	彫刻	追随

意味をCheck!

1 氷雨…冷たい雨やみぞれ。
2 お墨付き…権力のある人が与える保証や許可。
7 異彩…ほかよりすぐれた様子。普通とは異なる彩り。
18 市井…人が多く集まって住んでいるところ。まち。ちまた。
23 幻滅…想像とは異なることが明らかになってがっかりすること。
30 難癖…悪いところ。「難癖をつける」は相手のミスを大げさに取り上げて責めること。
32 宵…夜。日が暮れて間もないころ。

頻出度 B ランク

書き取り③

目標時間 22分

1回目 ／44

2回目 ／44

● 次の――線のカタカナを漢字に直せ。

1 今朝のチョウカを刺身にする。
2 社長交代で方針をテンカンする。
3 初孫の誕生に父はごマンエツだ。
4 めきめきトウカクを現した。
5 カマをかけて事実を聞き出す。
6 実業家がヒゴウの最期を遂げた。
7 割ったガラスをベンショウする。
8 ここのカンジョウは全部持つ。
9 忙しくてボンも正月も無い。
10 転んで足首をネンザした。

解答

1 釣果
2 転換
3 満悦
4 頭角 辞
5 鎌
6 非業 辞
7 弁償
8 勘定
9 盆
10 捻挫

11 家にモドるのは遅くなりそうだ。
12 悪天候が事故をユウハツする。
13 ここがウデの見せどころだ。
14 国王にエッケンする機会を得る。
15 オウベイの景気が低迷する。
16 努力を続けることがカンヨウだ。
17 都市キンコウの住宅街に住む。
18 年齢サショウが話題になる。
19 銀行のハタンにより大混乱に陥った。
20 故郷を離れて幾セイソウ経っただろう。

解答

11 戻
12 誘発
13 腕
14 謁見
15 欧米
16 肝要 辞
17 近郊
18 詐称
19 破綻
20 星霜

- 21 映画界にセンプウを巻き起こす。
- 22 大型のセンパクが港に停泊する。
- 23 ソウレツな最期が感動を与えた。
- 24 参加者たちが言葉をカわす。
- 25 会社から海外赴任をダシンされる。
- 26 サケのチギョを川に放流する。
- 27 含有成分をチュウシュツする。
- 28 多くのチョウモン客が訪れた。
- 29 手作りの焼き物をチンレツする。
- 30 暑さ寒さもヒガンまで。
- 31 フウキな身分の人に求婚された。
- 32 健康のため半日ダンジキを行う。
- 33 美しい宝石にミリョウされる。
- 34 イノチガけの大冒険に出る。

21	旋風
22	船舶
23	壮烈 辞
24	交
25	打診
26	稚魚
27	抽出
28	弔問 辞
29	陳列
30	彼岸
31	富貴 辞
32	断食
33	魅了
34	命懸

- 35 エキショウ画面の映りが悪い。
- 36 父の勤める工場は大手のシタウけだ。
- 37 仏像のカイゲン供養を行う。
- 38 安眠妨害はカンベンしてほしい。
- 39 弾丸が獲物をカンツウしていた。
- 40 ピアノで歌のバンソウをする。
- 41 犯罪を犯しケイバツを受ける。
- 42 違法なケイヤクを破棄する。
- 43 日本語教育にタズサわっている。
- 44 早めの謝罪はケンメイな判断だ。

35	液晶
36	下請
37	開眼 辞
38	勘弁
39	貫通
40	伴奏
41	刑罰
42	契約
43	携
44	賢明

意味をCheck!

4 頭角を現す…技量や才能などが人よりも目立ってすぐれる。
6 非業…道理であればそうならない、思いがけないさま。
16 肝要…非常に大切なこと。
23 壮烈…意気盛んで激しいこと。

28 弔問…遺族の元を訪れ、悔やみを述べること。
31 富貴…財産があると同時に地位や身分が高いこと。
37 開眼供養…新しく作った仏像や仏画を供養し、最後に眼を入れて魂を迎え入れること。また、その儀式。

頻出度 B ランク

書き取り④

目標時間 22分

1回目 ／44

2回目 ／44

● 次の――線のカタカナを漢字に直せ。

1 観客が投手にバセイを浴びせる。

2 被告側はコウソする方針だ。

3 ビールは製造過程でコウボを使う。

4 金魚を育てるスイソウを準備する。

5 毎日ビタミン剤をセッシュする。

6 前回負けたセツジョクを果たす。

7 非常事態に緊急のソチを取る。

8 成功が仲間のソウケンにかかる。

9 観光地がスタれてしまった。

10 敵へのゾウオの念が強くなる。

解答

1 罵声
2 控訴
3 酵母
4 水槽
5 摂取
6 雪辱 辞
7 措置
8 双肩
9 廃
10 憎悪

11 昼食は軽くチャヅけで済ませた。

12 新聞紙の束をひもでシバる。

13 前言をテッカイする。

14 猟師がテッポウを担いで山に入る。

15 強風のため船のホをたたむ。

16 ホウヨウして再会を喜ぶ。

17 風船が大きくフクらむ。

18 ランソウに腫瘍が出来る。

19 大学で専門科目をリシュウする。

20 四角いワクの中に印をつける。

解答

11 茶漬
12 縛
13 撤回
14 鉄砲
15 帆
16 抱擁 辞
17 膨
18 卵巣
19 履修 辞
20 枠

読み　部首　熟語の構成　四字熟語　対義語・類義語　同音・同訓異字　誤字訂正　漢字と送りがな　書き取り　模擬テスト

☐ 21 猟犬が獲物を**イカク**する。
☐ 22 選手がチームを**イセキ**する。
☐ 23 切り花を**カビン**に生ける。
☐ 24 父とは時間の**ガイネン**が異なる。
☐ 25 大会参加国の国旗を**ケイヨウ**する。
☐ 26 **ヒヨク**な土地を巡って争う。
☐ 27 冬は夜が**フ**けるのが早い。
☐ 28 突然地方に**サセン**される。
☐ 29 母が**サイホウ**教室を開く。
☐ 30 **サツバツ**とした風景が広がる。
☐ 31 温泉に入って腰痛が**チユ**する。
☐ 32 重大な**シッペイ**があり入院した。
☐ 33 健康的な生活を**ジッセン**する。
☐ 34 プールで水に**モグ**る練習をする。

21 威嚇　22 移籍　23 花瓶　24 概念 辞　25 掲揚　26 肥沃　27 更　28 左遷　29 裁縫　30 殺伐 辞　31 治癒　32 疾病　33 実践　34 潜

☐ 35 葬式の**モシュ**として挨拶する。
☐ 36 **ソアク**な品を売りつける。
☐ 37 自宅で大豆から**トウフ**を作る。
☐ 38 うそが見破られて**ドウヨウ**する。
☐ 39 保護者**ドウハン**でないと入れない。
☐ 40 その手法は**スデ**に広まっている。
☐ 41 友人と**ユカイ**な時間を過ごす。
☐ 42 テレビドラマが**カキョウ**を迎えた。
☐ 43 惨状に**マユ**をひそめる。
☐ 44 輸送中の**キンカイ**が強奪された。

35 喪主　36 粗悪　37 豆腐　38 動揺　39 同伴　40 既　41 愉快　42 佳境 辞　43 眉　44 金塊

意味をCheck!

6 雪辱…過去に試合や勝負などで負けた相手に勝つことによって、恥をそそ（すす）ぐこと。
16 抱擁…親愛の気持ちを持って抱きかかえること。抱きしめて、かわいがること。
19 履修…規定の学科を、科目を修めること。
24 概念…物事のおおまかな意味や内容。
30 殺伐…殺気が感じられる様子。温かみが感じられない様子。
42 佳境…興味を感じさせる場面。景色のよい所。

頻出度 B ランク

書き取り⑤

目標時間 22分

1回目 ／44

2回目 ／44

● 次の――線のカタカナを漢字に直せ。

1 ミケンにしわを寄せる。
2 懇親会で意思のソツウを図る。
3 大学でギリシャテツガクを学ぶ。
4 図書館の本のマタガしは禁止だ。
5 古い時代のヨクンを感じる。
6 友の懸命な説得に決意がユらぐ。
7 祝日に国旗をカカげる。
8 洗濯物はまだシメっていた。
9 味付けがカラくて食べられない。
10 展示会で新商品をヒロウする。

解答

1 眉間
2 疎通
3 哲学
4 又貸
5 余薫 辞
6 揺
7 掲
8 湿
9 辛
10 披露

11 労働に対するホウシュウを支払う。
12 妹は自由ホンポウな性格だ。
13 スズしい部屋で昼寝をする。
14 干しシイタケを水でモドす。
15 絹をサくような悲鳴が聞こえた。
16 担当者が機械をアヤツる。
17 定説をクツガエす証拠がある。
18 全国の国道をモウラした地図だ。
19 日本髪にかんざしをサす。
20 アマグツの中までぬれてしまった。

解答

11 報酬
12 奔放 辞
13 涼
14 戻
15 裂
16 操
17 覆
18 網羅 辞
19 挿
20 雨靴

□ 21 とんだ**サルシバイ**を見せられた。
□ 22 激しい運動で**ヒザ**を痛めた。
□ 23 時々部屋の**カンキ**をする。
□ 24 世話役の**キモ**いりで祝言を挙げた。
□ 25 今日の父はばかにご**キゲン**だ。
□ 26 物価の**キュウトウ**で生活が苦しい。
□ 27 人間らしい生活を**キョウジュ**する。
□ 28 **ケイリュウ**でアユを釣る。
□ 29 卵から**ヒッス**アミノ酸を摂取する。
□ 30 住宅ローン**コウジョ**を受ける
□ 31 赤ちゃんに**ウブユ**を使わせる。
□ 32 三十代で部長に**ショウカク**した。
□ 33 キャンプで**スイハン**を受け持った。
□ 34 試験中に**スイマ**に襲われる。

21 猿芝居 辞
22 膝
23 換気
24 肝
25 機嫌
26 急騰
27 享受
28 渓流 辞
29 必須
30 控除
31 産湯
32 昇格
33 炊飯
34 睡魔

□ 35 高原の**セイチョウ**な空気を吸う。
□ 36 **ビンボウ**暮らしが板についた。
□ 37 **フキン**で食器をふいた。
□ 38 参加人数の**タカ**は問わない。
□ 39 着眼の**タクバツ**さでは群を抜く。
□ 40 社会**チツジョ**に従って生きる。
□ 41 **フウサイ**のいい男性が訪ねてきた。
□ 42 **デイリュウ**が家を押し流した。
□ 43 **ハチク**の勢いで決勝戦まで進んだ。
□ 44 真相はまだ**フ**せておこう。

35 清澄 辞
36 貧乏
37 布巾
38 多寡
39 卓抜
40 秩序
41 風采
42 泥流
43 破竹 辞
44 伏

意味をCheck!

5 余薫…あとに残っている香り。先人の残した恵み。
12 奔放…世間の慣習などにとらわれずに自分の思うままに振る舞うこと。
18 網羅…かかわることすべてを残さずに取り入れること。
21 猿芝居…すぐに見透かされるような浅はかなたくらみ。
28 渓流…川の上流で山間を流れる部分。谷川。
35 清澄…きよらかで、すみきっていること。
43 破竹の勢い…勢いが激しく止められないこと。

頻出度 B ランク

書き取り⑥

目標時間 22分

1回目 ／44

2回目 ／44

●次の——線のカタカナを漢字に直せ。

1 サゲスんだかのような視線を受ける。
2 開いた口がフサがらない。
3 兄はマクラが変わると眠れない性質だ。
4 一流リョウテイで顔合わせする。
5 リョウシを道案内に山越えした。
6 マクラモトに水差しを置く。
7 勤怠不良でカイコされた。
8 事件のカクシンは謎のままだ。
9 道路をヘダてて商店が並ぶ。
10 出場をキケンする選手が続出した。

解答

1 蔑
2 塞
3 枕
4 料亭
5 猟師
6 枕元
7 解雇
8 核心
9 隔
10 棄権

11 油断して敗北をキッした。
12 貧しいキョウグウに負けずに育つ。
13 故人のメイフクを祈る。
14 家庭の暴君である父をケンオする。
15 サイケン回収を弁護士に依頼する。
16 室内にシツド計を置く。
17 誕生日に革のテブクロをもらう。
18 似たようなショウレイを前に見た。
19 父は頑固でユウズウがきかない。
20 医はジンジュツと昔から言われる。

解答

11 喫
12 境遇
13 冥福
14 嫌悪
15 債権
16 湿度
17 手袋
18 症例
19 融通
20 仁術 辞

21 天性の**ソヨウ**をいっそう磨く。

22 **ソウダイ**な宇宙空間が広がる。

23 単身で切り込むとは**ダイタン**な男だ。

24 ついに首位を**ダッカン**した。

25 平和のために悪を**コ**らす。

26 まさに**ハクヒョウ**を踏む思いだった。

27 文明**ハッショウ**の地を訪れる。

28 **バンセツ**を汚す行為はしない。

29 先進国に**ヒケン**するほど発展した。

30 **フメン**台をステージに運ぶ。

31 胃の**ブンピツ**液の味がする。

32 **アラシ**の前の静けさのようだ。

33 被災した人々を**イモン**する。

34 参加者の**ルイケイ**が発表された。

21	22	23	24	25	26	27	28	29	30	31	32	33	34
素養 辞	壮大	大胆	奪還	懲	薄氷	発祥	晩節 辞	比肩	譜面	分泌	嵐	慰問 辞	累計

35 **カダン**のチューリップが咲いた。

36 **ギゾウ**されたパスポートを押収する。

37 **ギ**のある戦いには天が味方する。

38 姉は音楽の才能を**キョウユウ**している。

39 大音響が**コマク**を打った。

40 **コウリョウ**とした風景が続く。

41 **コウバイ**部のパンを昼食に食べる。

42 総理大臣の**シモン**に答える。

43 面接は**ズイジ**受け付けている。

44 **ロウニャク**の隔たり無く交流する。

35	36	37	38	39	40	41	42	43	44
花壇	偽造	義	享有 辞	鼓膜	荒涼 辞	購買	諮問	随時	老若

意味をCheck!

20 医は仁術…医療行為は単なる技術ではなく、人を思いやる心で行うものである。

21 素養…日常で身につけた技能やたしなみのこと。

28 晩節…人生の終わりのころ。晩年の節操。

33 慰問…不幸な境遇にいる人や、病気・災害などで苦しんでいる人を見舞って慰めること。

38 享有…権利などを、人が生まれながらに持っていること。

40 荒涼…あれはてて寂しい様子。

頻出度
B
ランク

書き取り⑦

目標時間 22分

1回目 ／44

2回目 ／44

●次の――線のカタカナを漢字に直せ。

1 話がワキミチにそれる。
2 チュウザイ所に若い巡査が赴任した。
3 他国にラチされた邦人を取り戻す。
4 マッチャ味の菓子が好評だ。
5 アイマイな返事をする。
6 電車がカセン事故で停止した。
7 固体のユウカイ点を調べる。
8 アイビョウが今や子ども代わりだ。
9 親友の裏切りは今でもゲせない。
10 過去をクいても始まらない。

解答
1 脇道
2 駐在
3 拉致
4 抹茶
5 曖昧
6 架線
7 融解
8 愛猫
9 解 辞
10 悔

11 コウシ戸をくぐり抜ける。
12 サイゲツ人を待たずと言う。
13 優勝力士にシハイを授与する。
14 温暖化対策にショウテンを絞る。
15 ガロウで気に入った絵を購入する。
16 人口減少は経済のチンタイを招いた。
17 夏はカイキンシャツで過ごす。
18 道路が白くカワいている。
19 カンダイな処置が取られた。
20 密輸品をボッシュウする。

解答
11 格子
12 歳月
13 賜杯
14 焦点
15 画廊
16 沈滞 辞
17 開襟
18 乾
19 寛大
20 没収

☐ **21** **ホンポウ**は四方を海に囲まれている。
☐ **22** **レイサイ**企業が不況の波に洗われた。
☐ **23** 生肉を**シオヅ**けにして保存する。
☐ **24** 本日の**ガイサン**売上は百万円だ。
☐ **25** 主人公が**キュウチ**に立たされる。
☐ **26** 道徳の荒廃に**ケイショウ**を鳴らす。
☐ **27** 野球部の**コモン**を務める。
☐ **28** 運動をして体力を**ショウモウ**した。
☐ **29** 山頂からの**チョウボウ**は絶景だ。
☐ **30** 兄は父譲りの**ガンコ**者だ。
☐ **31** ついに**イカ**りを抑え切れなくなった。
☐ **32** 兄は**ドウサツ**力に優れている。
☐ **33** 二者の**キンミツ**な関係が発覚した。
☐ **34** 無駄遣いを**コウカイ**する。

21	22	23	24	25	26	27	28	29	30	31	32	33	34
本邦 辞	零細	塩漬	概算	窮地 辞	警鐘 辞	顧問	消耗	眺望	頑固	怒	洞察 辞	緊密	後悔

☐ **35** 山頂付近は**レイカ**十度を下回る。
☐ **36** ドアの角で足の**コウ**をぶつけた。
☐ **37** 複雑**カイキ**な事件が起こった。
☐ **38** 店舗を二倍に**カクジュウ**する。
☐ **39** 斜面を**カツラク**した人を救助する。
☐ **40** 遺跡が**グウゼン**発見された。
☐ **41** 会のプログラムが**ケイジ**される。
☐ **42** **コウショウ**な趣味を持っている。
☐ **43** 弟の**シリ**ぬぐいをするのは嫌だ。
☐ **44** 観測中の星が**ショウメツ**した。

35	36	37	38	39	40	41	42	43	44
零下	甲	怪奇	拡充	滑落 辞	偶然	掲示	高尚 辞	尻	消滅

意味をCheck!

9 解せる…理解できる。
16 沈滞…活気がなく停滞していること。一か所にとどまって動かないこと。
21 本邦…この国。我が国。
25 窮地…追われて逃げ場のない苦しい立ち場。
26 警鐘…注意や警戒を促すために鳴らす鐘。

32 洞察…物事を観察して本質を見通すこと。
39 滑落…登山のときに足を踏みはずすなどして急斜面を滑り落ちること。
42 高尚…学問や品性などの程度が高く上品なこと。

頻出度 B ランク

書き取り⑧

目標時間 22分

1回目 ／44

2回目 ／44

●次の――線のカタカナを漢字に直せ。

1 幕末の長州セイバツについて学ぶ。
2 竹のフシを切り落とす。
3 長女は亡き妻にコクジしている。
4 転倒して腕をダボクした。
5 電車内にカサを置き忘れた。
6 同盟国との条約をヒジュンした。
7 外科手術でビョウソウを取り除く。
8 マイゾウ金を目当てに穴を掘る。
9 恋人の心変わりをジャスイする。
10 原稿にシュを入れる。

解答
1 征伐
2 節 辞
3 酷似
4 打撲
5 傘
6 批准 辞
7 病巣
8 埋蔵
9 邪推
10 朱

11 カグラに合わせて奉納の舞を舞う。
12 唾液にはコウソが含まれている。
13 自らのザイゴウの重さを知る。
14 師のクントウを受け継ぐ。
15 不動産のチュウカイ業を営む。
16 ショウコりもなく罪を重ねる。
17 新体操の華麗な技にミせられる。
18 風邪をひいてオカンがする。
19 兵士たちがイッセイに矢を放つ。
20 大会冒頭に選手センセイを行う。

解答
11 神楽
12 酵素
13 罪業 辞
14 薫陶 辞
15 仲介
16 性懲
17 魅
18 悪寒
19 一斉
20 宣誓

21 交差点の信号が**テンメツ**する。
22 **アサ**のひもでバッグを編む。
23 寒さで枝のスズメが**コゴ**える。
24 連敗中の相手に**イッシ**を報いる。
25 **カ**け時計が三時を告げる。
26 蚕の幼虫が**クワ**の葉を食べる。
27 藩の重臣の間で**ナイフン**が起こる。
28 **クオン**の時を経てよみがえる。
29 **グウハツ**的な事故が起こった。
30 雪の夜は**セキ**として声なし。
31 会社員は世を**シノ**ぶ仮の姿だ。
32 **ネコ**のかわいさに癒される。
33 **ハ**えある賞を受賞し誇りに思う。
34 二人の実力は**ハクチュウ**している。

21 点滅
22 麻
23 凍
24 一矢 辞
25 掛
26 桑
27 内紛
28 久遠
29 偶発
30 寂 辞
31 忍
32 猫
33 栄
34 伯仲

35 辺り一面真っ白な雪で**オオ**われた。
36 祖父に**イゴ**の手ほどきを受けた。
37 **イ**の中の蛙《かわず》大海を知らず。
38 契約書類に**オウイン**する。
39 何の**ヘンテツ**もない一日だった。
40 メロンの**カジュウ**を冷やして飲む。
41 忍術の極意を**エトク**する。
42 連戦連勝の**カイキョ**を遂げた。
43 犯人は**マ**が差したと供述した。
44 研究のため細菌を**バイヨウ**する。

35 覆
36 囲碁
37 井 辞
38 押印
39 変哲
40 果汁
41 会得
42 快挙
43 魔
44 培養

意味をCheck!

2 節…茎にある区切り。
6 批准…国際的なルールに基づいた条約を、国家機関が確認し同意する行為。
13 罪業…罪となる悪い行い。
14 薫陶…優れた徳の力や品格で人を感化し、教育すること。
24 一矢報いる…敵からの攻撃に対し、体勢は変えられないまでもわずかでも反撃すること。
30 寂として声なし…しんとして静かで声一つ聞こえてこない様子。
37 井の中の蛙《かわず》…狭い範囲にとらわれて、さらに広い世界があることを知らないたとえ。

頻出度 B ランク

書き取り⑨

目標時間 22分

1回目 ／44

2回目 ／44

●次の――線のカタカナを漢字に直せ。

1 この薬草はゲドク作用がある。
2 三十分ごとにキュウケイを取る。
3 敵方をカイジュウするのは難しい。
4 二十歳未満の飲酒はゴハットだ。
5 短い夏の間に高山植物がサき誇る。
6 貴重な史料のサンイツを防ぐ。
7 皇太子をキヒン室に案内する。
8 琵琶湖は日本最大のコショウだ。
9 募集はジャッカン名にとどめる。
10 恩師をシュヒンとして迎える。

解答

1 解毒
2 休憩
3 懐柔
4 御法度
5 咲
6 散逸 辞
7 貴賓
8 湖沼
9 若干
10 主賓

11 難病をコクフクして健康を取り戻す。
12 翌日に備えて早くネる。
13 白血病のため十代の若さでユく。
14 ソウゼツな戦いを繰り広げる。
15 交番に警官がジョウチュウしている。
16 母の入院に付きソう。
17 短刀のハを首筋に当てる。
18 急いで飛行機にトウジョウする。
19 首脳ジンの会議が始まった。
20 キュウリョウ地で茶を栽培する。

解答

11 克服
12 寝
13 逝
14 壮絶
15 常駐
16 添
17 刃
18 搭乗
19 陣
20 丘陵

□ 21 要求を**ハナヅラ**に突き付ける。
□ 22 あの老人は金の**モウジャ**だ。
□ 23 **マンゲキョウ**を飽きずにのぞく。
□ 24 **ユウタイルイ**はオーストラリアに多い。
□ 25 手紙の**アテサキ**が読みにくい。
□ 26 **ヤミヨ**に花火が栄える。
□ 27 会社の**イアン**旅行で温泉に行く。
□ 28 台所から**イシュウ**が漂う。
□ 29 実力を**イカン**なく発揮した。
□ 30 先方の提案を**イッシュウ**した。
□ 31 まるで**オンネン**が宿っているようだ。
□ 32 雪**ケムリ**をあげて斜面を滑降する。
□ 33 母の声には**ツヤ**がある。
□ 34 **ハラツヅミ**を打つほど食べる。

21	22	23	24	25	26	27	28	29	30	31	32	33	34
鼻面	亡者 辞	万華鏡	有袋類	宛先	闇夜	慰安	異臭	遺憾	一蹴 辞	怨念	煙	艶	腹鼓

□ 35 **オウヒ**は宮殿から手を振った。
□ 36 植民地を**ヘンカン**する。
□ 37 こんな名作は**カブン**にして知らない。
□ 38 **カカン**に戦いを挑む。
□ 39 **カブキ**の世界を梨園という。
□ 40 古代の**カイヅカ**が発見される。
□ 41 地元にはいくつかの**カマモト**がある。
□ 42 **カキ**の皮をむく。
□ 43 爆音で意識が**カクセイ**した。
□ 44 海底トンネルを**ホ**る。

35	36	37	38	39	40	41	42	43	44
王妃	返還	寡聞 辞	果敢 辞	歌舞伎	貝塚	窯元	柿	覚醒	掘

意味をCheck!

6 散逸…まとまっていた書物などがばらばらになり、所在がわからなくなること。

22 亡者…死者。金銭や色欲などにとりつかれている人。

30 一蹴…けとばすこと。まったく問題にせずにはねつけること。簡単に相手を負かすこと。

37 寡聞…見識にとぼしい様子。「寡聞にして知らない」は聞いたことがない、の意味。「自分は無知である」という謙遜の意味を込めた言い方。

38 果敢…強い決意を持って物事に臨むさま。

頻出度 B ランク

書き取り⑩

目標時間 22分

1回目 /44

2回目 /44

● 次の――線のカタカナを漢字に直せ。

1 「閣下」や「先生」もケイショウだ。
2 城下町の景観保存にコウケンする。
3 同じカマの飯を食べた友人に会う。
4 徹夜が続いてハダが荒れる。
5 費用は臨時収入でジュウトウした。
6 サワらぬ神にたたりなし。
7 カンチガいによる誤りを訂正する。
8 雨が上がるとニジが架かっていた。
9 大海原をカンタイが航行する。
10 ハナムコは兄の同級生だ。

解答

1 敬称
2 貢献
3 釜
4 肌
5 充当 辞
6 触
7 勘違
8 虹
9 艦隊
10 花婿

11 フンキュウした境界争いを解決する。
12 ヘイコウ感覚を養う。
13 三人でキョウボウして犯行に及んだ。
14 アミダナに荷物を載せる。
15 江戸時代のニシキエを鑑賞する。
16 利益は消費者にカンゲンされた。
17 鶏肉をクシに刺す。
18 鋭い目つきでケイジと知れた。
19 小組織の長をたとえてケイコウと言う。
20 コウキン処理したまな板を使う。

解答

11 紛糾
12 平衡
13 共謀
14 網棚
15 錦絵 辞
16 還元
17 串
18 刑事
19 鶏口 辞
20 抗菌

☐ **21** 試合では**シンパン**の指示に従う。
☐ **22** 林が**ツ**きて農道に出た。
☐ **23** 新年に神社に**モウ**でる。
☐ **24** 今年のチームは**ケタ**違いに強い。
☐ **25** 生活用品が**ケツボウ**している。
☐ **26** **チョウハツ**的な発言に乗せられる。
☐ **27** 士気が高まり**コブシ**を突き上げる。
☐ **28** 冬の朝、白い息を**ハ**く。
☐ **29** **ケンジュウ**の所持は禁止だ。
☐ **30** 校舎再建のため**ケンキン**する。
☐ **31** **カギアナ**から中をのぞいて見る。
☐ **32** **ガンタン**には初詣に行く。
☐ **33** 極度の疲労による**ゲンカク**症状だ。
☐ **34** **インシツ**ないじめ問題が発覚した。

21	22	23	24	25	26	27	28	29	30	31	32	33	34
審判	尽	詣	桁	欠乏	挑発	拳	吐	拳銃	献金	鍵穴	元旦	幻覚	陰湿

☐ **35** **コウバイ**の急な階段に注意する。
☐ **36** 役員を母校の**ガクバツ**が独占する。
☐ **37** 見物人が遠**マ**きにしている。
☐ **38** **ノドモト**過ぎれば熱さを忘れる。
☐ **39** 学校を出て家業を**ツ**ぐ。
☐ **40** 二人とも優秀で**コウオツ**つけがたい。
☐ **41** 事件の**コンセキ**は何もなかった。
☐ **42** **ウラヤ**ましいほど二人は仲が良い。
☐ **43** 図書の返却を**トクソク**する。
☐ **44** **スナアラシ**で前が見えなくなる。

35	36	37	38	39	40	41	42	43	44
勾配	学閥 辞	巻	喉元	継	甲乙	痕跡	羨	督促 辞	砂嵐

意味をCheck!

5 充当…目的や用途に人員や金品をあてること。

15 錦絵…版元、絵師、彫師、摺師の分業によって完成する木版、多色刷りの浮世絵。

19 鶏口…ニワトリの口。小さな団体の長のたとえ。「鶏口となるも牛後となるなかれ」は、大きな組織の末端にいるよりは、小さな団体で長になるほうがよい、という意味。

36 学閥…同じ学校の出身者または同じ所属学派の人で構成される集団。

43 督促…決めたことを実際に行うようにうながすこと。

頻出度 B ランク

書き取り⑪

目標時間 22分

1回目 ／44

2回目 ／44

●次の——線のカタカナを漢字に直せ。

1 **ザセツ**を経験して成長した。
2 **ハチミツ**は栄養価の高い食品だ。
3 人間万事**サイオウ**が馬
4 提案は満場一致で**サイタク**された。
5 最後にもう一度念を**オ**す。
6 切り**カブ**に腰を下ろす。
7 難民の子を**キガ**から救う。
8 **サイハイ**の良し悪しで勝負が決まる。
9 **サイチ**な色使いに感動する。
10 **ゴウカ**な食事会に招待される。

解答
1 挫折
2 蜂蜜
3 塞翁 辞
4 採択
5 押
6 株
7 飢餓
8 采配 辞
9 細緻
10 豪華

11 クラスの雰囲気を**サッシン**したい。
12 **ザッキン**が付着しないよう注意する。
13 **ザンシン**なアイデアを思いつく。
14 **チョウメイ**な湖に紅葉が映える。
15 建物の**ザンガイ**が無残に散らばっている。
16 このいたずらは誰の**シワザ**だ。
17 **シロウト**の作とは思えぬ出来栄えだ。
18 弱い気持ちの自分を**シカ**る。
19 いたずら小僧を**コ**らしめる。
20 入院して**テンテキ**を受ける。

解答
11 刷新
12 雑菌
13 斬新 辞
14 澄明 辞
15 残骸
16 仕業
17 素人
18 叱
19 懲
20 点滴

□21 肉をコオらせて保存する。
□22 ライバルをシリメに一位でゴールした。
□23 トウゲイ教室で皿を作る。
□24 紙ネンドを使って人形を作る。
□25 財布を落としフンシツ届を出す。
□26 和やかなフンイキの人だ。
□27 鍋の中の豆がニえる。
□28 室内はシャコウされ暗かった。
□29 ミワク的な女性へと成長する。
□30 胃のシュヨウを切除する。
□31 沈黙は金、ユウベンは銀。
□32 ヨジョウ人員を活用する。
□33 世界各地をルロウする。
□34 平常心のままで入試にノゾむ。

21 凍
22 尻目
23 陶芸
24 粘土
25 紛失
26 雰囲気
27 煮
28 遮光
29 魅惑
30 腫瘍
31 雄弁
32 余剰
33 流浪
34 臨

□35 自分の運命をノロう。
□36 カンヨウな措置に感謝した。
□37 ジュモンのような歌が聞こえる。
□38 色づいた落ち葉をヒロう。
□39 庭にシブガキがなっている。
□40 シュツランの誉れをほしいままにする。
□41 恥のウワヌりと揶揄される。
□42 ぬれた髪をフく。
□43 人もウラヤむお似合いのカップルだ。
□44 シリゴみせずに挑戦する。

35 呪
36 寛容
37 呪文
38 拾
39 渋柿
40 出藍 辞
41 上塗
42 拭
43 羨
44 尻込

意味をCheck!

3 塞翁…国境のとりでの近くに住む老人の意。「塞翁が馬」は人生の幸、不幸は人間の予想通りにはいかない、という意味。

8 采配…昔、戦場で大将が兵士を指揮するために振った道具。指揮。

13 斬新…発想などが新しく、独創的であること。

14 澄明…空気や水などが澄みきっていること。

40 出藍の誉れ…弟子が師よりもすぐれた才能を表すこと。藍から作る青色の染料が、材料の藍よりも青くなることから。

頻出度 B ランク

書き取り⑫

目標時間 22分

1回目 ／44

2回目 ／44

● 次の――線のカタカナを漢字に直せ。

1 他人の**シリウマ**に乗るとは卑劣だ。

2 **ショウガイ**をかけて技を極める。

3 税の徴収が**トドコオ**っている。

4 臣下の**チュウゲン**に耳を傾ける。

5 新しい家を**フシン**する。

6 高齢の恩師が**ナ**くなった。

7 湖の氷が**サ**ける音がする。

8 度重なる遅刻を**シッセキ**する。

9 インタビューの後半は**カツアイ**した。

10 軽率な言動を**ツツシ**む。

解答

1 尻馬
2 生涯
3 滞
4 忠言
5 普請
6 亡
7 裂
8 叱責
9 割愛 辞
10 慎

11 常に**シンシ**な態度で接する。

12 **シンラツ**な言葉が胸に突き刺さる。

13 五月の**クンプウ**が若葉を揺らす。

14 **ヒトハダ**のぬくもりが恋しい。

15 **ジンゾウ**に結石ができた。

16 数々の**シュラバ**をくぐり抜ける。

17 海外で**ジゼン**活動に取り組む。

18 夏期講習で学力を**ノ**ばす。

19 滞りなく任務を**スイコウ**する。

20 物故者を名簿から**マッショウ**する。

解答

11 真摯
12 辛辣
13 薫風 辞
14 人肌
15 腎臓
16 修羅場 辞
17 慈善
18 伸
19 遂行
20 抹消 辞

21 記憶が**サダ**かではない。
22 **スソ**の広がったドレスをまとう。
23 **セイサン**な事件現場が報道された。
24 夏を**セイ**する者が受験に勝つ。
25 祖母には多くの**イツワ**が残っている。
26 父は**ソトヅラ**がいいだけの男だ。
27 **セキツイ**は背骨を構成している。
28 女王の話を直接**ハイチョウ**する。
29 **シャクドウ**色に日焼けをした。
30 **ロウバシン**ながら言わせてもらう。
31 **アヤ**しい人物が捕まった。
32 恐怖で背筋に**センリツ**が走った。
33 観光で**クジラ**の遊泳を見学する。
34 この部屋は**シャオン**性が高い。

21	22	23	24	25	26	27	28	29	30	31	32	33	34
定	裾	凄惨	制	逸話 辞	外面	脊椎	拝聴	赤銅 辞	老婆心	怪	戦慄	鯨	遮音

35 中世史に関する本を**アラワ**す。
36 次の問題について**シンギ**します。
37 労働者が**タイグウ**の改善を求める。
38 新聞社に**トクメイ**の投書が届く。
39 早春に梅の**ホウコウ**が漂う。
40 親の遺産を**ロウヒ**するばかりだ。
41 ワインの**セン**を抜く。
42 その行動は正気の**サタ**とは思えない。
43 赤ちゃんが**ウブゴエ**をあげる。
44 巨万の富を得て**センボウ**を集める。

35	36	37	38	39	40	41	42	43	44
著 辞	審議	待遇	匿名	芳香	浪費	栓	沙汰	産声	羨望 辞

意味をCheck!

9 **割愛**…残念に思いながら、捨てたり省略したりすること。
13 **薫風**…初夏のころ、新緑の間を吹いてくるさわやかな風。
16 **修羅場**…争いが激しく行われる場所。
20 **抹消**…記載事項を消去すること。塗りつぶして消すこと。

25 **逸話**…ある人物について知られていない話。
29 **赤銅**…銅に金と銀を加えた銅合金。赤銅色は暗い赤茶色。
35 **著す**…書物を書いて世に残すこと。
44 **羨望**…うらやましく思うこと。

頻出度
C
ランク

読み①

●次の――線の**漢字の読み**を**ひらがな**で答えよ。

- 1 いつしか兄弟と疎遠になった。
- 2 社長は百戦錬磨のつわものだ。
- 3 迷い犬を捜して歩く。
- 4 惰弱な性向を鍛え直す。
- 5 友の死に謹んで弔意を表す。
- 6 どの子も覇気が乏しくて困る。
- 7 家事を手伝ってお駄賃をもらう。
- 8 氷のうを当てて解熱に努める。
- 9 将棋の駒を並べる。
- 10 相手を愚弄するような笑みを浮かべた。

解答

1 そえん
2 れんま
3 さが
4 だじゃく
5 ちょうい
6 はき
7 だちん
8 げねつ
9 こま
10 ぐろう 辞

- 11 自分で理想的な培養土を作る。
- 12 祖父の腎臓の手術に付き添う。
- 13 部員の不祥事で出場辞退した。
- 14 多くの人が福音を待つ。
- 15 退職を決めた部下に翻意を促す。
- 16 被征服民族との融合を図る。
- 17 旅行には履き慣れた靴で行く。
- 18 野菜や肉を串にさす。
- 19 ようやく寒さが和らいだ。
- 20 引っ越しの挨拶を済ませる。

解答

11 ばいよう
12 じんぞう
13 ふしょうじ
14 ふくいん
15 ほんい
16 ゆうごう
17 は
18 くし
19 やわ
20 あいさつ

目標時間 22分

1回目 /44

2回目 /44

21 犯人は悪辣な人物だった。
22 合格祈願で神社に詣でる。
23 ひきょうな人間は軽蔑される。
24 事故機の残骸を運び出す。
25 数字の桁を見間違える。
26 この器は野趣があふれている。
27 家族だけでそっと弔った。
28 友人に宛てて手紙を書く。
29 所詮は短い命だ。
30 小学生としては桁外れの体格だ。
31 暗闇で物音に驚く。
32 公務員は公僕と呼ばれる。
33 畏敬の念で大河を眺める。
34 師走になると気ぜわしい。

21 あくらつ
22 もう
23 けいべつ
24 ざんがい
25 けた
26 やしゅ 辞
27 とむら
28 あ
29 しょせん
30 けたはず
31 くらやみ
32 こうぼく 辞
33 いけい 辞
34 しわす

35 水槽の熱帯魚にえさをやる。
36 失敗続きで気持ちが萎える。
37 咽頭部に違和感を感じる。
38 両家は姻戚関係にあった。
39 右舷に港の明かりが見える。
40 息も凍るような寒さだ。
41 事件は怨恨によるものだった。
42 桃の節句に内裏びなを飾る。
43 士気が高まり拳を突き上げる。
44 駄文と卑下することはない。

35 すいそう
36 な
37 いんとう 辞
38 いんせき
39 うげん 辞
40 こお
41 えんこん 辞
42 だいり 辞
43 こぶし
44 だぶん

意味をCheck!

10 愚弄…侮りなぶること。ばかにすること。

26 野趣…自然なままの素朴な味わいのこと。ワイルドな感じ。

32 公僕…公衆に奉仕する人、公務員。

33 畏敬…偉大な人をおそれうやまうこと。

37 咽頭…鼻腔および食道の間の袋状の管。

39 右舷…船尾から船首に向かって右側のふなばた。

41 怨恨…うらむこと、うらむ心。

42 内裏…天皇の住まい（御所）のこと。天皇を指すこともある。

頻出度 C ランク

読み②

目標時間 22分

1回目 /44

2回目 /44

● 次の――線の**漢字の読み**を**ひらがな**で答えよ。

□ **1** 会議は非難の応酬に終始した。
□ **2** 古代の拳法を披露する。
□ **3** 犯人の表情には怨念が宿っていた。
□ **4** 趣味は古い邦楽の曲を集めることだ。
□ **5** 不安な面持ちで一夜を過ごす。
□ **6** 鍵穴から中をのぞく。
□ **7** 夏は涼感のある調度に変える。
□ **8** 艶やかな髪を結わえる。
□ **9** 事件について臆説が流れる。
□ **10** 悲壮な覚悟で出陣した。

解答

1 おうしゅう
2 けんぽう
3 おんねん
4 ほうがく
5 おもも
6 かぎあな
7 りょうかん
8 つや
9 おくせつ 辞
10 ひそう

□ **11** 端的に言うと以下のようになる。
□ **12** 古い時代の鍵盤楽器に触れる。
□ **13** 工場は早朝から稼動している。
□ **14** 虎の子の貯金をはたいて買う。
□ **15** 社長の後釜を狙う。
□ **16** 晩酌は二合までと決めている。
□ **17** 俺は男性の第一人称だ。
□ **18** 政財界癒着の病弊を絶つ。
□ **19** 友人から久しく音沙汰がない。
□ **20** 巧みな語呂合わせで笑わせる。

解答

11 たんてき
12 けんばん
13 かどう
14 とら
15 あとがま
16 ばんしゃく
17 おれ
18 びょうへい
19 おとさた
20 ごろ

21 公共放送に偏向は禁物だ。
22 松の盆栽を手入れする。
23 鋭い牙で敵を威嚇する。
24 この銘柄のお茶が好みだ。
25 辞書を引いて語彙を増やす。
26 巾着に貴重品を入れる。
27 弟子の前で醜態をさらす。
28 新聞は大衆迎合に堕した。
29 蓋然性はゼロとは言えない。
30 年末は煩忙を極める。
31 柿の実が色づいている。
32 大自然の力を畏れる。
33 潜在能力を覚醒させる。
34 葛は秋の七草のひとつだ。

21 へんこう
22 ぼんさい
23 きば
24 めいがら
25 ごい
26 きんちゃく
27 しゅうたい 辞
28 だ
29 がいぜん 辞
30 はんぼう
31 かき
32 おそ
33 かくせい
34 くず

35 君とは一つ釜の飯を食った仲だ。
36 襟を正して処理にあたる。
37 眼前に荒漠たる台地が広がる。
38 話し過ぎて喉が痛む。
39 足がもつれて尻餅をつく。
40 巧緻な伝統工芸品が展示された。
41 事故の影響は広汎な範囲に及んだ。
42 外壁に蛇腹の装飾を付ける。
43 瓦が落ちるほどの揺れだった。
44 頃合いを見計らって中座する。

35 かま
36 えり
37 こうばく 辞
38 のど
39 しりもち
40 こうち 辞
41 こうはん 辞
42 じゃばら 辞
43 かわら
44 ころあ

意味をCheck!

9 **臆説**…根拠のない推測による意見。
27 **醜態**…恥ずかしくなるほど見苦しい状態。
29 **蓋然**…ある程度確実であること。
37 **荒漠**…荒れ果てて寂しい状態のこと。

40 **巧緻**…精巧でたくみ、細部までよくできていること。
41 **広汎**…広く行き渡るさま。範囲が広いさま。
42 **蛇腹**…ヘビの腹のような伸縮する形状や模様のこと。また、組み立て式カメラなどの伸縮自在な部分のこと。

頻出度 C ランク

読み③

目標時間 22分

1回目 /44

2回目 /44

● 次の――線の**漢字の読みをひらがな**で答えよ。

1 指にナイフで切った痕がある。

2 雪道の運転で難渋した。

3 野生動物が暮らしていた痕跡がある。

4 色鉛筆と絵具を併用する。

5 乾麺は保存がきく。

6 一升瓶を売り場に並べる。

7 四肢を伸ばして体をほぐす。

8 子守歌を歌って寝かせる。

9 砂嵐で前が見えなくなる。

10 打撲で腕が腫れる。

解答

1 あと
2 なんじゅう 辞
3 こんせき
4 へいよう
5 かんめん
6 いっしょう
7 しし
8 こもり
9 すなあらし
10 は

11 あまりの忙しさで手が塞がる。

12 過去の呪縛から解放される。

13 臆病風に吹かれて逃げ出す。

14 二人の関係を勘繰る。

15 相手に完璧を求めてはいけない。

16 ボールを勢いよく蹴る。

17 防犯のため敷地を鉄の柵で囲う。

18 道楽三昧の生活を送る。

19 神社に三日三晩参籠する。

20 評論家が世相を斬る。

解答

11 ふさ
12 じゅばく
13 おくびょう
14 かんぐ
15 かんぺき
16 け
17 さく
18 ざんまい
19 さんろう 辞
20 き

21 川辺で亀が甲羅干ししている。
22 冷たい水で渇きをいやす。
23 斬新なデザインのバッグを買う。
24 武装勢力は街に牙城を築いた。
25 経営陣に亀裂が生じた。
26 飢餓に苦しむ人々を救う。
27 動物を擬人化した劇を上演する。
28 朝の魚河岸が活気づく。
29 好悪の感情が人一倍強い。
30 力士が豪快に四股を踏む。
31 虫の死骸を片付ける。
32 動機は身勝手な私怨によるものだった。
33 自嘲的な笑いを浮かべる。
34 偉大な人物に畏怖の念を抱く。

21 かめ
22 かわ
23 ざんしん 辞
24 がじょう
25 きれつ
26 きが
27 ぎじん
28 うおがし 辞
29 こうお
30 しこ
31 しがい
32 しえん 辞
33 じちょう
34 いふ

35 凶作で人々は飢えに苦しんだ。
36 自分勝手な行動を叱る。
37 不可解な失踪事件が起こる。
38 上司の尻ぬぐいをさせられる。
39 桟道を踏みしめて荷を運ぶ。
40 運動不足と疾患の関係を調べる。
41 祖父の車椅子を押す。
42 父は法曹界きっての実力者だ。
43 突然、視界が遮蔽された。
44 友人は小さな劇団を主宰している。

35 う
36 しか
37 しっそう
38 しり
39 さんどう
40 しっかん
41 くるまいす
42 ほうそうかい
43 しゃへい 辞
44 しゅさい 辞

意味をCheck!

2 **難渋**…何らかの支障により物事が思い通りに進まないこと。
19 **参籠**…一定期間神社などにこもって祈願すること。
23 **斬新**…発想などが独特で、ひときわ新しいこと。
28 **魚河岸**…魚市場のある河岸の意だが、一般に魚市場のことをいう。
32 **私怨**…個人的なうらみ。
43 **遮蔽**…覆いをかけるなどして、人目や光からさえぎること。
44 **主宰**…上に立って全体をまとめること。

頻出度 C ランク

読み ④

● 次の——線の**漢字の読みをひらがな**で答えよ。

目標時間 22分

1回目 ／44

2回目 ／44

1 急変した患者の脈を診る。
2 出発前に壮行会を開く。
3 欧米の歌詞は韻を踏むことが多い。
4 映画がすばらしく思わず感泣した。
5 地震を疑似体験する装置がある。
6 養護教諭にけがの治療をしてもらう。
7 お気に入りの急須で茶をいれる。
8 子どもの将来を愁える。
9 号泣して目を腫らす。
10 それは自分勝手な臆断だ。

解答

1 み
2 そうこう
3 いん 辞
4 かんきゅう
5 ぎじ
6 きょうゆ
7 きゅうす
8 うれ
9 は
10 おくだん

11 人を呪う気持ちを戒める。
12 監督が優れた采配を振る。
13 最後に塩を入れて味を調える。
14 東大寺は天皇の勅願により創建された。
15 母の手術の成功に愁眉を開く。
16 地球の将来を危惧する。
17 目ざわりな敵を蹴散らす。
18 財政が窮乏している。
19 人生の哀歓を描いた物語。
20 弟子が優勝し、まさに出藍の誉れだ。

解答

11 のろ
12 さいはい
13 ととの
14 ちょくがん
15 しゅうび
16 きぐ
17 けち
18 きゅうぼう 辞
19 あいかん
20 しゅつらん

- 21 図鑑で恐竜の生態を調べる。
- 22 決勝戦で僅差で敗れる。
- 23 鍋の蓋を開ける。
- 24 在野研究者として名をはせる。
- 25 眼光紙背に徹す。
- 26 事故の犠牲者に花を手向けた。
- 27 荒廃した街を再生させる。
- 28 処方箋をもらって薬局へ行く。
- 29 葉書に宛先を丁寧に書く。
- 30 役者の錦絵は飛ぶように売れた。
- 31 負債のほとんどを償還した。
- 32 禁錮八年の実刑判決が出た。
- 33 居酒屋で焼酎を注文する。
- 34 象牙の輸出は規制されている。

21 きょうりゅう
22 きんさ
23 ふた
24 ざいや
25 しはい 辞
26 たむ
27 こうはい 辞
28 しょほうせん
29 あてさき
30 にしきえ
31 しょうかん 辞
32 きんこ
33 しょうちゅう
34 ぞうげ

- 35 人形浄瑠璃を見物する。
- 36 清潔なタオルで手を拭く。
- 37 辛うじて試合に勝利する。
- 38 ライバルの才能に嫉妬する。
- 39 叱責の言葉を喉元で抑える。
- 40 克己心の強い性格だ。
- 41 ご清祥のこととお喜び申し上げます。
- 42 シャープペンシルに芯を入れる。
- 43 結婚相手の親戚に挨拶をする。
- 44 この拳銃は模造品だ。

35 じょうるり
36 ふ
37 かろ
38 しっと
39 のどもと
40 こっきしん 辞
41 せいしょう
42 しん
43 しんせき
44 けんじゅう

意味をCheck!

3 韻…詩文などで同一もしくは類似の音をもつ言葉を一定の位置に並べること。

18 窮乏…金銭や物が不足して苦しむこと。

25 紙背…紙の裏側のこと。また、「眼光紙背に徹す」は文章には示されていないが、その裏にある隠された意味を読みとること。

27 荒廃…土地や建物が荒れ果てること。すさむこと。

31 償還…借金や、期限が来た債券などの債務を返すこと。

40 克己心…自分の欲望を抑える心。邪念に打ち勝つ心。

頻出度 C ランク

部首①

目標時間 28分

1回目 /56

2回目 /56

●次の漢字の**部首**を答えよ。

〈例〉花〔艹〕 関〔門〕

1 涯
2 兵
3 遮
4 顎
5 窒
6 邸
7 須
8 虚
9 翻
10 痢
11 循
12 剛

解答

1 氵（さんずい）
2 八（は）
3 辶（しんにょう しんにゅう）
4 頁（おおがい）
5 穴（あなかんむり）
6 阝（おおざと）
7 頁（おおがい）
8 虍（とらがしら とらかんむり）
9 羽（はね）
10 疒（やまいだれ）
11 彳（ぎょうにんべん）
12 刂（りっとう）

13 漸
14 駄
15 痴
16 衛
17 鬼
18 丈
19 堕
20 疫
21 釜
22 懸
23 髄
24 朕

解答

13 氵（さんずい）
14 馬（うまへん）
15 疒（やまいだれ）
16 行（ぎょうがまえ ゆきがまえ）
17 鬼（おに）
18 一（いち）
19 土（つち）
20 疒（やまいだれ）
21 金（かね）
22 心（こころ）
23 骨（ほねへん）
24 月（つきへん）

□25 憾
□26 顕
□27 至
□28 塾
□29 翼
□30 掌
□31 屯
□32 興

□33 畜
□34 乗
□35 整
□36 曹
□37 粛
□38 穀
□39 貧
□40 企

25 忄（りっしんべん）
26 頁（おおがい）
27 至（いたる）
28 土（つち）
29 羽（はね）
30 手（て）
31 屮（てつ）
32 臼（うす）
33 田（た）
34 ノ（のはらいぼう）
35 攵（のぶん ぼくづくり）
36 曰（ひらび いわく）
37 聿（ふでづくり）
38 禾（のぎへん）
39 貝（かい こがい）
40 人（ひとやね）

□41 存
□42 奇
□43 項
□44 票
□45 寡
□46 赤
□47 募
□48 生

□49 歴
□50 漆
□51 趣
□52 礁
□53 舟
□54 醸
□55 殿
□56 賠

41 子（こ）
42 大（だい）
43 頁（おおがい）
44 示（しめす）
45 宀（うかんむり）
46 赤（あか）
47 力（ちから）
48 生（うまれる）
49 止（とめる）
50 氵（さんずい）
51 走（そうにょう）
52 石（いしへん）
53 舟（ふね）
54 酉（とりへん）
55 殳（るまた ほこづくり）
56 貝（かいへん）

頻出度 C ランク

熟語の構成①

目標時間 18分

1回目 /36

2回目 /36

● **熟語の構成**のしかたには次のようなものがある。

ア 同じような意味の漢字を重ねたもの（**岩石**）
イ 反対または対応の意味を表す字を重ねたもの（**高低**）
ウ 上の字が下の字を修飾しているもの（**洋画**）
エ 下の字が上の字の目的語・補語になっているもの（**着席**）
オ 上の字が下の字の意味を打ち消しているもの（**非常**）

次の熟語は右の**ア～オ**のどれにあたるか、**一つ**選び、**記号**で答えよ。

1 勧奨
2 宣誓
3 虜囚
4 喪失
5 漸進
6 打撲

解答と解説

1 **ア**（かんしょう）どちらも「すすめる」意。
2 **エ**（せんせい）宣（のべる）⬆誓いの言葉を
3 **ア**（りょしゅう）どちらも「とらわれた人」の意。
4 **ア**（そうしつ）どちらも「うしなう」意。
5 **ウ**（ぜんしん）漸（次第に）⬇進む
6 **ア**（だぼく）どちらも「うつ」意。

7 勅使
8 妄信
9 偏在
10 還暦
11 廃業
12 未婚

解答と解説

7 **ウ**（ちょくし）勅（天皇の命令を受けた）⬇使者
8 **ウ**（もうしん）妄（みだりに）⬇信じる
9 **ウ**（へんざい）偏って⬇存在する
10 **エ**（かんれき）還（一回りすること）⬆暦（干支）が
11 **エ**（はいぎょう）廃（やめる）⬆業（商いや職業）を
12 **オ**（みこん）未（いま）だ結婚せず

13 繊細
14 不粋
15 愉悦
16 安泰
17 儒教
18 頻出
19 逸品
20 懐疑

13 ア（せんさい）どちらも「ほそく、こまやか」な意。
14 オ（ぶすい）粋（いき）でない
15 ア（ゆえつ）どちらも「よろこび楽しむ」意。
16 ア（あんたい）どちらも「やすらか」の意。
17 ウ（じゅきょう）儒学の↓教え
18 ウ（ひんしゅつ）頻繁に↓出る
19 ウ（いっぴん）逸（すぐれた）↓品
20 エ（かいぎ）懐に持つ（いだく）↑疑いを

21 撤去
22 逸話
23 殺菌
24 盗塁
25 吉凶
26 未然
27 棋譜
28 研磨

21 ア（てっきょ）どちらも「取り去る」意。
22 ウ（いつわ）逸（世間に知られていない）↓話
23 エ（さっきん）殺す↑菌を
24 エ（とうるい）盗む↑塁を
25 イ（きっきょう）吉↕凶
26 オ（みぜん）未（いま）だ然（その状態）ではない
27 ウ（きふ）将棋などの↓譜（対局手順の記録）
28 ア（けんま）どちらも「みがく」意。

29 懸念
30 閑職
31 糾弾
32 頓首
33 疲弊
34 不昧
35 払拭
36 陥没

29 エ（けねん）懸かる↑念（気）に
30 ウ（かんしょく）閑（しずかな）↓職務
31 ア（きゅうだん）どちらも「問いただして非難すること」の意。
32 エ（とんしゅ）頓（ぬかずく）↑首を
33 ア（ひへい）どちらも「つかれた」意。
34 オ（ふまい）味（道理にくらく）ないこと
35 ア（ふっしょく）どちらも「きれいに取り除く」意。
36 ア（かんぼつ）どちらも「落ち込む」意。

頻出度 C ランク

熟語の構成②

目標時間 18分

1回目 /36

2回目 /36

● **熟語の構成**のしかたには次のようなものがある。

ア 同じような意味の漢字を重ねたもの（**岩石**）

イ 反対または対応の意味を表す字を重ねたもの（**高低**）

ウ 上の字が下の字を修飾しているもの（**洋画**）

エ 下の字が上の字の目的語・補語になっているもの（**着席**）

オ 上の字が下の字の意味を打ち消しているもの（**非常**）

次の熟語は右の**ア〜オ**のどれにあたるか、**一つ**選び、**記号**で答えよ。

1 頻繁

2 捜索

3 未熟

4 憂患

5 曖昧

6 嗅覚

解答と解説

1 ア（ひんぱん）どちらも「しばしば」の意。

2 ア（そうさく）どちらも「さがす」意。

3 オ（みじゅく）未（いま）だ熟さず

4 ア（ゆうかん）どちらも「うれえる」意。

5 ア（あいまい）どちらも「はっきりしない」意。

6 ウ（きゅうかく）嗅（においをかぐ）➡感覚

7 捻出

8 明瞭

9 余裕

10 咽喉

11 叱正

12 汎論

解答と解説

7 ウ（ねんしゅつ）捻（ひねって）➡出す

8 ア（めいりょう）どちらも「あきらかな」意。

9 ア（よゆう）どちらも「ゆとりがある」意。

10 ア（いんこう）どちらも「のど」の意。

11 ウ（しっせい）叱って➡正す

12 ウ（はんろん）汎（広く通じる）➡論

□ 13 全潰
□ 14 普遍
□ 15 妖術
□ 16 沃土
□ 17 営巣
□ 18 覚醒
□ 19 呪術
□ 20 狙撃

13 ウ（ぜんかい）
全て↓潰（ついえる）

14 ア（ふへん）
どちらも「広く、隅々まで」の意。

15 ウ（ようじゅつ）
妖（あやしげな）↓術

16 ウ（よくど）
沃（地味の肥えた）↓土地

17 エ（えいそう）
営（作る）↑巣を

18 ア（かくせい）
どちらも「さめる」意。

19 ウ（じゅじゅつ）
呪（まじない）の↓術

20 ウ（そげき）
狙って↓撃つ

□ 21 戴冠
□ 22 要塞
□ 23 陳述
□ 24 楽譜
□ 25 毀損
□ 26 畏怖
□ 27 間隙
□ 28 血痕

21 エ（たいかん）
戴（頭上にいただく）↑冠を

22 ウ（ようさい）
要所の↓塞（とりで）

23 ア（ちんじゅつ）
どちらも「のべる」意。

24 ウ（がくふ）
音楽の↓譜（音を符合で記したもの）

25 ア（きそん）
どちらも「そこなう」意。

26 ア（いふ）
どちらも「おそれる」意。

27 ア（かんげき）
どちらも「すきま」の意。

28 ウ（けっこん）
血の↓痕（あと）

□ 29 失踪
□ 30 象牙
□ 31 配膳
□ 32 眉間
□ 33 披露
□ 34 沃野
□ 35 賄賂
□ 36 頻発

29 エ（しっそう）
失（なくす）↑踪（足跡、行方）を

30 ウ（ぞうげ）
象の↓牙（きば）

31 エ（はいぜん）
配る↑膳を

32 ウ（みけん）
眉と眉の↓間

33 ア（ひろう）
どちらも「皆の前にあらわす」意。

34 ウ（よくや）
沃（地味の肥えた）↓平野

35 ア（わいろ）
どちらも「まいない、袖の下」の意。

36 ウ（ひんぱつ）
頻繁に↓発生する

頻出度

C

ランク

四字熟語①

目標時間 15分

1回目 /30

2回目 /30

● 次の**四字熟語**について、**問1**～**問4**に答えよ。

問1 次の**四字熟語**の（1～10）に入る適切な語を下の□の中から選び、**漢字二字**で答えよ。

☑**ア** 医食（**1**）

☑**イ** 中途（**2**）

☑**ウ** 一朝（**3**）

☑**エ**（**4**）一徹

☑**オ**（**5**）徹底

☑**カ**（**6**）弱行

☑**キ**（**7**）北馬

☑**ク**（**8**）放語

☑**ケ**（**9**）不敵

☑**コ** 付和（**10**）

いっせき　がんこ　たいご　だいたん　どうげん　なんせん　はくし　はんぱ　まんげん　らいどう

解答

1 医《い》食《しょく》同《どう》源《げん》 辞

2 中《ちゅう》途《と》半《はん》端《ぱ》 辞

3 一《いっ》朝《ちょう》一《いっ》夕《せき》 辞

4 頑《がん》固《こ》一《いっ》徹《てつ》 辞

5 大《たい》悟《ご》徹《てっ》底《てい》 辞

6 薄《はく》志《し》弱《じゃっ》行《こう》 辞

7 南《なん》船《せん》北《ほく》馬《ば》 辞

8 漫《まん》言《げん》放《ほう》語《ご》 辞

9 大《だい》胆《たん》不《ふ》敵《てき》 辞

10 付《ふ》和《わ》雷《らい》同《どう》 辞

問3 次の**四字熟語**の（16～25）に入る適切な語を下の□の中から選び、**漢字二字**で答えよ。

☑**サ** 一日（**16**）

☑**シ**（**17**）音曲

☑**ス** 栄枯（**18**）

☑**セ**（**19**）皆伝

☑**ソ** 空中（**20**）

☑**タ** 容姿（**21**）

☑**チ** 襲名（**22**）

☑**ツ** 極楽（**23**）

☑**テ** 朝三（**24**）

☑**ト** 奇奇（**25**）

かいかい　かぶ　じょうど　せいすい　せんしゅう　たんれい　ひろう　ぼし　めんきょ　ろうかく

解答

16 一《いち》日《じつ》千《せん》秋《しゅう》 辞

17 歌《か》舞《ぶ》音《おん》曲《ぎょく》 辞

18 栄《えい》枯《こ》盛《せい》衰《すい》 辞

19 免《めん》許《きょ》皆《かい》伝《でん》 辞

20 空《くう》中《ちゅう》楼《ろう》閣《かく》 辞

21 容《よう》姿《し》端《たん》麗《れい》 辞

22 襲《しゅう》名《めい》披《ひ》露《ろう》 辞

23 極《ごく》楽《らく》浄《じょう》土《ど》 辞

24 朝《ちょう》三《さん》暮《ぼ》四《し》 辞

25 奇《き》奇《き》怪《かい》怪《かい》 辞

問2 次の11〜15の**意味**にあてはまるものを**問1**の**ア〜コの四字熟語**から**一つ**選び、**記号**で答えよ。

☐ **11** 口から出まかせ。勝手に言い散らすこと。

☐ **12** ごくわずかな期間。

☐ **13** やりはじめたことが完了していないこと。

☐ **14** 忙しく動き回ること。

☐ **15** 自分の考えや態度をけっして曲げないこと。

11	12	13	14	15
ク	ウ	イ	キ	エ

問4 次の26〜30の**意味**にあてはまるものを**問3**の**サ〜トの四字熟語**から**一つ**選び、**記号**で答えよ。

☐ **26** 人の世のはかなさ。

☐ **27** 結果が同じであることに気づかないこと。

☐ **28** 根拠のない空想的な事柄。

☐ **29** 待ち遠しい気持ち。

☐ **30** 非常にあやしく不思議なこと。

26	27	28	29	30
ス	テ	ソ	サ	ト

意味をCheck!

1 医食同源…病気の治療も日々の食事も、健康維持に欠くことができないもので、源は同じだという東洋医学の考え。

2 中途半端…やりはじめたことが完了していないこと。

3 一朝一夕…ひと朝とひと晩の意から、非常にわずかな期間、短い時間のたとえ。

4 頑固一徹…自分の考えや態度をけっして曲げないこと。

5 大悟徹底…すべての煩悩を捨てて悟りきること。

6 薄志弱行…意志が弱く、実行力に欠けること。

7 南船北馬…忙しく全国を旅行すること。あちこちと忙しく動きまわること。

8 漫言放語…口からでまかせに、言いたい放題に言い散らすこと。「放語漫言」ともいう。

9 大胆不敵…度胸があり、何事をも恐れないこと。

10 付和雷同…自分の信念や考えがなく、他人の言動にすぐ同調すること。

16 一日千秋…一日が千年にも思えるほど待ちどおしい気持ち。「一日」は「いちにち」とも読む。もとは「一日三秋」で、これを強調した表現。

17 歌舞音曲…歌や踊り、楽器演奏など、華やかな芸能・芸術活動のこと。

18 栄枯盛衰…栄えることと衰えること。栄えたり衰えたりする人の世のはかなさをいう。

19 免許皆伝…武術や技芸などの奥義を、師匠が弟子に伝えること。

20 空中楼閣…もとは蜃《しん》気楼を指し、空中に築いた立派な建物の意。転じて、根拠のない物事や現実性のないことのたとえ。

21 容姿端麗…姿形が整っていて美しいこと。

22 襲名披露…先代や親の名前を継いだことを発表すること。

23 極楽浄土…仏教で阿弥陀《あみだ》仏がいるとされる、非常に清らかで苦しみのない安楽の世界。

24 朝三暮四…目先の違いにとらわれて、結局は同じ結果になることに気づかないこと。言葉たくみに人をだますこと。

25 奇奇怪怪…常識では理解できないような不思議なこと。「怪怪奇奇」ともいう。

頻出度 C ランク

四字熟語②

●次の**四字熟語**について、**問1**～**問4**に答えよ。

問1 次の**四字熟語**の(1～10)に入る適切な語を下の□の中から選び、**漢字二字**で答えよ。

- ア (1) 名分
- イ 二者 (2)
- ウ (3) 堂堂
- エ (4) 引水
- オ (5) 満満
- カ (6) 無事
- キ 一所 (7)
- ク 試行 (8)
- ケ (9) 不滅
- コ (10) 無量

いふう　がでん　かんがい　けんめい　さくご　たいぎ　たくいつ　とうし　へいおん　れいこん

解答

1 大義名分《たいぎめいぶん》 辞
2 二者択一《にしゃたくいつ》 辞
3 威風堂堂《いふうどうどう》 辞
4 我田引水《がでんいんすい》 辞
5 闘志満満《とうしまんまん》 辞
6 平穏無事《へいおんぶじ》 辞
7 一所懸命《いっしょけんめい》 辞
8 試行錯誤《しこうさくご》 辞
9 霊魂不滅《れいこんふめつ》 辞
10 感慨無量《かんがいむりょう》 辞

問3 次の**四字熟語**の(16～25)に入る適切な語を下の□の中から選び、**漢字二字**で答えよ。

- サ 金科 (16)
- シ (17) 水明
- ス (18) 一体
- セ 一喜 (19)
- ソ (20) 喝采
- タ (21) 棒大
- チ 同工 (22)
- ツ 責任 (23)
- テ (24) 定離
- ト 意気 (25)

いちゆう　いきょく　えしゃ　ぎょくじょう　さんし　さんみ　しんしょう　そそう　てんか　はくしゅ

解答

16 金科玉条《きんかぎょくじょう》 辞
17 山紫水明《さんしすいめい》 辞
18 三位一体《さんみいったい》 辞
19 一喜一憂《いっきいちゆう》 辞
20 拍手喝采《はくしゅかっさい》 辞
21 針小棒大《しんしょうぼうだい》 辞
22 同工異曲《どうこういきょく》 辞
23 責任転嫁《せきにんてんか》 辞
24 会者定離《えしゃじょうり》 辞
25 意気阻喪《いきそそう》 辞

目標時間 15分

1回目 /30

2回目 /30

問2 次の11〜15の**意味**にあてはまるものを**問1**の**ア〜コの四字熟語**から**一つ**選び、**記号**で答えよ。

☐ **11** 二つの物事のうち、一方を選ぶこと。

☐ **12** ある行動をするときの理由づけや道理。

☐ **13** 態度などに威厳があり立派なこと。

☐ **14** 人間の魂は不滅であるという考え。

☐ **15** 自分の都合のよいように物事を運ぶこと。

11	12	13	14	15
イ	ア	ウ	ケ	エ

問4 次の26〜30の**意味**にあてはまるものを**問3**の**サ〜トの四字熟語**から**一つ**選び、**記号**で答えよ。

☐ **26** 出会った人とは必ず別れること。

☐ **27** 大げさに誇張して言うこと。

☐ **28** 守るべき大切な決まりや法律。

☐ **29** 意気込みが弱くなること。

☐ **30** 自分の取るべき責任を他の人に押し付ける。

26	27	28	29	30
テ	タ	サ	ト	ツ

意味をCheck!

1 大義名分…ある行動をするときの理由づけや道理。

2 二者択一…二つのうち、一方を選ぶこと。

3 威風堂堂…態度などに威厳があり、立派なこと。

4 我田引水…自分の田にだけ水を引き入れる意から、自分に都合がよいように言ったり行動したりすること。「我が田へ水を引く」ともいう。

5 闘志満満…戦おうとする意欲が満ちあふれているさま。

6 平穏無事…とくに変わったこともなく、穏やかなさま。

7 一所懸命…命がけで事にあたること。

8 試行錯誤…試みと失敗を繰り返しながら解決策や適切な方法を見つけていくこと。

9 霊魂不滅…肉体が死んでも、人間の魂は永遠に不滅であるという考え。

10 感慨無量…しみじみとした気持ちになること。

16 金科玉条…「金」「玉」は尊く大切なもの、「科」「条」は法律、決まりのこと。自らのよりどころとなる、守るべき大切な法律や決まり。

17 山紫水明…自然の風景が清らかで美しいこと。

18 三位一体…キリスト教で、父である神と、神の子であるイエス・キリストと、聖霊は、一つの神が三つの姿になって現れたものであるという考え方。転じて、三つのものが結びつくこと。

19 一喜一憂…少しの変化によって喜んだり悲しんだりすること。

20 拍手喝采…手をたたきながら、大声でほめたたえること。

21 針小棒大…針ほどの小さなものを棒のように大きく言う意から、物事を大げさに誇張して言うこと。

22 同工異曲…音楽や詩文などで、技量は同じでも味わいはそれぞれ異なること。転じて、外見は異なるが、内容は似たり寄ったりであることをいう。

23 責任転嫁…本来自分が果たすべき任務や責務を他の人になすりつけること。

24 会者定離…出会った人とは必ず別れる運命にあること。この世は無常であることのたとえ。

25 意気阻喪…意気込みや勢いが弱くなること。

頻出度
C
ランク

四字熟語③

目標時間 15分

1回目 /30

2回目 /30

● 次の四字熟語について、問1～問4に答えよ。

問1 次の四字熟語の（1～10）に入る適切な語を下の□の中から選び、**漢字二字**で答えよ。

- ☐ ア 旧態（ 1 ）
- ☐ イ（ 2 ）止水
- ☐ ウ（ 3 ）冬扇
- ☐ エ（ 4 ）腹背
- ☐ オ 落花（ 5 ）
- ☐ カ（ 6 ）添花
- ☐ キ 金城（ 7 ）
- ☐ ク 徒手（ 8 ）
- ☐ ケ 吉凶（ 9 ）
- ☐ コ（ 10 ）分別

いぜん　かふく　かろ　きんじょう　くうけん　しりょ　てっぺき　めいきょう　めんじゅう　りゅうすい

解答

1 旧態依然《きゅうたいいぜん》 辞
2 明鏡止水《めいきょうしすい》 辞
3 夏炉冬扇《かろとうせん》 辞
4 面従腹背《めんじゅうふくはい》 辞
5 落花流水《らっかりゅうすい》 辞
6 錦上添花《きんじょうてんか》 辞
7 金城鉄壁《きんじょうてっぺき》 辞
8 徒手空拳《としゅくうけん》 辞
9 吉凶禍福《きっきょうかふく》 辞
10 思慮分別《しりょふんべつ》 辞

問3 次の四字熟語の（16～25）に入る適切な語を下の□の中から選び、**漢字二字**で答えよ。

- ☐ サ（ 16 ）奇抜
- ☐ シ 子子（ 17 ）
- ☐ ス（ 18 ）積玉
- ☐ セ（ 19 ）瓦解
- ☐ ソ（ 20 ）以徳
- ☐ タ 雄心（ 21 ）
- ☐ チ 苛政（ 22 ）
- ☐ ツ（ 23 ）変化
- ☐ テ（ 24 ）不遜
- ☐ ト（ 25 ）恋雲

ごうがん　ざんしん　そんそん　たいきん　どほう　ほうえん　ぼつぼつ　もうこ　ようかい　ろうちょう

解答

16 斬新奇抜《ざんしんきばつ》 辞
17 子子孫孫《ししそんそん》 辞
18 堆金積玉《たいきんせきぎょく》 辞
19 土崩瓦解《どほうがかい》 辞
20 報怨以徳《ほうえんいとく》 辞
21 雄心勃勃《ゆうしんぼつぼつ》 辞
22 苛政猛虎《かせいもうこ》 辞
23 妖怪変化《ようかいへんげ》 辞
24 傲岸不遜《ごうがんふそん》 辞
25 籠鳥恋雲《ろうちょうれんうん》 辞

問2 次の11～15の**意味**にあてはまるものを**問1**の**ア～コの四字熟語**から**一つ**選び、**記号**で答えよ。

☐ **11** 落ち着いた心の様子。

☐ **12** 注意深く考えて判断すること。

☐ **13** 守りが固いことのたとえ。

☐ **14** 良い事が重なることのたとえ。

☐ **15** 昔のままで進歩がないこと。

11	12	13	14	15
イ	コ	キ	カ	ア

問4 次の26～30の**意味**にあてはまるものを**問3**の**サ～トの四字熟語**から**一つ**選び、**記号**で答えよ。

☐ **26** 莫大な富を集めること。

☐ **27** 勇気があふれ出てくること。

☐ **28** 自由を求めること。

☐ **29** おごりたかぶっていばっていること。

☐ **30** 例がないほど新しいさま。

26	27	28	29	30
ス	タ	ト	テ	サ

意味をCheck!

1 旧態依然…昔のままで、進歩、発展がまったくないさま。「旧態」は昔からの状態のこと。「依然」はもとのままであること。

2 明鏡止水…邪念がなく、落ち着いた心の様子。「名鏡」は曇りのない鏡、「止水」は静かにたたえている水のこと。

3 夏炉冬扇…夏の火鉢と冬の扇の意から、時期はずれの無駄なもののたとえ。

4 面従腹背…表面上は服従するふりをしながら、内心では反抗していること。

5 落花流水…散る花が水に流れる意から、去りゆく春を表した語。転じて人が落ちぶれること、また、男女が慕いあうことのたとえ。

6 錦上添花…良い出来事が重なることのたとえ。美しくて良い物の上に、さらに美しくて良い物を加えること。

7 金城鉄壁…金や鉄でできた堅固な城壁の意から、非常に堅固で、つけこむすきがないことのたとえ。

8 徒手空拳…手に何も持っていないこと。何かを始める際に、身ひとつで何も頼るものがないこと。

9 吉凶禍福…良いこと（吉事）と悪いこと（凶事）。

10 思慮分別…注意深く考え、判断すること。多くのことをわきまえた人の考え方の意でも用いられる。

16 斬新奇抜…物事の発想が独特で、これまでに例をみないほど新しいさま。

17 子子孫孫…末代まで。代々。子孫の続く限りの意。

18 堆金積玉…巨万の富を集めること。財宝を積み上げるという意味から。

19 土崩瓦解…物事が根底から崩れて、修復できない状態になること。

20 報怨以徳…自分の敵や怨みを持っている人にも、徳と愛情をもって接すること。

21 雄心勃勃…雄々しい勇気があふれ出してくること。

22 苛政猛虎…過酷な政治は、人食い虎よりも恐ろしいということ。

23 妖怪変化…怪しく不思議な現象を起こす化け物。

24 傲岸不遜…おごりたかぶって、人を見下した態度をとること。

25 籠鳥恋雲…とらえられているものが自由を求めること。籠の中の鳥が空を恋しがることから。

頻出度
C
ランク

対義語・類義語①

目標時間 20分

1回目 ／40

2回目 ／40

●次の**対義語**、**類義語**を**1**～**4**それぞれ後の□の中から選び、**漢字**で答えよ。□の中の語は一度だけ使うこと。

1

対義語

☐ 1 拒絶

☐ 2 素人

☐ 3 新鋭

☐ 4 献上

☐ 5 沈降

類義語

☐ 6 攻略

☐ 7 勘案 辞

☐ 8 基地

☐ 9 干渉

☐ 10 非情

おうだく・かいにゅう・かし
きょてん・くろうと・こうりょ
こごう・だっしゅ
りゅうき・れいこく

解答

1 応諾《おうだく》
2 玄人《くろうと》 辞
3 古豪《こごう》
4 下賜《かし》 辞
5 隆起《りゅうき》
6 奪取《だっしゅ》
7 考慮《こうりょ》
8 拠点《きょてん》
9 介入《かいにゅう》 辞
10 冷酷《れいこく》

2

対義語

☐ 11 喪失

☐ 12 妥結

☐ 13 芳香

☐ 14 拡散

☐ 15 提出

類義語

☐ 16 虚構 辞

☐ 17 専念

☐ 18 道徳

☐ 19 回顧

☐ 20 将来

あくしゅう・かくう・かくとく
ぎょうしゅく・けつれつ
ぜんと・ついおく・てっかい
ぼっとう・りんり

解答

11 獲得《かくとく》
12 決裂《けつれつ》
13 悪臭《あくしゅう》
14 凝縮《ぎょうしゅく》
15 撤回《てっかい》
16 架空《かくう》
17 没頭《ぼっとう》
18 倫理《りんり》
19 追憶《ついおく》
20 前途《ぜんと》

3

対義語

21 質素
22 乾燥
23 愛好
24 淑女
25 空虚 辞

類義語

26 継承
27 長者
28 失望
29 傾倒
30 懲戒

けんお・げんめつ・ごうか
しつじゅん・じゅうじつ
しょばつ・しんし・しんすい
とうしゅう・ふごう

解答

21 豪華《ごうか》
22 湿潤《しつじゅん》
23 嫌悪《けんお》
24 紳士《しんし》
25 充実《じゅうじつ》
26 踏襲《とうしゅう》
27 富豪《ふごう》
28 幻滅《げんめつ》
29 心酔《しんすい》 辞
30 処罰《しょばつ》

4

対義語

31 自慢
32 相違
33 助長
34 厳寒
35 悠長 辞

類義語

36 承知
37 懐柔
38 解消
39 大要
40 醜聞

いっち・おめい・こうがい
こくしょ・じゅだく
せいきゅう・そがい・はき
ひげ・ろうらく

解答

31 卑下《ひげ》 辞
32 一致《いっち》
33 阻害《そがい》
34 酷暑《こくしょ》
35 性急《せいきゅう》
36 受諾《じゅだく》
37 籠絡《ろうらく》 辞
38 破棄《はき》
39 梗概《こうがい》
40 汚名《おめい》

意味をCheck!

2 玄人…その道の専門家。技芸などに熟達した人。

4 下賜…貴い身分の人が、身分の低い人に物を与えること。

7 勘案…いろいろなことを考え合わせること。

9 介入…争いごとに入り込むこと。当事者以外の者が入り込むこと。

16 虚構…実際にないことを事実のようにつくり上げること。

25 空虚…内容や価値がないこと。むなしいこと。

29 心酔…ある物事に心を奪われること。ある人を深く尊敬し、慕うこと。

31 卑下…自分を劣っていると考えていやしめること。へりくだること。

35 悠長…のんびりとして急がないこと。のんびりとかまえること。

37 籠絡…人をうまく手なずけ、自分の思うように操ること。

頻出度 C ランク

対義語・類義語②

目標時間 20分

1回目 /40

2回目 /40

●次の**対義語**、**類義語**を**1**～**4**それぞれ後の□の中から選び、**漢字**で答えよ。□の中の語は一度だけ使うこと。

1

対義語

- 1 祝辞
- 2 汚染
- 3 添加
- 4 微細 辞
- 5 創造

類義語

- 6 余分
- 7 了解
- 8 厳粛
- 9 誠実
- 10 痛烈

きょだい・さくじょ・じょうか・しんし・しんらつ・そうちょう・ちょうじ・なっとく・もほう・よじょう

解答

- 1 弔辞《ちょうじ》 辞
- 2 浄化《じょうか》
- 3 削除《さくじょ》
- 4 巨大《きょだい》
- 5 模倣《もほう》
- 6 余剰《よじょう》
- 7 納得《なっとく》
- 8 荘重《そうちょう》 辞
- 9 真摯《しんし》 辞
- 10 辛辣《しんらつ》 辞

2

対義語

- 11 発奮
- 12 促進
- 13 豊富
- 14 美談
- 15 充実

類義語

- 16 敏腕 辞
- 17 法師
- 18 平素
- 19 懇親
- 20 永遠

くうきょ・こうきゅう・しゅうぶん・しんぼく・そうりょ・ひごろ・ふってい・よくせい・らくたん・らつわん

解答

- 11 落胆《らくたん》
- 12 抑制《よくせい》
- 13 払底《ふってい》 辞
- 14 醜聞《しゅうぶん》 辞
- 15 空虚《くうきょ》
- 16 辣腕《らつわん》
- 17 僧侶《そうりょ》
- 18 日頃《ひごろ》
- 19 親睦《しんぼく》
- 20 恒久《こうきゅう》

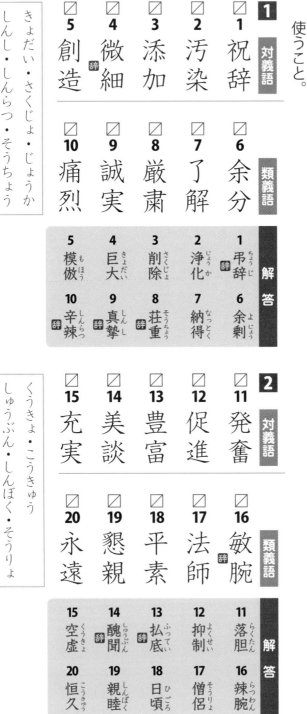

3

対義語

□21 裕福

□22 快諾

□23 敏速

□24 概略

□25 清浄

類義語

□26 上品

□27 貢献

□28 忘我 辞

□29 永眠

□30 承服

いさい・おうだく・おだく
かんまん・きよ・こうしょう
こじ・たかい
とうすい・びんぼう

解答

21 貧乏《びんぼう》
22 固辞《こじ》
23 緩慢《かんまん》
24 委細《いさい》
25 汚濁《おだく》
26 高尚《こうしょう》 辞
27 寄与《きよ》
28 陶酔《とうすい》
29 他界《たかい》
30 応諾《おうだく》

4

対義語

□31 切開

□32 低落

□33 謙虚

□34 弟子

□35 酷寒

類義語

□36 展示

□37 失望

□38 無視

□39 安眠

□40 両雄

えんしょ・こうとう・こうまん
ししょう・じゅくすい
そうへき・ちんれつ・ほうごう
もくさつ・らくたん

解答

31 縫合《ほうごう》
32 高騰《こうとう》
33 高慢《こうまん》 辞
34 師匠《ししょう》
35 炎暑《えんしょ》
36 陳列《ちんれつ》
37 落胆《らくたん》
38 黙殺《もくさつ》
39 熟睡《じゅくすい》
40 双璧《そうへき》 辞

意味をCheck!

1 弔辞…死者を弔う言葉。
4 微細…きわめてこまかいこと。またそのさま。
8 荘重…厳かで重々しいこと。
9 真摯…まじめに打ち込むこと。一心に行うさま。

10 辛辣…言葉や他への批評の表現が非常に手厳しいこと。
13 払底…ことごとくなくなること。少なくなること。
14 醜聞…その人の行動などについての、よくない評判。

16 敏腕…物事をてきぱきと処理する能力があること。
26 高尚…学問や品性などの程度が高く上品なこと。
28 忘我…何かに夢中になって我を忘れるさま。

33 高慢…自分の能力や地位などが優れていると鼻にかけて、他をあなどるさま。
40 双璧…二つのものがともにすぐれていて優劣がつけられないこと。

頻出度
C
ランク

同音・同訓異字①

目標時間 21分

1回目 ／42

2回目 ／42

● 次の――線のカタカナを漢字に直せ。

□1 ジュンシは武士の美徳だったといわれる。
□2 ジュンシ船が領海内を警備する。
□3 スイセンの花が飾られている。
□4 高校のスイセン入試を受けた。
□5 幼帝のセッショウとして権力を握る。
□6 鳥獣のセッショウを禁ずる。
□7 明治の文豪のソウコウが見つかった。
□8 試合前にソウコウ会を開く。
□9 貸し借りをソウサイする。
□10 党のソウサイ選に立候補する。

解答
1 殉死 辞
2 巡視
3 水仙
4 推薦
5 摂政 辞
6 殺生 辞
7 草稿
8 壮行
9 相殺 辞
10 総裁

□11 ソウダイな物語を執筆する。
□12 卒業生ソウダイに選ばれる。
□13 新しい職場でソガイ感を感じる。
□14 栄養の吸収がソガイされる。
□15 遺族にチョウイ金が支給される。
□16 月の位置でチョウイが変化する。
□17 人の好意をツツシんで受け取る。
□18 会見では余計な発言をツツシむ。
□19 ナワ跳び百回を日課にしている。
□20 ナワ代水を山から引く。

解答
11 壮大
12 総代 辞
13 疎外
14 阻害
15 弔慰 辞
16 潮位
17 謹
18 慎
19 縄
20 苗

□ 21 風を受けてヨットが**ハンソウ**する。
□ 22 救急車がけが人を**ハンソウ**する。

□ 23 帽子を**マ**深にかぶる。
□ 24 何をするにも**マ**が悪い。

□ 25 **ユシ**には植物性と動物性がある。
□ 26 記者が**ユシ**解雇処分となった。

□ 27 監督が**ルイシン**に抗議する。
□ 28 **ルイシン**税は所得に応じて変化する。

□ 29 脳**コウソク**の疑いがある。
□ 30 武装勢力に**コウソク**された。

□ 31 **ショウチュウ**の水割りを飲む。
□ 32 強大な権力を**ショウチュウ**に収めた。

□ 33 **ツル**は縁起の良い鳥だと言われている。
□ 34 弓の**ツル**が切れる。

21	帆走 辞
22	搬送
23	目
24	間
25	油脂
26	諭旨
27	塁審
28	累進
29	梗塞 辞
30	拘束
31	焼酎
32	掌中 辞
33	鶴
34	弦

□ 35 **カキ**の実が赤く熟している。
□ 36 家の周囲に**カキ**がある。

□ 37 あまりの衝撃に頭が**カクセイ**した。
□ 38 今から見れば**カクセイ**の感がある。

□ 39 論文の**コウガイ**を述べる。
□ 40 **コウガイ**の一軒家を購入する。

□ 41 **コウバイ**の急な坂を走る。
□ 42 給料日は**コウバイ**意欲が高まる。

35	柿
36	垣
37	覚醒
38	隔世 辞
39	梗概
40	郊外
41	勾配
42	購買

意味をCheck!

1 殉死…主君や夫などの後を追って自死すること。
5 摂政…幼少または女性の天皇に変わって政務を行う職。
6 殺生…生き物を殺すこと。ひどいこと、むごいこと。
9 相殺…貸し借りなどを互いに消しあい、損得をなくすこと。互いに対立する立場のものが打ち消しあい、効果などがなくなること。
12 総代…組織などで関係者全員を代表すること。

---

15 弔慰…死者をとむらい、遺族をなぐさめること。
21 帆走…船が帆を張って、風の力で走ること。
29 梗塞…ふさがって通じなくなること。
32 掌中…手のひらの中。自分の自由にできる範囲内、またその範囲内にあること。
38 隔世…世代がへだたっていること。「隔世の感」は、まるで世代が変わってしまったような感じ。

頻出度 C ランク

漢字と送りがな①

目標時間 21分

1回目 /42

2回目 /42

●次の——線のカタカナを漢字一字と送りがな（ひらがな）に直せ。〈例〉答えをタシカメル。 確かめる

1 霧でマッタク視界がきかない。
2 政治家が失言で心証をソコナウ。
3 乳児の首がスワル。
4 厳しい質問にお茶をニゴス。
5 雨が乾いた大地をウルオス。
6 風に洗濯物がヒルガエル。
7 サソワレて演奏会に行った。
8 優しい言葉に心がナゴム。
9 怠惰な気持ちをイマシメル。
10 ナメラカナ曲線を描く。

解答

1 全く
2 損なう 辞
3 据わる
4 濁す
5 潤す
6 翻る
7 誘われ
8 和む
9 戒める
10 滑らかな

11 固くなったまんじゅうをムラス。
12 先輩への恋心をヒメル。
13 オクラにはネバリがある。
14 たくさんの栄養素をフクム。
15 イマワシイ出来事を思い出す。
16 敗戦でミジメな思いをした。
17 塩分をヒカエルことが大切だ。
18 鍋の中で里芋がニエル。
19 契約書にタダシ書きを追加する。
20 突然の質問に言葉にツマル。

解答

11 蒸らす
12 秘める
13 粘り
14 含む
15 忌まわしい 辞
16 惨め
17 控える
18 煮える
19 但し
20 詰まる

21 具体例を**アゲル**。
22 義兄弟の**チギリ**を交わす話を読む。
23 仲人を**ネンゴロ**にもてなす。
24 お話を**ウケタマワル**。
25 **クルオシイ**ほどの愛情を抱く。
26 二つの職を**カネル**。
27 暴れる馬を**ギョス**。
28 悪事を**アバク**ために探偵を雇う。
29 山の道幅が徐々に**セバマル**。
30 祖父母が孫を**アマヤカス**。
31 **カロウジテ**試験に合格した。
32 言葉を**カワス**のは初めてだ。
33 命令を**ヌカリ**なく遂行する。
34 案内に従って電話を**カケル**。

21 挙げる
22 契り 辞
23 懇ろ 辞
24 承る 辞
25 狂おしい
26 兼ねる
27 御す 辞
28 暴く 辞
29 狭まる
30 甘やかす
31 辛うじて 辞
32 交わす
33 抜かり 辞
34 掛ける

35 夕食は簡単に**スマス**。
36 草木が根を**ハヤス**。
37 一家は**ワザワイ**に見舞われた。
38 長年勤めた会社を**ヤメル**。
39 追及の手を**ユルメル**べきではない。
40 新たにアルバイトを**ヤトウ**。
41 駅前の商店街が**サビレル**。
42 **カラクモ**試合に勝利した。

35 済ます
36 生やす
37 災い 辞
38 辞める
39 緩める
40 雇う
41 寂れる 辞
42 辛くも

意味をCheck!

2 損なう…壊して傷つける。気持ちや関係などを悪くする。
15 忌まわしい…避けたい、思い出すのも嫌だという気持ち。
22 契りを交わす…互いに約束する。夫婦になる約束をする場合に多く使われる。「契り」は、約束。誓い。
23 懇ろ…手厚く心がこもっているさま。親しいさま。
24 承る…「聞く・引き受ける・承諾する」の謙譲語。
27 御す…馬や馬車を巧みに扱う。自分の思い通りに他人を動かす。統治する。
28 暴く…人の秘密や悪事などを探り出して公にする。暴露する。墓などの土を掘り、埋めてあるものを取り出す。
31 辛うじて…やっとのことで。どうにかこうにか。
33 抜かり…手抜かり、油断。
37 災い…病気や天変地異など、人に不幸をもたらす出来事。
41 寂れる…人気がなくなってすたれる。

頻出度 C ランク

漢字と送りがな②

目標時間 21分

1回目 /42

2回目 /42

●次の――線のカタカナを漢字一字と送りがな（ひらがな）に直せ。〈例〉答えをタシカメル。 確かめる

1 道路のゴミをヒロウ。
2 気にサワルことを言ってしまう。
3 後継者がなく店をタタム。
4 アワレムようなまなざしで見られた。
5 門前払いをクラウ。
6 新しい生活環境にナレル。
7 税収減で財政難にオチイル。
8 傍若無人な態度にはマイル。
9 トーストがこんがりヤケル。
10 現地でクワシイ情報を調べた。

解答

1 拾う
2 障る 辞
3 畳む 辞
4 哀れむ
5 食らう
6 慣れる
7 陥る 辞
8 参る
9 焼ける
10 詳しい

11 スベルように坂を走る。
12 幸せな気分にヒタル。
13 日本そばにわさびをソエル。
14 この写真は真にセマルものがある。
15 愚かな振る舞いに愛想をツカス。
16 名選手の引退をファンがオシム。
17 今後の人生をウラナウ。
18 深い海の中をモグル。
19 寄るとサワルとその話だ。
20 砂浜で波とタワムレル。

解答

11 滑る
12 浸る
13 添える
14 迫る
15 尽かす
16 惜しむ 辞
17 占う
18 潜る
19 触る
20 戯れる 辞

☐ 21 娘に送る荷物に服を**ツメル**。
☐ 22 遺産相続に**カカル**争いが続く。
☐ 23 父は金融業に**タズサワッ**ている。
☐ 24 紫外線を恐れて外出を**キラウ**。
☐ 25 悪い組織に金品を**ミツグ**。
☐ 26 親切がかえって**ウトマシイ**。
☐ 27 虫の音に耳を**スマス**。
☐ 28 社会的責任の一端を**ニナウ**。
☐ 29 過ちは**タダチニ**改める。
☐ 30 質問に対する反応が**ニブイ**。
☐ 31 長年仕えた家臣を**ウトンジル**。
☐ 32 **スミヤカ**に避難してください。
☐ 33 仕事を**ナマケル**。
☐ 34 目を**ウバウ**ような景色が広がる。

21 詰める
22 係る
23 携わっ [辞]
24 嫌う
25 貢ぐ [辞]
26 疎ましい [辞]
27 澄ます
28 担う [辞]
29 直ちに
30 鈍い
31 疎んじる
32 速やか
33 怠ける [辞]
34 奪う

☐ 35 朗報に心が**ハズム**。
☐ 36 **ハズカシイ**言い間違いをした。
☐ 37 念願の自伝を**アラワス**。
☐ 38 塩で味を**トトノエル**。
☐ 39 祖母から譲り受けた帯を**シメル**。
☐ 40 先祖は領主に**ツカエル**侍だった。
☐ 41 疲れ**ハテル**まで歩き回った。
☐ 42 笑い過ぎて顎が**ハズレル**。

35 弾む
36 恥ずかしい
37 著す
38 調える
39 締める
40 仕える [辞]
41 果てる
42 外れる

意味をCheck!

2 障る…妨げになる。体に悪影響を及ぼす。
3 畳む…広げてあるものを折って小さくする。広げたものを閉じる。商売や生活をたたむ。
7 陥る…望ましくない状態になる。はまる。
16 惜しむ…心残りに思うこと。大切に思うこと。金品などを出ししぶること。
20 戯れる…ふざける。おもしろがって遊ぶ。
23 携わる…ある物事に従事する。
25 貢ぐ…金品を贈って面倒をみる。
26 疎ましい…好感が持てず、いやである。
28 担う…肩にかついで運ぶ。自分の責任として引き受ける。
33 怠ける…労力を惜しんですべきことを行わないこと。
40 仕える…目上の人のそばで奉仕する。公的な機関に勤める。神仏に奉仕する。

頻出度 C ランク

書き取り①

目標時間 22分

1回目 /44

2回目 /44

●次の――線のカタカナを漢字に直せ。

☐1 先輩はバンジこの調子だ。
☐2 前線で敵兵にソゲキされた。
☐3 姉のヒトミは喜びにあふれていた。
☐4 ダンボウ設備を点検する。
☐5 銀行にユウシを頼みに行った。
☐6 ソウリョの読経が聞こえてくる。
☐7 早朝はサワやかな風が吹く。
☐8 行方不明者のソウサクが続く。
☐9 マドギワに鉢植えを飾る。
☐10 ソウナン救助隊が雪の中を出発した。

解答

1 万事
2 狙撃 辞
3 瞳
4 暖房
5 融資
6 僧侶
7 爽
8 捜索
9 窓際
10 遭難

☐11 無邪気な笑顔を見るとニクめない。
☐12 白いタビを汚さないように歩く。
☐13 改築資金をネンシュツする。
☐14 ソデグチのボタンが光る。
☐15 ツバを吐き捨てて悪態をつく。
☐16 最も美しい人にシラハの矢が立った。
☐17 大切なのはカラダをいたわることだ。
☐18 土砂がタイセキして砂州ができた。
☐19 タイガンの火事と見て放っておく。
☐20 友人がオオマタでこちらへ来た。

解答

11 憎
12 足袋
13 捻出
14 袖口
15 唾
16 白羽
17 体
18 堆積 辞
19 対岸
20 大股

☐ **21** 家族への伝言を**タク**す。

☐ **22** 突然、肩を**ダッキュウ**した。

☐ **23** 真実を知る者は**ダレ**もいない。

☐ **24** 解決策を**サグ**る。

☐ **25** 夫のことを**ダンナ**とも言う。

☐ **26** 良好な関係が**ホコロ**び始めた。

☐ **27** 隔離**ビョウトウ**に移ったそうだ。

☐ **28** お祭りの**チゴ**行列を見に行く。

☐ **29** この辺りには**チクサン**農家が多い。

☐ **30** 国家再建の**ソセキ**となる。

☐ **31** 犠牲者を**トムラ**う。

☐ **32** 想像を**チョウエツ**した辛さだ。

☐ **33** 死ぬまで**チンモク**を守る。

☐ **34** 飛行機の**ツイラク**事故が起きた。

21	22	23	24	25	26	27	28	29	30	31	32	33	34
託	脱臼	誰	探	旦那	綻	病棟	稚児 辞	畜産	礎石 辞	弔	超越	沈黙	墜落

☐ **35** 軽妙な話に場内が**ワ**いた。

☐ **36** 鼻の上のニキビが**ツブ**れる。

☐ **37** 敵の動きを**テイサツ**する。

☐ **38** 国際紛争は**ドロヌマ**化していった。

☐ **39** さびた**テッピ**をこじ開ける。

☐ **40** 社長の成功を**ネタ**む人は多い。

☐ **41** 作家への**トウリュウモン**を通過した。

☐ **42** **ドナベ**の中のうどんをすする。

☐ **43** **フジダナ**の下の椅子で休む。

☐ **44** 土のぬくもりを感じさせる**トウキ**だ。

35	36	37	38	39	40	41	42	43	44
沸	潰	偵察	泥沼	鉄扉	妬	登竜門 辞	土鍋	藤棚	陶器

意味をCheck!

2 狙撃…銃で標的を狙って撃つこと。

18 堆積…何重にも高く積み重なること。積み重ねること。積み重なったもの。

28 稚児…幼い子。祭礼や法事で美しく着飾って練り歩く子ども。

30 礎石…建造物の土台となる石。物事の基礎。

41 登竜門…立身出世のための関門。中国の『後漢書』(李よう伝)に、黄河の急流にある竜門をさかのぼることのできる鯉は竜になるという故事から。

頻出度 C ランク

書き取り②

目標時間 22分

1回目 ／44

2回目 ／44

● 次の――線のカタカナを漢字に直せ。

☐ 1 ドウクツの中に身を隠す。
☐ 2 暗殺計画がミスイに終わった。
☐ 3 猫がドウコウを開いて何かを見ている。
☐ 4 ドキョウの中を焼香の列が続く。
☐ 5 ブタは清潔好きな生き物らしい。
☐ 6 時間にソクバクされずに生きたい。
☐ 7 資金不足のため計画はトンザした。
☐ 8 空母に爆撃機をトウサイする。
☐ 9 割れナベにとじ蓋という。
☐ 10 雨の後の悪路にナンジュウする。

解答
1 洞窟　2 未遂　3 瞳孔 辞　4 読経　5 豚　6 束縛　7 頓挫 辞　8 搭載　9 鍋　10 難渋 辞

☐ 11 ヒゴロの生活態度を注意される。
☐ 12 ニンプにバスの席を譲る。
☐ 13 落札のためにソデの下を使う。
☐ 14 夫が作る料理は味がコい。
☐ 15 不手際をノノシる声が聞こえる。
☐ 16 ハイカイの歴史を研究する。
☐ 17 ヨットが外洋をハンソウする。
☐ 18 料理をすばやくハイゼンする。
☐ 19 新曲が好評をハクす。
☐ 20 ダエキには様々な働きがある。

解答
11 日頃　12 妊婦　13 袖　14 濃　15 罵　16 俳諧 辞　17 帆走　18 配膳　19 博　20 唾液

- 21 **ハンソデ**のワイシャツを着る。
- 22 決戦に向けて**ハイスイ**の構えを取る。
- 23 チーターは**ハンテン**が美しい動物だ。
- 24 高い**ハロウ**が海岸に打ち寄せる。
- 25 身だしなみとして**マユゲ**を整える。
- 26 姉は才能と**ビボウ**を兼ね備えている。
- 27 先生の口元が**ホコロ**ぶ。
- 28 世間に**フオン**な空気が漂う。
- 29 **フヨウジョウ**がたたって入院した。
- 30 金なら**クサ**るほどある。
- 31 **フロ**から上がって牛乳を飲んだ。
- 32 実は**フクアン**を練っていた。
- 33 皆の不安が**フッショク**された。
- 34 湯を**ワ**かしてお茶をいれる。

21	半袖
22	背水
23	斑点
24	波浪
25	眉毛
26	美貌
27	綻
28	不穏
29	不養生
30	腐
31	風呂
32	腹案 辞
33	払拭
34	沸

- 35 イチゴを**ツブ**して食べる。
- 36 **フル**ってご参加下さい。
- 37 **ヘイソク**感から解放されたい。
- 38 価値観が大きく**ヘンボウ**した。
- 39 稲の**ホ**を刈る時期になった。
- 40 復興のための**ボキン**運動をする。
- 41 社会**ホウシ**はよい経験になる。
- 42 **ハチ**の巣の駆除を依頼する。
- 43 金や銀の価格が**ボウトウ**した。
- 44 借金の利子が**フク**れる。

35	潰
36	奮
37	閉塞 辞
38	変貌
39	穂
40	募金
41	奉仕
42	蜂
43	暴騰 辞
44	膨

意味をCheck!

3 瞳孔…眼球の虹彩の真ん中にある小さくて丸いあな。光線が入る入口。

7 頓挫…計画などが途中で遂行できなくなること。勢いが急になくなること。

10 難渋…物事の進行が円滑に進まないこと。

16 俳諧…俳句や連句などの総称。こっけい、おかしみ。

32 腹案…前もって心の中に考えておくこと。その考え。

37 閉塞…通路や出入り口がふさがること。

43 暴騰…物価や株価などが急激に上がること。

漢・字・パ・ズ・ル

四字熟語を探そう！

下のパズルの中には、２級までに学ぶ四字熟語が１２個隠されています。縦横斜めに読んで、全部見つけてください。

無	眉	目	秀	麗	貫	遮	徹	日	将
諸	迫	容	介	見	二	普	遍	国	腐
妥	志	明	哲	無	滅	冷	巧	士	剛
唯	一	無	二	後	奇	暮	四	無	彫
一	喜	二	律	獲	鳥	沙	羅	双	樹
尽	一	刺	背	寸	驚	雪	比	孤	影
中	憂	能	反	小	心	翼	翼	冠	少
大	途	民	為	滞	連	千	災	害	壮
願	喝	半	日	理	百	戦	錬	磨	気
長	東	奔	端	灯	聞	馬	倒	急	鋭

答え

眉目秀麗《びもくしゅうれい》　国士無双《こくしむそう》
遮二無二《しゃにむに》　沙羅双樹《さらそうじゅ》
唯一無二《ゆいいつむに》　比翼連理《ひよくれんり》
一喜一憂《いっきいちゆう》　小心翼翼《しょうしんよくよく》
二律背反《にりつはいはん》　百戦錬磨《ひゃくせんれんま》
中途半端《ちゅうとはんぱ》　少壮気鋭《しょうそうきえい》

模擬テスト

実際の試験と同じ形式の模擬試験を３回掲載しています。実際の試験は60分ですので、自分で時間を計ってやってみましょう。答え合わせも正確に行いましょう。合格点の目安は200点満点中の160点(80%程度)です。

本試験形式 第1回 模擬テスト

目標時間 60分
合格点 160点
1回目 /200
2回目 /200

解答・解説は250~251ページ

(一) 次の――線の**漢字の読み**を**ひらがな**で記せ。

1×30 /30

1 貴重な蔵書が散逸する。( )
2 遅刻の理由を詰問する。( )
3 実力伯仲の両校が対戦する。( )
4 部首索引を使って漢字を調べた。( )
5 瓶を煮沸消毒してから使う。( )
6 眉間に深いしわが刻まれる。( )
7 謙遜した態度に終始する。( )
8 実家を第三者に譲渡した。( )
9 漆器のおわんを愛用している。( )
10 奏者の実力が如実に現れる曲だ。( )
11 清澄な森の空気を吸い込む。( )
12 矯正視力は両眼とも正常だ。( )
13 荷重は条件によって変化する。( )
14 毎朝爽快に目が覚める。( )
15 時代の変遷を写真に収める。( )
16 その歌声は私の琴線に触れた。( )
17 ゴマを圧搾して油をとる。( )
18 悪の権化と恐れられる。( )
19 期限が来たので約束を履行した。( )
20 人間は業の深い生き物だ。( )
21 急須の茶渋をこすって落とす。( )
22 宵のうちから酒宴が始まる。( )

☐23 毎日の糧を得るために働く。（　　）

☐24 常夏の地でバカンスを楽しんだ。（　　）

☐25 背中に赤い斑点が出現する。（　　）

☐26 試験は惨めな結果に終わった。（　　）

☐27 芸術の薫り高い街並みだ。（　　）

☐28 海で溺れる夢を見た。（　　）

☐29 レポートの内容を褒める。（　　）

☐30 摩耗したタイヤを交換する。（　　）

(二) 次の漢字の**部首**を記せ。

〈例〉 花〔艹〕　関〔門〕

1×10　/10

☐1 弔（　　）

☐2 暫（　　）

☐3 卵（　　）

☐4 窃（　　）

☐5 麻（　　）

☐6 恭（　　）

☐7 朱（　　）

☐8 翁（　　）

☐9 丙（　　）

☐10 囚（　　）

(三) **熟語の構成**のしかたには次のようなものがある。

2×10　/20

ア	同じような意味の漢字を重ねたもの	（岩石）
イ	反対または対応の意味を表す字を重ねたもの	（高低）
ウ	上の字が下の字を修飾しているもの	（洋画）
エ	下の字が上の字の目的語・補語になっているもの	（着席）
オ	上の字が下の字の意味を打ち消しているもの	（非常）

次の熟語は右の**ア〜オ**のどれにあたるか、**一つ**選び、**記号**を記せ。

☐1 造幣（　　）

☐2 安泰（　　）

☐3 争覇（　　）
☐4 河畔（　　）
☐5 寛厳（　　）
☐6 不偏（　　）

☐7 功罪（　　）
☐8 舌禍（　　）
☐9 摩擦（　　）
☐10 未到（　　）

（四）次の**四字熟語**について、**問1**と**問2**に答えよ。

2×15　／30

問1 次の**四字熟語**の（1〜10）に入る適切な語を下の□の中から選び、**漢字二字**で記せ。

☐ア 放歌（1　　）
☐イ 心頭（2　　）
☐ウ 順風（3　　）
☐エ 外柔（4　　）
☐オ 二律（5　　）
☐カ（6　　）自在
☐キ（7　　）妥当
☐ク（8　　）自重
☐ケ（9　　）大悲
☐コ（10　　）充棟

いんにん　かんぎゅう　こうぎん
だいじ　ないごう　はいはん　ふへん
へんげん　まんぱん　めっきゃく

問2 次の11〜15の**意味**にあてはまるものを**問1**の**ア〜コの四字熟語**から**一つ**選び、**記号**を記せ。

☐11 所蔵している本が非常に多いこと。（　　）
☐12 物事がうまく運ぶこと。（　　）
☐13 思うままに現れたり消えたりすること。（　　）
☐14 どのような条件下でも同じように当てはまること。（　　）
☐15 無心になれば、どんな苦痛にも耐えられること。（　　）

(五)

次の1～5の**対義語**、6～10の**類義語**を後の□の中から選び、**漢字**で記せ。□の中の語は一度だけ使うこと。

2×10 /20

対義語

☐ **1** 悪臭（　　）
☐ **2** 尊敬（　　）
☐ **3** 反逆（　　）
☐ **4** 粗略（　　）
☐ **5** 更生（　　）

類義語

☐ **6** 是認（　　）
☐ **7** 無口（　　）
☐ **8** 解雇（　　）
☐ **9** 興廃（　　）
☐ **10** 幻想（　　）

かくう・かもく・きょうじゅん・けいぶ
こうてい・せいすい・だらく・ていねい
ひめん・ほうこう

(六)

次の――線の**カタカナ**を**漢字**に直せ。

2×10 /20

☐ **1** 危機一髪で**キュウチ**を脱した。（　　）
☐ **2** 後輩とは長く**キュウチ**の仲だ。（　　）
☐ **3** 精神の**キンコウ**が崩れる。（　　）
☐ **4** **キンコウ**の町から通勤している。（　　）
☐ **5** 興味があったので**センセイ**術を学んだ。（　　）
☐ **6** 今度の試合は**センセイ**点が重要になる。（　　）
☐ **7** 皆様ご**ソウケン**でなによりです。（　　）
☐ **8** 社の命運は兄の**ソウケン**にかかる。（　　）
☐ **9** なかなか**スミ**に置けない人だ。（　　）
☐ **10** **スミ**をすって書き初めをする。（　　）

(七) 次の各文にまちがって使われている**同じ読みの漢字が一字**ある。**上に誤字を、下に正しい漢字**を記せ。

2×5　／10

☐ **1** 建設工事現場の近隣住民への配慮として、消音器を取りつけるなど騒音を斜断する対策を取る。（　・　）

☐ **2** 幼いときに極度の貧困に苦しんだ経験を持つ俳優が、危餓の撲滅のための活動を行っている。（　・　）

☐ **3** 世界経済の悪化は我が国にも波求し、企業経営者は抜本的な構造の見直しを迫られた。（　・　）

☐ **4** 業界の発展に更献すべく努力し、産業振興と地域社会の活性化に寄与していきたい。（　・　）

☐ **5** 戦略会議で本社営業部の強化が決定したため、気慨のある人材を求め、全国各地を奔走する。（　・　）

(八) 次の――線の**カタカナを漢字一字と送りがな（ひらがな）**に直せ。

2×5　／10

〈例〉答えを**タシカメル**。　確かめる

☐ **1** あれは世を**イツワル**仮の姿だ。（　　）

☐ **2** 人づきあいが**ワズラワシイ**。（　　）

☐ **3** 虫に刺された部分が**ハレル**。（　　）

☐ **4** 歩いて足の筋肉を**キタエル**。（　　）

☐ **5** 現代社会の**ナゲカワシイ**風潮だ。（　　）

(九) 次の——線のカタカナを漢字に直せ。

2×25 ／50

1 敵艦を**クチク**する。（　　）
2 **カソ**地域の活性化に取り組む。（　　）
3 全国の駅の時刻表を**モウラ**する。（　　）
4 王女の**ショウゾウ**画が描かれた。（　　）
5 **コツズイ**バンクに登録する。（　　）
6 英雄の登場を**カツボウ**する。（　　）
7 **ロウヒ**家の息子に頭を悩ます。（　　）
8 犯人に**イカク**射撃を行う。（　　）
9 知人の家に**イソウロウ**した。（　　）
10 **ツイカンバン**ヘルニアで入院する。（　　）
11 敵の**コンタン**はお見通しだ。（　　）
12 本日の釣果は**ザコ**ばかりだった。（　　）
13 夢は**フク**らむ一方だ。（　　）
14 ごちそうに**シタツヅミ**を打つ。（　　）
15 人跡未踏の難問に**イド**む。（　　）
16 わけもなく**ナグ**りかかってきた。（　　）
17 複雑な事情が**カラ**まりあう。（　　）
18 休日は**モッパ**ら好きな音楽を聴く。（　　）
19 優勝は汗と涙の**ケッショウ**だ。（　　）
20 スープが**カラ**くて飲み込めない。（　　）
21 **ヤヨイ**時代の遺跡を発掘する。（　　）
22 市場で**セ**りが行われる。（　　）
23 行き掛けの**ダチン**。（　　）
24 娘一人に**ムコ**八人。（　　）
25 人事を**ツ**くして天命を待つ。（　　）

本試験形式

第2回 模擬テスト

目標時間 60分
合格点 160点
1回目 /200
2回目 /200
解答・解説は252～253ページ

(一) 次の――線の漢字の読みをひらがなで記せ。

1×30 /30

1 玄関のドアは自動で施錠される。（　）
2 冷徹な女性として描かれる。（　）
3 川底に汚泥がたまる。（　）
4 誤りを躍起になって説明した。（　）
5 良性の腫瘍が発見された。（　）
6 飲酒運転の撲滅運動を行う。（　）
7 座禅をして心を静める。（　）
8 累積した赤字は二兆円に上る。（　）
9 全員に満遍なく声をかける。（　）
10 師走はどこか落ち着かない。（　）
11 気の置けない友人に愚痴をこぼした。（　）
12 門扉は固く閉ざされていた。（　）
13 滋味と程よい渋みのある茶だ。（　）
14 膝の上で愛猫が丸くなる。（　）
15 新商品の効果で株価が急騰した。（　）
16 嫉妬に狂った男の物語だ。（　）
17 顔面を殴打されて骨折する。（　）
18 領主に年貢を納める。（　）
19 開会式で選手宣誓を任される。（　）
20 大統領が遊説先へ移動した。（　）
21 新規事業に参画する。（　）
22 不調の投手に復調の兆しがある。（　）

23 解答用紙の升目に記入する。（　　）
24 暗記教育を忌み嫌う。（　　）
25 ラテンの雰囲気を醸し出す。（　　）
26 ファッションの話に疎い。（　　）
27 事故の犠牲者を悼む。（　　）
28 心の隙間につけ込まれる。（　　）
29 環境の変化で街の将来を愁える。（　　）
30 参加する旨を連絡する。（　　）

(二) 次の漢字の**部首**を記せ。

〈例〉花〔艹〕　関〔門〕

1×10　/10

1 勅（　　）
2 虞（　　）
3 泰（　　）
4 塑（　　）
5 庸（　　）
6 崇（　　）
7 焦（　　）
8 幾（　　）
9 粛（　　）
10 褒（　　）

(三) **熟語の構成**のしかたには次のようなものがある。

2×10　/20

ア 同じような意味の漢字を重ねたもの（岩石）
イ 反対または対応の意味を表す字を重ねたもの（高低）
ウ 上の字が下の字を修飾しているもの（洋画）
エ 下の字が上の字の目的語・補語になっているもの（着席）
オ 上の字が下の字の意味を打ち消しているもの（非常）

次の熟語は右の**ア～オ**のどれにあたるか、**一つ**選び、**記号**を記せ。

1 隠顕（　　）
2 随時（　　）

☐3 逸脱（　　）
☐4 旅愁（　　）
☐5 災禍（　　）
☐6 殺菌（　　）
☐7 未遂（　　）
☐8 儒教（　　）
☐9 貴賓（　　）
☐10 雅俗（　　）

(四) 次の**四字熟語**について、**問1**と**問2**に答えよ。

2×15　　/30

問1 次の**四字熟語**の（1〜10）に入る適切な語を下の□の中から選び、**漢字二字**で記せ。

☐ア 異端（1　　）
☐イ 刻苦（2　　）
☐ウ 冷汗（3　　）
☐エ 巧遅（4　　）
☐オ 勧善（5　　）
☐カ（6　　）潔白
☐キ（7　　）徒食
☐ク（8　　）万紅
☐ケ（9　　）衝天
☐コ（10　　）行賞

さんと　じゃせつ　せいれん　せっそく
せんし　ちょうあく　どはつ
べんれい　むい　ろんこう

問2 次の11〜15の**意味**にあてはまるものを**問1**の**ア〜コの四字熟語**から**一つ**選び、**記号**を記せ。

☐11 色とりどりの花が咲き乱れること。（　　）
☐12 何もしないで、ぶらぶらと日々を過ごすこと。（　　）
☐13 正統からはずれている思想などのこと。（　　）
☐14 恥ずかしさや恐ろしさで大汗をかくこと。（　　）
☐15 心が清らかで、やましいところがないこと。（　　）

(五) 次の1～5の**対義語**、6～10の**類義語**を後の□の中から選び、**漢字**で記せ。□の中の語は一度だけ使うこと。

2×10 ／20

対義語

1 国産（　　）
2 狭量（　　）
3 凝固（　　）
4 下賜（　　）
5 固辞（　　）

類義語

6 困苦（　　）
7 適切（　　）
8 湯船（　　）
9 脅迫（　　）
10 面倒（　　）

いかく・かいだく・かんよう・けんじょう
しんさん・だとう・はくらい
やっかい・ゆうかい・よくそう

(六) 次の――線の**カタカナ**を**漢字**に直せ。

2×10 ／20

1 **コウショウ**されてきた説話がある。（　　）
2 **コウショウ**な趣味をお持ちだ。（　　）
3 **ユウキュウ**の歴史を大観する。（　　）
4 一週間の**ユウキュウ**休暇を取る。（　　）
5 退職**イロウ**会に招かれる。（　　）
6 万事**イロウ**のないよう整える。（　　）
7 **ケイコウ**色のペンで線を引く。（　　）
8 常に電子辞書を**ケイコウ**する。（　　）
9 ヨットの**ホ**が遠くに見える。（　　）
10 稲の**ホ**からモミを分離する。（　　）

(七)

次の各文にまちがって使われている**同じ読みの漢字**が**一字**ある。**上に誤字を、下に正しい漢字を記せ。**

2×5　／10

□ **1** 都市機能の更なる向上や改善を図るため、交通渋待や駐車場不足の解消が急がれる。（　・　）

□ **2** 学習内容の理解度を詳細に調査し、各児童生徒の状況を的確に覇握する必要がある。（　・　）

□ **3** 新型端末への高齢者の関心は高く購入者の過半数を締めたが、操作法が複雑だなどの苦情が相次いだ。（　・　）

□ **4** 親しい友人を中心にお客様を招待し、新居の被露を兼ねて新築祝いを行う。（　・　）

□ **5** 海沿いの地域に商業施設を建設する計画だが、まず防風林として広葉樹を植採する。（　・　）

(八)

次の——線の**カタカナ**を**漢字一字と送りがな（ひらがな）**に直せ。

〈例〉答えをタシカメル。　確かめる

2×5　／10

□ **1** 相手の言葉をサエギル。（　）

□ **2** 見目ウルワシイ女性だ。（　）

□ **3** よく似た顔でマギラワシイ。（　）

□ **4** シャツの縫い目がホコロビル。（　）

□ **5** 着物のすそが床にスレル。（　）

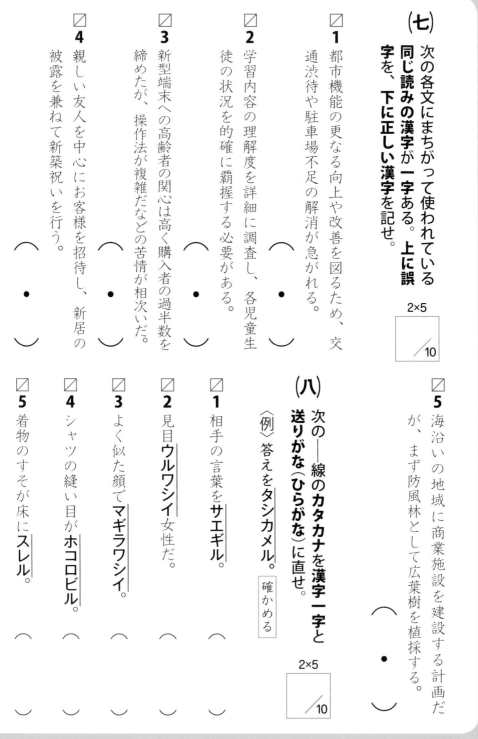

(九) 次の——線のカタカナを漢字に直せ。

2×25

/50

1 農耕器具を**ナヤ**に入れておく。（　）

2 思わぬ事故に**ソウグウ**する。（　）

3 海外の**ゴウテイ**に住む。（　）

4 長男が葬式の**モシュ**を務める。（　）

5 現実と理想との**カットウ**に苦しむ。（　）

6 病気の**チユ**には時間を要する。（　）

7 **ユウカン**な行動に拍手がわいた。（　）

8 深窓の**レイジョウ**を妻に迎える。（　）

9 警官が犯人の**キョウジン**に倒れる。（　）

10 優れた**ヤキン**技術が評価される。（　）

11 専門外の職務に**サセン**される。（　）

12 **オカン**を感じて風邪薬を飲む。（　）

13 百貨店で**コクジ**する商品を見つけた。（　）

14 氷の穴からワカサギを**ツ**る。（　）

15 夏の夕方に縁側で**スズ**む。（　）

16 敵を**アナド**って苦戦する。（　）

17 毎朝**ニワトリ**が卵を産む。（　）

18 **ニク**らしいほど強い人だ。（　）

19 入院した友に**センバヅル**を折る。（　）

20 **シュウゼン**すれば十分使える。（　）

21 友と酒を酌み**カ**わした。（　）

22 三脚を**ス**えて写真を撮る。（　）

23 ある時払いの**サイソク**なし。（　）

24 **クサ**いものに蓋をする。（　）

25 堪忍袋の**オ**が切れる。（　）

本試験形式

第3回 模擬テスト

目標時間 60分
合格点 160点

1回目 /200
2回目 /200

解答・解説は254~255ページ

(一) 次の――線の漢字の読みをひらがなで記せ。

1×30 /30

1 子煩悩で優しい父親だ。（　）
2 尼僧の説法を聞く。（　）
3 武将として見事に初陣を飾る。（　）
4 映画界に旋風を巻き起こす。（　）
5 その店は悪人の巣窟らしい。（　）
6 親友は由緒ある造り酒屋の娘だ。（　）
7 和洋折衷の料理を楽しむ。（　）
8 業界各社の製品を網羅する。（　）
9 生きるか死ぬかの瀬戸際だ。（　）
10 無惨な姿は見せられない。（　）
11 家族の防災頭巾を作る。（　）
12 傲然な態度で反感を買う。（　）
13 両者の実力は雲泥の開きがある。（　）
14 滑稽なしぐさが人気の的だ。（　）
15 製靴工場に勤めている。（　）
16 都市の弱点を露呈した。（　）
17 湖沼地帯の自然を保護する。（　）
18 便箋の書き方を教わった。（　）
19 現代の世相を鋭く斬る。（　）
20 祖父は権力欲の亡者と化した。（　）
21 赤ちゃんの産着を縫う。（　）
22 予期せぬ出来事に挙措を失う。（　）

☑23 心の醜さをさらけ出す。（　）
☑24 雄々しい大木が目印だ。（　）
☑25 懐に手を入れて温める。（　）
☑26 小説の挿し絵を描く。（　）
☑27 子供の頃のことを思い出す。（　）
☑28 情報収集に血眼になる。（　）
☑29 畑に畝を作って種をまく。（　）
☑30 酒を酌み交わす。（　）

（二）次の漢字の**部首**を記せ。

〈例〉花〔艹〕　関〔門〕

1×10　／10

☑1 缶（　）
☑2 掌（　）
☑3 升（　）
☑4 釈（　）
☑5 嗣（　）
☑6 乾（　）
☑7 凸（　）
☑8 斥（　）
☑9 扉（　）
☑10 殉（　）

（三）**熟語の構成**のしかたには次のようなものがある。

2×10　／20

ア　同じような意味の漢字を重ねたもの（岩石）
イ　反対または対応の意味を表す字を重ねたもの（高低）
ウ　上の字が下の字を修飾しているもの（洋画）
エ　下の字が上の字の目的語・補語になっているもの（着席）
オ　上の字が下の字の意味を打ち消しているもの（非常）

次の熟語は右の**ア～オ**のどれにあたるか、**一つ**選び、**記号**を記せ。

☑1 酷似（　）
☑2 紛糾（　）

3 不肖（　　）

4 得喪（　　）

5 遷都（　　）

6 禍福（　　）

7 享受（　　）

8 収賄（　　）

9 義憤（　　）

10 扶助（　　）

(四) 次の**四字熟語**について、**問1**と**問2**に答えよ。

2×15　／30

問1 次の**四字熟語**の（1〜10）に入る適切な語を下の□の中から選び、**漢字二字**で記せ。

ア 自由（1　　）

イ 大言（2　　）

ウ 泰山（3　　）

エ 疾風（4　　）

オ 支離（5　　）

カ（6　　）烈日

キ（7　　）諾諾

ク（8　　）夢死

ケ（9　　）一新

コ（10　　）漢才

いい　しゅうそう　じんらい
すいせい　そうご　ほくと　ほんぽう
めつれつ　めんもく　わこん

問2 次の11〜15の**意味**にあてはまるものを**問1**の**ア〜コ**の**四字熟語**から**一つ**選び、**記号**を記せ。

11 何もせず、むなしく一生を過ごすこと。（　　）

12 刑罰などが非常に厳しいこと。（　　）

13 行動が素早く激しいさま。（　　）

14 何でも相手の言いなりになるさま。（　　）

15 話や行動がばらばらでまとまりがないこと。（　　）

(五)

次の1～5の**対義語**、6～10の**類義語**を後の□の中から選び、**漢字**で記せ。□の中の語は一度だけ使うこと。

2×10　／20

対義語

1 暴露（　）
2 豪放（　）
3 下落（　）
4 凡才（　）
5 愛護（　）

類義語

6 心配（　）
7 監禁（　）
8 計略（　）
9 座視（　）
10 是認（　）

いつざい・ぎゃくたい・けねん・こうてい
さくぼう・せんさい・とうき
ひとく・ぼうかん・ゆうへい

(六)

次の——線の**カタカナ**を**漢字**に直せ。

2×10　／20

1 **スイソウ**楽コンクールに出場する。（　）
2 大きな**スイソウ**でコイを飼う。（　）
3 **カビン**に庭の花をさす。（　）
4 ある食品に**カビン**に反応する。（　）
5 実力**ハクチュウ**の好ゲームだ。（　）
6 **ハクチュウ**堂々と犯罪が行われた。（　）
7 土地を担保に**ユウシ**する。（　）
8 **ユウシ**以来最大の戦争が起きた。（　）
9 デスクワークで肩が**コ**る。（　）
10 世の中の悪を**コ**らしめる。（　）

(七) 次の各文にまちがって使われている**同じ読みの漢字が一字**ある。**上に誤字**を、**下に正しい漢字**を記せ。

2×5 ／10

☐ **1** 環境に優しい商品の開発や再生可能エネルギーの普給に向けて積極的に貢献していく考えだ。（　・　）

☐ **2** 通勤途中で定期入れを粉失したが、地元の警察署に届けられた旨の連絡があり、業務終了後に駆けつけた。（　・　）

☐ **3** 毎月行われる会議で、店を再建するためには経費の削減が不過欠であるという意見が大半を占めた。（　・　）

☐ **4** 採取した血液を遠心分離器にかけ、分離した血清を用いて自動分積装置でさまざまな成分を測定する。（　・　）

☐ **5** 強固な守備で相手の攻撃を措止し、わずかな好機を捉えて相手陣地に攻め込んだ。（　・　）

(八) 次の――線の**カタカナを漢字一字と送りがな（ひらがな）**に直せ。

〈例〉答えを**タシカメル**。　確かめる

2×5 ／10

☐ **1** 友人とは考え方に**ヘダタリ**がある。（　）

☐ **2** 常識を**クツガエス**考え方だ。（　）

☐ **3** 子供を**イツクシム**姿は美しい。（　）

☐ **4** **イマワシイ**記憶がよみがえる。（　）

☐ **5** **ナグサメル**言葉が見つからない。（　）

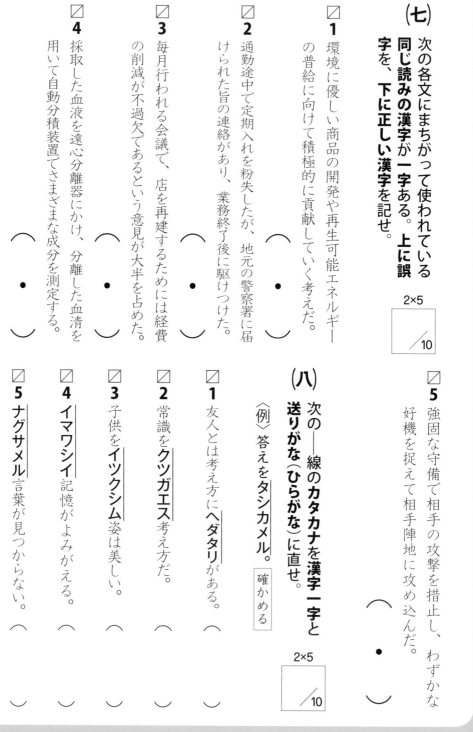

(九) 次の――線のカタカナを漢字に直せ。

2×25 /50

☐ 1 ザンテイ的に値上げを実施する。（　）
☐ 2 大手企業のサンカに入る。（　）
☐ 3 オンビンに話し合いで済ませる。（　）
☐ 4 魔法のジュモンを唱える。（　）
☐ 5 ケイリュウで釣りを楽しんだ。（　）
☐ 6 ボールが当たって足をダボクした。（　）
☐ 7 財産を知人にジョウトする。（　）
☐ 8 専門家の指導でダンジキを行う。（　）
☐ 9 我ながらチンプな文章だ。（　）
☐ 10 時期外れのヒサメに見舞われた。（　）
☐ 11 値動きに注目してメイガラを選ぶ。（　）
☐ 12 祭りのサジキ席を予約する。（　）
☐ 13 競技をキケンするのは避けたい。（　）
☐ 14 本の山にウもれてしまう。（　）
☐ 15 体を小刻みにユすっている。（　）
☐ 16 ナガウタの師匠に弟子入りする。（　）
☐ 17 甘いシルコが好物だ。（　）
☐ 18 今になって過去の行いをクいる。（　）
☐ 19 冬は毎日風呂をワかす。（　）
☐ 20 フランスで料理の腕をミガく。（　）
☐ 21 掃除をナマけて部屋が汚れる。（　）
☐ 22 業者にトソウ工事を依頼する。（　）
☐ 23 会社の計画はキジョウの空論だ。（　）
☐ 24 ノドモト過ぎれば熱さを忘れる。（　）
☐ 25 ヤナギに雪折れなし。（　）

本試験形式

第1回 模擬テスト 解答と解説

問題はP232~237

(一) 読み

1 さんいつ	16 きんせん
2 きつもん	17 あっさく
3 はくちゅう	18 ごんげ
4 さくいん	19 りこう
5 しゃふつ	20 ごう
6 みけん	21 ちゃしぶ
7 けんそん	22 よい
8 じょうと	23 かて
9 しっき	24 とこなつ
10 にょじつ	25 はんてん
11 せいちょう	26 みじ
12 きょうせい	27 かお
13 かじゅう	28 おぼ
14 そうかい	29 ほ
15 へんせん	30 まもう

(二) 部首

1	弓（ゆみ）
2	日（ひ）
3	卩（わりふ／ふしづくり）
4	穴（あなかんむり）
5	麻（あさ）
6	⺗（したごころ）
7	木（き）
8	羽（はね）
9	一（いち）
10	囗（くにがまえ）

(三) 熟語の構成

1	2	3	4	5	6	7	8	9	10
エ	ア	エ	ウ	イ	オ	イ	ウ	ア	オ

(四) 四字熟語

1 高吟	6 変幻
2 滅却	7 普遍
3 満帆	8 隠忍
4 内剛	9 大慈
5 背反	10 汗牛

11 コ	14 キ
12 ウ	15 イ
13 カ	

(一)

3「伯仲」は、長兄と次兄。力などが接近していて優劣をつけられないこと。

16「琴線に触れる」は、すばらしいものなどに感激したり感銘を受けたりすること。

20「業」は、前世の行いによって現世で受ける報い。

(三)

2「安泰」は、どちらもやすらかの意なので、ア。

3「争覇」は、覇権を争うと読んで、エ。

8「舌」は、口から出た言葉、「禍」は、災い。発した言葉によって引き起こされる災いと読んで、ウ。

(四)

ア「放歌高吟」は、あたりかまわず大声で歌うこと。「高歌放吟」ともいう。

(五) 対義語・類義語

1 芳香
2 軽侮
3 恭順
4 丁寧
5 堕落
6 肯定
7 寡黙
8 罷免
9 盛衰
10 架空

(六) 同音・同訓異字

1 窮地
2 旧知
3 均衡
4 近郊
5 占星
6 先制
7 壮健
8 双肩
9 隅
10 墨

(七) 誤字訂正

1 斜→遮
2 危→飢
3 求→及
4 更→貢
5 慨→概

(八) 漢字と送りがな

1 偽る
2 煩わしい
3 腫れる
4 鍛える
5 嘆かわしい

(九) 書き取り

1 駆逐
2 過疎
3 網羅
4 肖像
5 骨髄
6 渇望
7 浪費
8 威嚇
9 居候
10 椎間板
11 魂胆
12 雑魚
13 膨
14 舌鼓
15 挑
16 殴
17 絡
18 専
19 結晶
20 辛
21 弥生
22 競
23 駄賃
24 婿
25 尽

ケ「大慈大悲」は、大きくて限りのない仏の慈悲。

(五) 8「罷免」は、公務員の職務を強制的にやめさせること。

(六) 8「双肩」は、責任や義務などを負うもののたとえ。両肩。

(九) 1「駆逐」は、追い払うこと。

3「網羅」は、その事柄についてのすべてを集めること。

6「渇望」は、のどの渇きを癒やす水を求めるように、心から望むこと。

12「雑魚」は、いろいろな種類の小魚。とるにたらない人物。

23「行き掛けの駄賃」は、何かを行うついでに別のこともすることのたとえ。

24「娘一人に婿八人」は、娘一人に婿の希望者が多いこと。一つの物事に希望者が多いことのたとえ。

本試験形式 第2回 模擬テスト 解答と解説

問題はP238~243

(一) 読み

1 せじょう
2 れいてつ
3 おでい
4 やっき
5 しゅよう
6 ぼくめつ
7 ざぜん
8 るいせき
9 まんべん
10 しわす
11 ぐち
12 もんぴ
13 じみ
14 あいびょう
15 きゅうとう
16 しっと
17 おうだ
18 ねんぐ
19 せんせい
20 ゆうぜい
21 さんかく
22 きざ
23 ますめ
24 い
25 かも
26 うと
27 いた
28 すきま
29 うれ
30 むね

(二) 部首

1 力(ちから)
2 虍(とらがしら とらかんむり)
3 氺(したみず)
4 土(つち)
5 广(まだれ)
6 山(やま)
7 灬(れんが れっか)
8 幺(よう いとがしら)
9 聿(ふでづくり)
10 衣(ころも)

(三) 熟語の構成

1 イ
2 エ
3 ア
4 ウ
5 ア
6 エ
7 オ
8 ウ
9 ウ
10 イ

(四) 四字熟語

1 邪説
2 勉励
3 三斗
4 拙速
5 懲悪
6 清廉
7 無為
8 千紫
9 怒髪
10 論功
11 ク
12 キ
13 ア
14 ウ
15 カ

(一)

12「門扉」は、門のとびら。

20「遊説」は、とくに政治家などが、自身の意見や主張を説いて各地を回ること。

26「疎い」は、ある物事についての知識や理解が十分ではないこと。

(三)

1「隠」は、かくれる、「顕」は、あらわれるの意なので、イ。

9「貴」は、とうとい、「賓」は、賓客(大切な客)。貴い客と読んで、ウ。

(四)

エ「巧遅拙速」は、上手で遅いより、下手でも速いほうがよいということ。「巧遅は拙速に如《し》かず」の略。

ケ「怒髪衝天」は、髪の毛が逆立つほど、激しく怒るさま。「怒髪、天を衝《つ》く」とも読む。

(五) 対義語・類義語

1 舶来
2 寛容
3 融解
4 献上
5 快諾
6 辛酸
7 妥当
8 浴槽
9 威嚇
10 厄介

(六) 同音・同訓異字

1 口承
2 高尚
3 悠久
4 有給
5 慰労
6 遺漏
7 蛍光
8 携行
9 帆
10 穂

(七) 誤字訂正

1 待→滞
2 覇→把
3 締→占
4 被→披
5 採→栽

(八) 漢字と送りがな

1 遮る
2 麗しい
3 紛らわしい
4 綻びる
5 擦れる

(九) 書き取り

1 納屋
2 遭遇
3 豪邸
4 喪主
5 葛藤
6 治癒
7 勇敢
8 令嬢
9 凶刃
10 冶金
11 左遷
12 悪寒
13 酷似
14 釣
15 涼
16 侮
17 鶏
18 憎
19 千羽鶴
20 修繕
21 交
22 据
23 催促
24 臭
25 緒

(五)

3 「凝固」は、こりかたまること。液体や気体が固体に変わること。「融解」は、とけること。固体が液体になること。

(八)

4 「綻びる」は、縫い目などがほどける。表情などが和らぐ。

(九)

9 「凶刃」は、人を殺傷するための刃物。

10 「冶金」は、鉱石から金属を取り出して、精製したり加工したりする技術。

23 「ある時払いの催促なし」は、金に余裕があるときに借金を返済すればよく、催促もなしということ。寛大な返済条件。

24 「臭いものに蓋をする」は、悪事や知られたくない不祥事などを、一時しのぎに隠そうとするたとえ。

第3回 模擬テスト 解答と解説

問題は P244~249

(一) 読み

1 こぼんのう
2 にそう
3 ういじん
4 せんぷう
5 そうくつ
6 ゆいしょ
7 せっちゅう
8 もうら
9 せとぎわ
10 むざん
11 ずきん
12 ごうぜん
13 うんでい
14 こっけい
15 せいか
16 ろてい
17 こしょう
18 びんせん
19 き
20 もうじゃ
21 うぶぎ
22 きょそ
23 みにく
24 おお
25 ふところ
26 さ
27 ころ
28 ちまなこ
29 うね
30 く

(二) 部首

1 缶（ほとぎ）
2 手（て）
3 十（じゅう）
4 釆（のごめへん）
5 口（くち）
6 乙（おつ）
7 凵（うけばこ）
8 斤（きん）
9 戸（とだれ とかんむり）
10 歹（かばねへん いちたへん がつへん）

(三) 熟語の構成

1 ウ
2 ア
3 オ
4 イ
5 エ
6 イ
7 ア
8 エ
9 ウ
10 ア

(四) 四字熟語

1 奔放
2 壮語
3 北斗
4 迅雷
5 滅裂
6 秋霜
7 唯唯 唯々
8 酔生
9 面目
10 和魂
11 ク
12 カ
13 エ
14 キ
15 オ

(一)
1「子煩悩」は、自分の子を非常にかわいがること。
5「巣窟」は、悪党などのすみか。
7「折衷」は、二つ以上の異なる考えや物事から、よいところを取って一つにまとめること。
16「露呈」は、隠れていた物事が表に現れ出ること。あからさまになること。

(三)
2「紛糾」は、意見が対立するなどして、もつれること。「紛」「糾」とも、からまってもつれる意なのでア。
8「収賄」は、賄賂を収めると読んで、エ。

(四)
ウ「泰山北斗」は、泰山（中国山東省の名山）と北斗七星。だれもが知る存在であることから、その道の大家、第一人者の意。

(五)

(五) 対義語・類義語

1 秘匿
2 繊細
3 騰貴
4 逸材
5 虐待
6 懸念
7 幽閉
8 策謀
9 傍観
10 肯定

(六) 同音・同訓異字

1 吹奏
2 水槽
3 花瓶
4 過敏
5 伯仲
6 白昼
7 融資
8 有史
9 凝
10 懲

(七) 誤字訂正

1 給→及
2 粉→紛
3 過→可
4 積→析
5 措→阻

(八) 漢字と送りがな

1 隔たり
2 覆す
3 慈しむ
4 忌まわしい
5 慰める

(九) 書き取り

1 暫定
2 傘下
3 穏便
4 呪文
5 渓流
6 打撲
7 譲渡
8 断食
9 陳腐
10 氷雨
11 銘柄
12 桟敷
13 棄権
14 埋
15 揺
16 長唄
17 汁粉
18 悔
19 沸
20 磨
21 怠
22 塗装
23 机上
24 喉元
25 柳

1「秘匿」は、秘密にして人に見せないこと。

9「座視」「傍観」は、ただそばで見ているだけで、かかわらないこと。

(九)

1「暫定」は、正式決定までの間、仮の措置として定めること。

2「傘下」は、ある勢力や組織に属し、その支配などを受ける立場にあること。

12「桟敷」は、祭りや花火、興行を見るために、道路や川などに面した高い位置につくる仮設の席。

23「机上の空論」は、頭の中で考えただけの、実際には役に立たない理論。

25「柳に雪折れなし」は、柳の枝がよくしなって雪の重みで折れないように、柔らかくしなやかなものは、堅いものよりもよく耐えるものだということのたとえ。

本書記載の情報は制作時点のものです。受検をお考えの方は、必ずご自身で下記の公益財団法人 日本漢字能力検定協会の発表する最新情報をご確認ください。

公益財団法人 日本漢字能力検定協会
【ホームページ】 https://www.kanken.or.jp/
<本部> 京都市東山区祇園町南側 551 番地
ホームページにある「よくある質問」を読んで該当する質問がみつからなければメールフォームでお問合せください。電話でのお問合せ窓口は 0120－509－315(無料)です。

◆「漢検」「漢字検定」は公益財団法人 日本漢字能力検定協会の登録商標です。

本書に関する正誤等の最新情報は、下記のアドレスでご確認ください。
https://www.seibidoshuppan.co.jp/info/hkanken2-2401

◉ 上記アドレスに掲載されていない箇所で、正誤についてお気づきの場合は、書名・質問事項・氏名・住所（またはFAX番号）を明記の上、**成美堂出版**まで**郵送**または**FAX**でお問い合わせください。**お電話でのお問い合わせはお受けできません。**
◉ 内容によってはご質問をいただいてから回答を発送するまでお時間をいただくこともございます。
◉ 本書の内容を超える質問等にはお答えできませんので、あらかじめご了承ください。

よくあるお問い合わせ

Q **持っている辞書に掲載されている部首と、本書に掲載されている部首が違いますが、どちらが正解でしょうか？**

A 辞書によっては、部首としているものが異なることがあります。**漢検の採点基準では、「漢検要覧2～10級対応 改訂版」（日本漢字能力検定協会発行）で示しているものを正解としています**ので、本書もこの基準に従っています。そのためお持ちの辞書と部首が異なることがあります。

■ 本文デザイン：HOPBOX（福井信明）
■ 本文イラスト：黒はむ
■ 編 集 協 力：knowm

頻出度順 漢字検定2級問題集

編 著 成美堂出版編集部
発行者 深見公子
発行所 成美堂出版
〒162-8445 東京都新宿区新小川町 1-7
電話(03)5206-8151 FAX(03)5206-8159
印 刷 大盛印刷株式会社

ISBN978-4-415-23202-7
落丁･乱丁などの不良本はお取り替えします
定価はカバーに表示してあります

頻出度順 漢字検定２級問題集

別冊

漢字検定 2級

合格ブック

暗記に役立つ！

- 絶対覚える **2級配当漢字表**
- 覚えておきたい **準2級配当漢字表**
- 資料❶ 重要な **熟字訓・当て字**
- 資料❷ 重要な **特別な読み**
- 資料❸ 重要な **高校で習う読み**の問題
- 資料❹ 試験に出る **四字熟語**の問題
- 資料❺ よく出る **対義語**の問題
- 資料❻ よく出る **類義語**の問題
- 資料❼ よく出る **熟語の構成**の問題

成美堂出版

← 矢印の方向に引くと、取り外せます。

絶対覚える 2級配当漢字表

185字

漢字検定2級では、この「2級配当漢字」が非常に重要です。書くのが難しい漢字もあるので、しっかりと準備しましょう。また、(高)は高校で習う読みですが、2級では全ての高校で習う読みが出題範囲となっています。

画数

11 イ ― 五十音順です

淫 ◀**漢字**

[淫] ◀**許容字体**

[イン] [みだら](高) ◀**読み**

カタカナは音読み
ひらがなは訓読み
黒字は送りがな
(高)は高校で習う読み

氵 さんずい ◀**部首と部首名**

淫行《いんこう》 淫乱《いんらん》 ◀**用例**

画数	10 ア	17	8
漢字	挨	曖	宛
読み	[アイ]	[アイ]	[あてる]
部首	扌 てへん	日 ひへん	宀 うかんむり
用例	挨拶《あいさつ》	曖昧《あいまい》	宛《あ》てる 宛名《あてな》

画数	12	9 イ	11
漢字	嵐	畏	萎
読み	[あらし]	[イ] [おそれる]	[イ] [なえる]
部首	山 やま	田 た	艹 くさかんむり
用例	嵐《あらし》 砂嵐《すなあらし》	畏怖《いふ》・畏敬《いけい》 畏友《いゆう》・畏《おそ》れ	萎縮《いしゅく》 萎《な》える

画数	12	13	9	11	10 ウ	29	9 エ	19	8 オ	17	10
漢字	椅	彙	咽	淫	唄	鬱	怨	艶	旺	臆	俺
読み	[イ]	[イ]	[イン]	[淫] [イン] [みだら](高)	[うた]	[ウツ]	[エン] [オン](高)	[エン](高) [つや]	[オウ]	[オク]	[おれ]
部首	木 きへん	⺕ けいがしら	口 くちへん	氵 さんずい	口 くちへん	鬯 ちょう	心 こころ	色 いろ	日 ひへん	月 にくづき	亻 にんべん
用例	椅子《いす》	語彙《ごい》	咽喉《いんこう》 咽頭《いんとう》	淫行《いんこう》 淫乱《いんらん》	長唄《ながうた》・小唄《こうた》 子守唄《こもりうた》	陰鬱《いんうつ》・憂鬱《ゆううつ》 鬱血《うっけつ》・鬱憤《うっぷん》	怨恨《えんこん》 怨念《おんねん》・怨霊《おんりょう》	艶然《えんぜん》・妖艶《ようえん》 艶《つや》・色艶《いろつや》	旺盛《おうせい》 旺然《おうぜん》	臆断《おくだん》・臆説《おくせつ》 臆測《おくそく》・臆病《おくびょう》	俺様《おれさま》

画数	漢字	読み	部首	部首名	用例
8 カ	苛	[カ]	艹	くさかんむり	苛酷《かこく》 苛烈《かれつ》
4	牙	[牙] [ガ]高 [ゲ] [きば]	牙	きば	毒牙《どくが》・歯牙《しが》 象牙《ぞうげ》・牙《きば》
5	瓦	[ガ]高 [かわら]	瓦	かわら	瓦解《がかい》 瓦《かわら》
13	楷	[カイ]	木	きへん	楷書《かいしょ》 楷式《かいしき》
15	潰	[カイ] [つぶす] [つぶれる]	氵	さんずい	潰瘍《かいよう》 計画《けいかく》を潰《つぶ》す
16	諧	[カイ]	言	ごんべん	俳諧《はいかい》 和諧《わかい》
11	崖	[ガイ] [がけ]	山	やま	断崖《だんがい》 崖《がけ》
13	蓋	[ガイ] [ふた]	艹	くさかんむり	頭《ず(とう)》蓋骨《がいこつ》 蓋然《がいぜん》・火蓋《ひぶた》
16	骸	[ガイ]	骨	ほねへん	形骸《けいがい》 死骸《しがい》
9	柿	[かき]	木	きへん	渋柿《しぶがき》 柿《かき》の木《き》
18	顎	[ガク] [あご]	頁	おおがい	顎関節《がくかんせつ》 顎《あご》

画数	漢字	読み	部首	部首名	用例
12	葛	[葛] [カツ] [くず]高	艹	くさかんむり	葛藤《かっとう》・葛飾区《かつしかく》 葛《くず》
10	釜	[かま]	金	かね	釜《かま》 釜飯《かまめし》
18	鎌	[かま]	釒	かねへん	鎌倉時代《かまくらじだい》
18	韓	[カン]	韋	なめしがわ	韓国《かんこく》
8	玩	[ガン]	王	おうへん たまへん	玩具《がんぐ》 玩味《がんみ》
6 キ	伎	[キ]	亻	にんべん	歌舞伎《かぶき》
11	亀	[キ] [かめ]	亀	かめ	亀裂《きれつ》 亀《かめ》・亀井算《かめいざん》
13	毀	[キ]	殳	るまた ほこづくり	毀損《きそん》 毀誉《きよ》
15	畿	[キ]	田	た	畿内《きない(だい)》 近畿《きんき》
6	臼	[キュウ] [うす]	臼	うす	臼歯《きゅうし》・脱臼《だっきゅう》 石臼《いしうす》
13	嗅	[嗅] [キュウ] [かぐ]	口	くちへん	嗅覚《きゅうかく》 匂《にお》いを嗅《か》ぐ

画数	漢字	読み	部首	部首名	用例
3	巾	[キン]	巾	はば	頭巾《ずきん》・雑巾《ぞうきん》 布巾《ふきん》
13	僅	[僅] [キン] [わずか]	亻	にんべん	僅差《きんさ》・僅少《きんしょう》 僅《わず》かな差《さ》
16	錦	[キン] [にしき]	釒	かねへん	錦秋《きんしゅう》 錦絵《にしきえ》
11 ク	惧	[惧] [グ]	忄	りっしんべん	危惧《きぐ》
7	串	[くし]	丨	ぼう たてぼう	串打《くしう》ち 串焼《くしや》き
13	窟	[クツ]	穴	あなかんむり	巣窟《そうくつ》 洞窟《どうくつ》
13 ケ	詣	[ケイ]高 [もうでる]	言	ごんべん	参詣《さんけい》・造詣《ぞうけい》 初詣《はつもうで》
15	憬	[ケイ]	忄	りっしんべん	憧《しょう(どう)》憬《けい》
15	稽	[稽] [ケイ]	禾	のぎへん	稽古《けいこ》 滑稽《こっけい》
13	隙	[ゲキ]高 [すき]	阝	こざとへん	間隙《かんげき》 隙間《すきま》
10	桁	[けた]	木	きへん	桁外《けたはず》れ 桁違《けたちが》い・橋桁《はしげた》

画数	漢字	読み	部首	用例
10	拳	[ケン] [こぶし]	手 て	拳銃《けんじゅう》・鉄拳《てっけん》 握《にぎ》り拳《こぶし》
17	鍵	[ケン] [かぎ]	金 かねへん	鍵盤《けんばん》 鍵《かぎ》・鍵穴《かぎあな》
11	舷	[ゲン]	舟 ふねへん	左舷《さげん》 舷側《げんそく》
8 コ	股	[コ] [また]	月 にくづき	股間《こかん》 内股《うちまた》・大股《おおまた》
8	虎	[コ] [とら]	虍 とらがしら とらかんむり	虎穴《こけつ》・虎口《ここう》 虎《とら》・虎《とら》の巻《まき》
16	錮	[コ]	金 かねへん	禁錮《きんこ》
4	勾	[コウ]	勹 つつみがまえ	勾配《こうばい》・勾留《こうりゅう》 勾当《こうとう》
11	梗	[コウ]	木 きへん	梗概《こうがい》 脳梗塞《のうこうそく》
12	喉	[コウ] [のど]	口 くちへん	喉頭《こうとう》・咽喉《いんこう》 喉元《のどもと》・喉仏《のどぼとけ》
3	乞	[こう]	乙 おつ	助《たす》けを乞《こ》う 命乞《いのちご》い
13	傲	[ゴウ]	亻 にんべん	傲然《ごうぜん》・傲慢《ごうまん》
15	駒	[こま]	馬 うまへん	駒《こま》 若駒《わかごま》
11	頃	[ころ]	頁 おおがい	頃合《ころあ》い 日頃《ひごろ》
11	痕	[コン] [あと]	疒 やまいだれ	痕跡《こんせき》・弾痕《だんこん》 痕《あと》・傷痕《きずあと》
7 サ	沙	[サ]	氵 さんずい	表沙汰《おもてざた》 沙汰《さた》
10	挫	[ザ]	扌 てへん	挫折《ざせつ》・頓挫《とんざ》 捻挫《ねんざ》・挫傷《ざしょう》
8	采	[サイ]	釆 のごめ	采配《さいはい》・喝采《かっさい》 風采《ふうさい》
13	塞	[サイ] [ソク] [ふさぐ] [ふさがる]	土 つち	要塞《ようさい》・閉塞《へいそく》 耳《みみ》を塞《ふさ》ぐ
9	柵	[サク]	木 きへん	柵《さく》・鉄柵《てっさく》 防護柵《ぼうごさく》
8	刹	[サツ] [セツ]高	刂 りっとう	古刹《こさつ》・名刹《めいさつ》 仏刹《ぶっさつ(せつ)》・刹那《せつな》
9	拶	[サツ]	扌 てへん	挨拶《あいさつ》
11	斬	[ザン] [きる]	斤 おのづくり	斬殺《ざんさつ》・斬首《ざんしゅ》 斬新《ざんしん》・斬《き》る
10 シ	恣	[シ]	心 こころ	恣意《しい》
15	摯	[シ]	手 て	真摯《しんし》
15	餌	[餌] [ジ]高 [えさ] [え]	飠 しょくへん	好餌《こうじ》・練《ね》り餌《えさ(え)》 餌食《えじき》・餌付《えづ》け
5	叱	[シツ] [しかる]	口 くちへん	叱責《しっせき》 子《こ》を叱《しか》る
13	嫉	[シツ]	女 おんなへん	嫉妬《しっと》
13	腫	[シュ] [はれる] [はらす]	月 にくづき	腫瘍《しゅよう》 目《め》が腫《は》れる
8	呪	[ジュ] [のろう]	口 くちへん	呪縛《じゅばく》・呪文《じゅもん》 運命《うんめい》を呪《のろ》う
10	袖	[シュウ]高 [そで]	衤 ころもへん	領袖《りょうしゅう》・袖手《しゅうしゅ》 半袖《はんそで》
11	羞	[シュウ]	羊 ひつじ	羞恥心《しゅうちしん》・含羞《がんしゅう》 羞悪《しゅうお》
19	蹴	[シュウ] [ける]	𧾷 あしへん	一蹴《いっしゅう》・蹴球《しゅうきゅう》 球《たま》を蹴《け》る
15	憧	[ショウ] [あこがれる]	忄 りっしんべん	憧憬《しょう(どう)けい》 憧《あこが》れる

9	拭	[ショク]高 [ふく] [ぬぐう]	扌 てへん	払拭《ふっしょく》・拭《ふ》く 汗《あせ》を拭《ぬぐ》う
5	尻	[しり]	尸 かばね しかばね	尻込《しりご》み 尻目《しりめ》・尻尾《しっぽ》
7	芯	[シン]	艹 くさかんむり	芯《しん》 摘芯《てきしん》
13	腎	[ジン]	肉 にく	腎臓《じんぞう》・腎炎《じんえん》 肝腎《かんじん》
12 ス	須	[ス]	頁 おおがい	必須《ひっす》 急須《きゅうす》
13	裾	[すそ]	衤 ころもへん	山裾《やますそ》・裾野《すその》 裾《すそ》・裾上《すそあ》げ
10 セ	凄	[セイ]	冫 にすい	凄惨《せいさん》 凄絶《せいぜつ》
16	醒	[セイ]	酉 とりへん	覚醒《かくせい》 警醒《けいせい》
10	脊	[セキ]	肉 にく	脊椎《せきつい》・脊髄《せきずい》 脊柱《せきちゅう》
11	戚	[セキ]	戈 ほこづくり ほこがまえ	親戚《しんせき》 縁戚《えんせき》
13	煎	[煎] [セン] [いる]	灬 れんが れっか	湯煎《ゆせん》・煎餅《せんべい》 煎茶《せんちゃ》・煎《い》る

13	羨	[セン] [うらやむ]高 [うらやましい]	羊 ひつじ	羨望《せんぼう》・羨慕《せんぼ》 他人《たにん》を羨《うらや》む
13	腺	[セン]	月 にくづき	汗腺《かんせん》・前立腺《ぜんりつせん》 涙腺《るいせん》
13	詮	[詮] [セン]	言 ごんべん	詮索《せんさく》・詮議《せんぎ》 所詮《しょせん》
14	箋	[箋] [セン]	⺮ たけかんむり	付箋《ふせん》・処方箋《しょほうせん》 便箋《びんせん》
16	膳	[ゼン]	月 にくづき	膳《ぜん》・配膳《はいぜん》 本膳《ほんぜん》
8 ソ	狙	[ソ] [ねらう]	犭 けものへん	狙撃《そげき》 獲物《えもの》を狙《ねら》う
14	遡	[遡] [ソ]高 [さかのぼる]	辶 しんにょう しんにゅう	遡及《そきゅう》・遡上《そじょう》 遡行《そこう》・遡《さかのぼ》る
11	曽	[ソウ] [ゾ]	曰 ひらび いわく	曽祖父《そうそふ》・曽孫《そうそん》 未曽有《みぞう》
11	爽	[ソウ] [さわやか]	大 だい	爽快《そうかい》・爽秋《そうしゅう》 爽《さわ》やかな季節《きせつ》
12	痩	[ソウ]高 [やせる]	疒 やまいだれ	痩身《そうしん》・痩骨《そうこつ》 痩《や》せる
15	踪	[ソウ]	𧾷 あしへん	失踪《しっそう》 踪跡《そうせき》

10	捉	[ソク] [とらえる]	扌 てへん	捕捉《ほそく》・把捉《はそく》 意味《いみ》を捉《とら》える
14	遜	[遜] [ソン]	辶 しんにょう しんにゅう	謙遜《けんそん》・不遜《ふそん》 遜色《そんしょく》
7 タ	汰	[タ]	氵 さんずい	表沙汰《おもてざた》 沙汰《さた》
11	唾	[ダ] [つば]	口 くちへん	唾棄《だき》・唾液《だえき》 唾《つば》・眉唾《まゆつば》
11	堆	[タイ]	土 つちへん	堆積《たいせき》 堆肥《たいひ》
17	戴	[タイ]	戈 ほこづくり ほこがまえ	戴冠《たいかん》 頂戴《ちょうだい》
15	誰	[だれ]	言 ごんべん	誰《だれ》 誰彼《だれかれ》
5	旦	[タン] [ダン]	日 ひ	一旦《いったん》・元旦《がんたん》 旦日《たんじつ》・旦那《だんな》
14	綻	[タン] [ほころびる]	糸 いとへん	破綻《はたん》 服《ふく》が綻《ほころ》びる
16 チ	緻	[チ]	糸 いとへん	緻密《ちみつ》・精緻《せいち》 巧緻《こうち》
10	酎	[チュウ]	酉 とりへん	焼酎《しょうちゅう》

12	貼	[チョウ] [はる]	貝 かいへん	貼付《ちょう(てん)ぷ(ぶ)》 紙《かみ》を貼《は》る
15	嘲	[嘲] [チョウ] [あざける]	口 くちへん	嘲笑《ちょうしょう》・自嘲《じちょう》 失敗《しっぱい》を嘲《あざけ》る
10	捗	[捗] [チョク]	扌 てへん	進捗《しんちょく》
12 ツ	椎	[ツイ]	木 きへん	椎間板《ついかんばん》 脊椎《せきつい》
4	爪	[つめ] [つま]	爪 つめ	生爪《なまづめ》・爪先《つまさき》 爪弾《つまび》く
21	鶴	[つる]	鳥 とり	鶴《つる》・鶴亀《つるかめ》 千羽鶴《せんばづる》
16 テ	諦	[テイ] [あきらめる]	言 ごんべん	諦観《ていかん》・諦念《ていねん》 夢《ゆめ》を諦《あきら》める
13	溺	[溺] [デキ] [おぼれる]	氵 さんずい	溺愛《できあい》・惑溺《わくでき》 海《うみ》で溺《おぼ》れる
13	填	[填] [テン]	土 つちへん	装填《そうてん》 補填《ほてん》
8 ト	妬	[ト] [ねたむ]	女 おんなへん	嫉妬《しっと》 妬《ねた》む
16	賭	[賭] [ト]高 [かける]	貝 かいへん	賭博《とばく》・賭場《とば》 賭《か》ける・賭《か》け
18	藤	[トウ] [ふじ]	艹 くさかんむり	葛藤《かっとう》・藤花《とうか》 藤色《ふじいろ》
17	瞳	[ドウ] [ひとみ]	目 めへん	瞳孔《どうこう》・瞳子《どうし》 瞳《ひとみ》を凝《こ》らす
13	頓	[トン]	頁 おおがい	整頓《せいとん》・頓知《とんち》 頓服《とんぷく》・頓挫《とんざ》
11	貪	[ドン] [むさぼる]	貝 かい こがい	貪欲《どんよく》 惰眠《だみん》を貪《むさぼ》る
5	丼	[どんぶり] [どん]	丶 てん	丼飯《どんぶりめし》 牛丼《ぎゅうどん》
7 ナ	那	[ナ]	阝 おおざと	刹那《せつな》 旦那《だんな》
17	謎	[謎] [なぞ]	言 ごんべん	謎《なぞ》に包《つつ》まれる
17	鍋	[なべ]	金 かねへん	鍋《なべ》・牛鍋《ぎゅうなべ》 鍋料理《なべりょうり》
4 ニ	匂	[におう]	勹 つつみがまえ	ガスが匂《にお》う 匂《にお》い
9	虹	[にじ]	虫 むしへん	虹《にじ》 虹色《にじいろ》
11 ネ	捻	[ネン]	扌 てへん	捻挫《ねんざ》・捻転《ねんてん》 捻出《ねんしゅつ》
15 ハ	罵	[バ] [ののしる]	罒 あみがしら あみめ よこめ	罵声《ばせい》・罵倒《ばとう》 罵《ののし》る
10	剥	[剥] [ハク] [はがす] [はぐ] [はがれる] [はげる]	刂 りっとう	剥製《はくせい》・剥奪《はくだつ》 布団《ふとん》を剥《は》ぐ
15	箸	[箸] [はし]	⺮ たけかんむり	箸《はし》 竹箸《たけばし》
5	氾	[ハン]	氵 さんずい	氾濫《はんらん》
6	汎	[ハン]	氵 さんずい	汎用《はんよう》 汎愛《はんあい》
12	斑	[ハン]	文 ぶん	斑点《はんてん》
9 ヒ	眉	[ビ]高 [ミ] [まゆ]	目 め	焦眉《しょうび》・白眉《はくび》 眉間《みけん》・眉毛《まゆげ》
15	膝	[ひざ]	月 にくづき	膝《ひざ》・膝頭《ひざがしら》 膝小僧《ひざこぞう》
7	肘	[ひじ]	月 にくづき	肩肘《かたひじ》・肘鉄《ひじてつ》 肘掛《ひじか》け
9 フ	訃	[フ]	言 ごんべん	訃報《ふほう》 訃音《ふいん(おん)》
15 ヘ	蔽	[蔽] [ヘイ]	艹 くさかんむり	隠蔽《いんぺい》 遮蔽《しゃへい》

索引	画数	漢字	読み	部首	用例
	15	餅	[餠] [ヘイ] [もち]	飠 しょくへん	煎餅《せんべい》・草餅《くさもち》 餅屋《もちや》・尻餅《しりもち》
	18	璧	[ヘキ]	玉 たま	完璧《かんぺき》 双璧《そうへき》
	14	蔑	[ベツ] [さげすむ]	艹 くさかんむり	蔑視《べっし》・軽蔑《けいべつ》 侮蔑《ぶべつ》・蔑《さげす》む
ホ	10	哺	[ホ]	口 くちへん	哺《ほ》乳類《にゅうるい》
	13	蜂	[ホウ] [はち]	虫 むしへん	蜂起《ほうき》・養蜂《ようほう》 蜜蜂《みつばち》
	14	貌	[ボウ]	豸 むじなへん	全貌《ぜんぼう》・変貌《へんぼう》 美貌《びぼう》・容貌《ようぼう》
	16	頬	[頰] [ほお]	頁 おおがい	頬骨《ほおぼね》 頬張《ほおば》る
	13	睦	[ボク]	目 めへん	親睦《しんぼく》 和睦《わぼく》
	9	勃	[ボツ]	力 ちから	勃興《ぼっこう》・勃発《ぼっぱつ》 勃然《ぼつぜん》
マ	9	昧	[マイ]	日 ひへん	愚昧《ぐまい》・曖昧《あいまい》 三昧《ざんまい(さんまい)》
	8	枕	[まくら]	木 きへん	枕《まくら》・枕元《まくらもと》 膝枕《ひざまくら》

索引	画数	漢字	読み	部首	用例
ミ	14	蜜	[ミツ]	虫 むし	蜜《みつ》・蜜月《みつげつ》 蜜蜂《みつばち》
メ	10	冥	[メイ] [ミョウ]㊫	冖 わかんむり	冥福《めいふく》・冥土《めいど》 冥加《みょうが》・冥利《みょうり》
	16	麺	[メン]	麦 ばくにょう	麺類《めんるい》
ヤ	7	冶	[ヤ]	冫 にすい	冶金《やきん》 陶冶《とうや》
	8	弥	[や]	弓 ゆみへん	弥生《やよい》
	17	闇	[やみ]	門 もんがまえ	闇《やみ》・闇夜《やみよ》 闇市《やみいち》・暗闇《くらやみ》
ユ	12	喩	[喻] [ユ]	口 くちへん	比喩《ひゆ》 隠喩《いんゆ》
	12	湧	[ユウ] [わく]	氵 さんずい	湧水《ゆうすい》・湧出《ゆうしゅつ》 湧泉《ゆうせん》・湧《わ》く
ヨ	7	妖	[ヨウ] [あやしい]	女 おんなへん	妖怪《ようかい》・妖艶《ようえん》 妖《あや》しい影《かげ》
	14	瘍	[ヨウ]	疒 やまいだれ	潰瘍《かいよう》 腫瘍《しゅよう》
	7	沃	[ヨク]	氵 さんずい	豊沃《ほうよく》・肥沃《ひよく》 沃土《よくど》

索引	画数	漢字	読み	部首	用例
ラ	8	拉	[ラ]	扌 てへん	拉致《らち》
	14	辣	[ラツ]	辛 からい	辣腕《らつわん》 辛辣《しんらつ》
	18	藍	[ラン]㊫ [あい]	艹 くさかんむり	出藍《しゅつらん》 藍《あい》・藍染《あいぞ》め
リ	14	璃	[リ]	𤣩 おうへん たまへん	浄瑠璃《じょうるり》 瑠璃色《るりいろ》
	13	慄	[リツ]	忄 りっしんべん	戦慄《せんりつ》 慄然《りつぜん》
	9	侶	[リョ]	亻 にんべん	僧侶《そうりょ》 伴侶《はんりょ》
	17	瞭	[リョウ]	目 めへん	明瞭《めいりょう》 瞭然《りょうぜん》
ル	14	瑠	[ル]	𤣩 おうへん たまへん	浄瑠璃《じょうるり》 瑠璃色《るりいろ》
ロ	7	呂	[ロ]	口 くち	風呂《ふろ》 語呂《ごろ》
	13	賂	[ロ]	貝 かいへん	賄賂《わいろ》
	7	弄	[ロウ] [もてあそぶ]	廾 こまぬき にじゅうあし	翻弄《ほんろう》・愚弄《ぐろう》 弄《ろう》する・弄《もてあそ》ぶ

22	19	10 ワ
籠	麓	脇
［ロウ］高 ［かご］［こもる］	［ロク］［ふもと］	［わき］
⺮ たけかんむり	木 き	月 にくづき
籠城《ろうじょう》・籠絡《ろうらく》 籠《かご》・籠《こ》もる	山麓《さんろく》 麓《ふもと》	脇見《わきみ》・脇目《わきめ》 両脇《りょうわき》・脇役《わきやく》

許容字体について

2級配当漢字には、常用漢字表（内閣告示）に記された字体の他に、**許容字体**として正答と認められる字体をもつ漢字が**25字**あります。自分の覚えやすい方の字体を覚えるとよいでしょう。

○が形の異なる部分です。

漢字	淫	牙	葛	嗅
許容字体	淫	牙	葛	嗅

漢字	僅	惧	稽	餌
許容字体	僅	惧	稽	餌

漢字	煎	詮	箋	遡	遜	嘲	捗	溺	塡
許容字体	煎	詮	箋	遡	遜	嘲	捗	溺	填

漢字	賭	謎	剝	蔽	箸	餅	頰	喩
許容字体	賭	謎	剥	蔽	箸	餅	頬	喻

覚えておきたい 準2級配当漢字表

328字

漢字検定2級では、「準2級配当漢字」からも出題されます。2012年度以前の審査基準では準2級配当漢字は2級の配当とされていたため、多くの漢字が準2級配当漢字より出題されます。また、㊀は高校で習う読みですが、2級では全ての高校で習う読みが出題範囲となっています。

画数	五十音順	漢字	読み	部首と部首名	用例
11	カ	渇	[カツ] [かわく]㊀	氵 さんずい	渇望《かつぼう》・渇水《かっすい》 喉《のど》が渇《かわ》く

画数／五十音順です／◀漢字／◀読み（カタカナは音読み、ひらがなは訓読み、黒字は送りがな、㊀は高校で習う読み）／◀部首と部首名／◀用例

画数	五十音	漢字	読み	部首	部首名	用例
7	ア	亜	[ア]	二	に	亜流《ありゅう》・亜麻《あま》 亜熱帯《あねったい》
11	イ	尉	[イ]	寸	すん	尉官《いかん》・一尉《いちい》 大尉《たいい》
11		逸	[イツ]	⻍	しんにょう しんにゅう	秀逸《しゅういつ》・安逸《あんいつ》 逸《いっ》する
9		姻	[イン]	女	おんなへん	姻族《いんぞく》 婚姻《こんいん》
19		韻	[イン]	音	おと	韻律《いんりつ》・余韻《よいん》 音韻《おんいん》・韻文《いんぶん》
10	ウ	畝	[うね]	田	た	畝《うね》 畝織《うねおり》
10		浦	[うら]	氵	さんずい	浦《うら》・浦風《うらかぜ》 浦波《うらなみ》
9	エ	疫	[エキ] [ヤク]㊀	疒	やまいだれ	検疫《けんえき》・悪疫《あくえき》 免疫《めんえき》・疫病神《やくびょうがみ》
15		謁	[エツ]	言	ごんべん	謁見《えっけん》・拝謁《はいえつ》 謁《えっ》する
13		猿	[エン] [さる]	犭	けものへん	犬猿《けんえん》・類人猿《るいじんえん》 猿知恵《さるぢえ》
5	オ	凹	[オウ]	凵	うけばこ	凹凸《おうとつ》 凹面鏡《おうめんきょう》
10		翁	[オウ]	羽	はね	老翁《ろうおう》
13		虞	[おそれ]	虍	とらがしら とらかんむり	大雨《おおあめ》の虞《おそれ》
12	カ	渦	[カ]㊀ [うず]	氵	さんずい	渦中《かちゅう》 渦潮《うずしお》・渦巻《うずま》く
13		禍	[カ]	ネ	しめすへん	禍福《かふく》・惨禍《さんか》 災禍《さいか》・禍根《かこん》
13		靴	[カ]㊀ [くつ]	革	かわへん	靴擦《くつず》れ 上靴《うわぐつ》・革靴《かわぐつ》
14		寡	[カ]	宀	うかんむり	寡黙《かもく》・寡聞《かぶん》 多寡《たか》・寡少《かしょう》
15		稼	[カ]㊀ [かせぐ]	禾	のぎへん	稼業《かぎょう》・稼働《かどう》 稼《かせ》ぐ

画数	漢字	読み	部首	用例
10	蚊	［か］	虫 むしへん	蚊柱《かばしら》・蚊《か》 蚊取《かと》り線香《せんこう》
8	拐	［カイ］	扌 てへん	拐帯《かいたい》 誘拐《ゆうかい》
16	懐	［カイ］［ふところ］(高)［なつかしい］(高)［なつかしむ］(高)［なつく］(高)［なつける］(高)	忄 りっしんべん	懐中《かいちゅう》・述懐《じゅっかい》 懐古《かいこ》・懐石《かいせき》 本懐《ほんかい》・懐柔《かいじゅう》 懐手《ふところで》・懐《なつ》かしい
8	劾	［ガイ］	力 ちから	弾劾《だんがい》
11	涯	［ガイ］	氵 さんずい	生涯《しょうがい》・天涯《てんがい》 境涯《きょうがい》
9	垣	［かき］	土 つちへん	垣根《かきね》・石垣《いしがき》 人垣《ひとがき》
10	核	［カク］	木 きへん	核心《かくしん》・中核《ちゅうかく》 結核《けっかく》
11	殻	［カク］［から］	殳 るまた ほこづくり	甲殻《こうかく》・地殻《ちかく》 殻《から》・貝殻《かいがら》
17	嚇	［カク］	口 くちへん	威嚇《いかく》
9	括	［カツ］	扌 てへん	括弧《かっこ》・一括《いっかつ》 包括《ほうかつ》・統括《とうかつ》
11	喝	［カツ］	口 くちへん	喝破《かっぱ》・一喝《いっかつ》 恐喝《きょうかつ》
11	渇	［カツ］［かわく］(高)	氵 さんずい	渇望《かつぼう》・渇水《かっすい》 喉《のど》が渇《かわ》く
13	褐	［カツ］	衤 ころもへん	褐色《かっしょく》・茶褐色《ちゃかっしょく》 褐炭《かったん》
17	轄	［カツ］	車 くるまへん	管轄《かんかつ》・所轄《しょかつ》 直轄《ちょっかつ》・総轄《そうかつ》
5	且	［かつ］	一 いち	飲《の》み且《か》つ食《く》う
6	缶	［カン］	缶 ほとぎ	缶詰《かんづめ》 缶《かん》
10	陥	［カン］［おちいる］［おとしいれる］(高)	阝 こざとへん	陥没《かんぼつ》・欠陥《けっかん》 陥《おちい》る・陥《おとしい》れる
11	患	［カン］［わずらう］(高)	心 こころ	患部《かんぶ》・疾患《しっかん》 大患《たいかん》・長患《ながわずら》い
12	堪	［カン］(高)［たえる］	土 つちへん	堪忍《かんにん》 任《にん》に堪《た》える
12	棺	［カン］	木 きへん	棺《かん》おけ 石棺《せっかん》・出棺《しゅっかん》
12	款	［カン］	欠 あくび かける	定款《ていかん》・借款《しゃっかん》 落款《らっかん》・約款《やっかん》
12	閑	［カン］	門 もんがまえ	閑静《かんせい》・森閑《しんかん》 安閑《あんかん》・閑散《かんさん》
13	寛	［カン］	宀 うかんむり	寛大《かんだい》・寛容《かんよう》 寛厳《かんげん》
16	憾	［カン］	忄 りっしんべん	遺憾《いかん》
16	還	［カン］	辶 しんにょう しんにゅう	帰還《きかん》・召還《しょうかん》 還元《かんげん》・償還《しょうかん》
21	艦	［カン］	舟 ふねへん	艦船《かんせん》・艦隊《かんたい》 艦艇《かんてい》・艦長《かんちょう》
13	頑	［ガン］	頁 おおがい	頑強《がんきょう》・頑是《がんぜ》 頑固《がんこ》・頑迷《がんめい》
10 キ	飢	［キ］［うえる］	食 しょくへん	飢餓《きが》 愛情《あいじょう》に飢《う》える
8	宜	［ギ］	宀 うかんむり	適宜《てきぎ》・便宜《べんぎ》 時宜《じぎ》
11	偽	［ギ］［いつわる］［にせ］(高)	亻 にんべん	虚偽《きょぎ》・真偽《しんぎ》 偽《いつわ》る・偽物《にせもの》
17	擬	［ギ］	扌 てへん	擬音《ぎおん》・模擬《もぎ》 擬似《ぎじ》・擬態《ぎたい》
9	糾	［キュウ］	糸 いとへん	糾弾《きゅうだん》・糾明《きゅうめい》 紛糾《ふんきゅう》
15	窮	［キュウ］［きわめる］(高)［きわまる］(高)	穴 あなかんむり	窮地《きゅうち》・窮屈《きゅうくつ》 窮迫《きゅうはく》・困窮《こんきゅう》
8	拒	［キョ］［こばむ］	扌 てへん	拒絶《きょぜつ》・拒否《きょひ》 申《もう》し出《で》を拒《こば》む
8	享	［キョウ］	亠 なべぶた けいさんかんむり	享有《きょうゆう》・享受《きょうじゅ》 享楽《きょうらく》・享年《きょうねん》

9	挟	[キョウ]高 [はさむ] [はさまる]	扌 てへん	挟撃《きょうげき》・挟殺《きょうさつ》 挟《はさ》む・挟《はさ》まる
10	恭	[キョウ] [うやうやしい]高	小 したごころ	恭賀《きょうが》・恭順《きょうじゅん》 恭《うやうや》しい態度《たいど》
17	矯	[キョウ] [ためる]高	矢 やへん	矯正《きょうせい》・奇矯《ききょう》 矯《た》め直《なお》す
12	暁	[ギョウ]高 [あかつき]	日 ひへん	暁天《ぎょうてん》・今暁《こんぎょう》 成功《せいこう》の暁《あかつき》には
11	菌	[キン]	艹 くさかんむり	滅菌《めっきん》・殺菌《さっきん》 抗菌《こうきん》・無菌《むきん》
12	琴	[キン] [こと]	王 おう	木琴《もっきん》・琴線《きんせん》 大正琴《たいしょうごと》
17	謹	[キン] [つつしむ]	言 ごんべん	謹慎《きんしん》・謹呈《きんてい》 謹《つつし》む・謹厳《きんげん》
18	襟	[キン]高 [えり]	衤 ころもへん	襟《えり》・襟足《えりあし》 襟元《えりもと》・襟章《えりしょう》
7	吟	[ギン]	口 くちへん	吟味《ぎんみ》・吟詠《ぎんえい》 吟醸《ぎんじょう》・独吟《どくぎん》
ク 12	隅	[グウ] [すみ]	阝 こざとへん	隅隅《すみずみ》・一隅《いちぐう》 隅《すみ》・片隅《かたすみ》
15	勲	[クン]	力 ちから	勲功《くんこう》・勲章《くんしょう》 叙勲《じょくん》・殊勲《しゅくん》
16	薫	[クン]高 [かおる]	艹 くさかんむり	薫風《くんぷう》・薫陶《くんとう》 風薫《かぜかお》る五月《ごがつ》
ケ 8	茎	[ケイ] [くき]	艹 くさかんむり	球茎《きゅうけい》・地下茎《ちかけい》 歯茎《はぐき》・茎《くき》
11	渓	[ケイ]	氵 さんずい	渓谷《けいこく》・渓流《けいりゅう》 雪渓《せっけい》
11	蛍	[ケイ] [ほたる]	虫 むし	蛍光灯《けいこうとう》・蛍光《けいこう》 蛍雪《けいせつ》・蛍《ほたる》
15	慶	[ケイ]	心 こころ	慶弔《けいちょう》・慶事《けいじ》 同慶《どうけい》・内弁慶《うちべんけい》
13	傑	[ケツ]	亻 にんべん	傑物《けつぶつ》・傑作《けっさく》 傑出《けっしゅつ》・豪傑《ごうけつ》
13	嫌	[ケン] [ゲン] [きらう] [いや]	女 おんなへん	嫌疑《けんぎ》・機嫌《きげん》 嫌《きら》う
13	献	[ケン] [コン]	犬 いぬ	献呈《けんてい》・献身《けんしん》 文献《ぶんけん》・献立《こんだて》
17	謙	[ケン]	言 ごんべん	謙虚《けんきょ》 謙譲《けんじょう》
18	繭	[ケン]高 [まゆ]	糸 いと	繭糸《けんし》 繭玉《まゆだま》
18	顕	[ケン]	頁 おおがい	顕著《けんちょ》・顕彰《けんしょう》 露顕《ろけん》・顕在《けんざい》
20	懸	[ケン] [ケ]高 [かける] [かかる]	心 こころ	懸命《けんめい》・懸賞《けんしょう》 命懸《いのちが》け
8	弦	[ゲン] [つる]高	弓 ゆみへん	上弦《じょうげん》・管弦《かんげん》 下弦《かげん》・弦《つる》
コ 7	呉	[ゴ]	口 くち	呉服《ごふく》・呉音《ごおん》 呉越同舟《ごえつどうしゅう》
13	碁	[ゴ]	石 いし	碁石《ごいし》・碁盤《ごばん》 囲碁《いご》
6	江	[コウ] [え]	氵 さんずい	江湖《こうこ》 江戸《えど》・入《い》り江《え》
8	肯	[コウ]	肉 にく	肯定《こうてい》 首肯《しゅこう》
9	侯	[コウ]	亻 にんべん	諸侯《しょこう》・侯爵《こうしゃく》 王侯《おうこう》
9	洪	[コウ]	氵 さんずい	洪水《こうずい》 洪積層《こうせきそう》
10	貢	[コウ] [ク]高 [みつぐ]高	貝 かい こがい	貢献《こうけん》・年貢《ねんぐ》 貢《みつ》ぎ物《もの》
13	溝	[コウ] [みぞ]	氵 さんずい	下水溝《げすいこう》・海溝《かいこう》 敷居《しきい》の溝《みぞ》
16	衡	[コウ]	行 ぎょうがまえ ゆきがまえ	均衡《きんこう》・平衡《へいこう》 度量衡《どりょうこう》
17	購	[コウ]	貝 かいへん	購入《こうにゅう》・購買《こうばい》 購読《こうどく》
9	拷	[ゴウ]	扌 てへん	拷問《ごうもん》
10	剛	[ゴウ]	刂 りっとう	剛直《ごうちょく》・剛健《ごうけん》 剛胆《ごうたん》・剛腕《ごうわん》

14	酷	[コク]	酉 とりへん	酷似《こくじ》・酷《こく》 酷評《こくひょう》・過酷《かこく》
8	昆	[コン]	日 ひ	昆虫《こんちゅう》 昆《こん(こ)》布《ぶ》
17	懇	[コン] [ねんごろ]高	心 こころ	懇情《こんじょう》・懇親《こんしん》 懇意《こんい》・懇願《こんがん》
サ 10	唆	[サ] [そそのかす]高	口 くちへん	教唆《きょうさ》・示唆《しさ》 悪事《あくじ》を唆《そそのか》す
12	詐	[サ]	言 ごんべん	詐欺《さぎ》・詐取《さしゅ》 詐称《さしょう》
9	砕	[サイ] [くだく] [くだける]	石 いしへん	砕石《さいせき》・粉砕《ふんさい》 心《こころ》を砕《くだ》く
10	宰	[サイ]	宀 うかんむり	宰領《さいりょう》・宰相《さいしょう》 主宰《しゅさい》
10	栽	[サイ]	木 き	栽培《さいばい》・盆栽《ぼんさい》 植栽《しょくさい》
11	斎	[サイ]	斉 せい	斎場《さいじょう》・潔斎《けっさい》 書斎《しょさい》
10	索	[サク]	糸 いと	索引《さくいん》・思索《しさく》 捜索《そうさく》・検索《けんさく》
12	酢	[サク] [す]	酉 とりへん	酢酸《さくさん》・酢豚《すぶた》 甘酢《あまず》
10	桟	[サン]	木 きへん	桟道《さんどう》・桟橋《さんばし》
12	傘	[サン] [かさ]高	人 ひとやね	傘下《さんか》・落下傘《らっかさん》 傘《かさ》・日傘《ひがさ》
シ 8	肢	[シ]	月 にくづき	肢体《したい》・下肢《かし》 四肢《しし》・選択肢《せんたくし》
13	嗣	[シ]	口 くち	嗣子《しし》 嫡嗣《ちゃくし》
15	賜	[シ]高 [たまわる]	貝 かいへん	賜暇《しか》・恩賜《おんし》 お言葉《ことば》を賜《たまわ》る
19	璽	[ジ]	玉 たま	御璽《ぎょじ》 国璽《こくじ》
14	漆	[シツ] [うるし]	氵 さんずい	漆器《しっき》・漆黒《しっこく》 漆塗《うるしぬ》り
14	遮	[シャ] [さえぎる]	辶 しんにょう しんにゅう	遮断《しゃだん》・遮光《しゃこう》 話《はなし》を遮《さえぎ》る
11	蛇	[ジャ] [ダ] [へび]	虫 むしへん	蛇腹《じゃばら》・長蛇《ちょうだ》 蛇行《だこう》・蛇《へび》
10	酌	[シャク] [くむ]高	酉 とりへん	晩酌《ばんしゃく》・酌量《しゃくりょう》 媒酌《ばいしゃく》・酌《く》む
17	爵	[シャク]	爫 つめかんむり つめがしら	爵位《しゃくい》・伯爵《はくしゃく》 侯爵《こうしゃく》
10	珠	[シュ]	王 おうへん たまへん	珠玉《しゅぎょく》・珠算《しゅざん》 真珠《しんじゅ》
16	儒	[ジュ]	亻 にんべん	儒学《じゅがく》・儒教《じゅきょう》 儒者《じゅしゃ》
5	囚	[シュウ]	囗 くにがまえ	囚人《しゅうじん》・幽囚《ゆうしゅう》 死刑囚《しけいしゅう》
9	臭	[シュウ] [くさい] [におう]	自 みずから	異臭《いしゅう》・体臭《たいしゅう》 泥臭《どろくさ》い・臭《くさ》い
13	愁	[シュウ] [うれえる]高 [うれい]高	心 こころ	愁傷《しゅうしょう》・哀愁《あいしゅう》 愁《うれ》える・愁《うれ》い
13	酬	[シュウ]	酉 とりへん	報酬《ほうしゅう》 応酬《おうしゅう》
17	醜	[シュウ] [みにくい]	酉 とりへん	美醜《びしゅう》・醜態《しゅうたい》 醜聞《しゅうぶん》・醜《みにく》い
5	汁	[ジュウ] [しる]	氵 さんずい	果汁《かじゅう》・苦汁《くじゅう》 胆汁《たんじゅう》・汁粉《しるこ》
6	充	[ジュウ] [あてる]高	儿 ひとあし にんにょう	充実《じゅうじつ》・充電《じゅうでん》 補充《ほじゅう》・充《あ》てる
11	渋	[ジュウ] [しぶ][しぶい] [しぶる]	氵 さんずい	渋滞《じゅうたい》・苦渋《くじゅう》 渋皮《しぶかわ》・茶渋《ちゃしぶ》
14	銃	[ジュウ]	金 かねへん	銃口《じゅうこう》・銃創《じゅうそう》 銃声《じゅうせい》・小銃《しょうじゅう》
8	叔	[シュク]	又 また	叔父《おじ》・叔母《おば》 伯叔《はくしゅく》
11	淑	[シュク]	氵 さんずい	淑女《しゅくじょ》・貞淑《ていしゅく》 私淑《ししゅく》
11	粛	[シュク]	聿 ふでづくり	粛清《しゅくせい》・粛正《しゅくせい》 厳粛《げんしゅく》・自粛《じしゅく》

14	塾	[ジュク]	土 つち	私塾《しじゅく》・学習塾《がくしゅうじゅく》 塾生《じゅくせい》
9	俊	[シュン]	イ にんべん	俊敏《しゅんびん》・俊足《しゅんそく》 俊傑《しゅんけつ》・俊才《しゅんさい》
10	准	[ジュン]	冫 にすい	批准《ひじゅん》
10	殉	[ジュン]	歹 かばねへん いちたへん がつへん	殉死《じゅんし》・殉職《じゅんしょく》 殉教《じゅんきょう》
12	循	[ジュン]	彳 ぎょうにんべん	循環《じゅんかん》・因循《いんじゅん》 循環器《じゅんかんき》
11	庶	[ショ]	广 まだれ	庶民《しょみん》 庶務《しょむ》
14	緒	[ショ] [チョ] [お]	糸 いとへん	内緒《ないしょ》・一緒《いっしょ》 情緒《じょうちょ(しょ)》・鼻緒《はなお》
9	叙	[ジョ]	又 また	叙景《じょけい》・叙勲《じょくん》 叙情《じょじょう》・自叙伝《じじょでん》
4	升	[ショウ] [ます]	十 じゅう	一升《いっしょう》 升席《ますせき》・升目《ますめ》
7	抄	[ショウ]	扌 てへん	抄録《しょうろく》・抄本《しょうほん》 抄訳《しょうやく》
7	肖	[ショウ]	肉 にく	肖像《しょうぞう》 不肖《ふしょう》
8	尚	[ショウ]	⺌ しょう	尚早《しょうそう》 高尚《こうしょう》
10	宵	[ショウ](高) [よい]	宀 うかんむり	徹宵《てっしょう》 宵宮《よいみや》・宵《よい》の口《くち》
10	症	[ショウ]	疒 やまいだれ	症状《しょうじょう》・感染症《かんせんしょう》 炎症《えんしょう》・症候群《しょうこうぐん》
10	祥	[ショウ]	ネ しめすへん	発祥《はっしょう》・吉祥《きっしょう》 不祥事《ふしょうじ》
11	渉	[ショウ]	氵 さんずい	渉外《しょうがい》・干渉《かんしょう》 交渉《こうしょう》
11	訟	[ショウ]	言 ごんべん	訴訟《そしょう》
12	硝	[ショウ]	石 いしへん	硝煙《しょうえん》・硝石《しょうせき》 硝酸《しょうさん》
12	粧	[ショウ]	米 こめへん	化粧《けしょう》
12	詔	[ショウ] [みことのり](高)	言 ごんべん	詔勅《しょうちょく》 詔書《しょうしょ》
13	奨	[ショウ]	大 だい	奨励《しょうれい》・推奨《すいしょう》 勧奨《かんしょう》
14	彰	[ショウ]	彡 さんづくり	表彰《ひょうしょう》 顕彰《けんしょう》
17	償	[ショウ] [つぐなう]	イ にんべん	有償《ゆうしょう》・代償《だいしょう》 償還《しょうかん》・償《つぐな》う
17	礁	[ショウ]	石 いしへん	岩礁《がんしょう》・暗礁《あんしょう》 座礁《ざしょう》
9	浄	[ジョウ]	氵 さんずい	浄化《じょうか》・洗浄《せんじょう》 自浄《じじょう》・浄財《じょうざい》
11	剰	[ジョウ]	刂 りっとう	剰余《じょうよ》・過剰《かじょう》 余剰《よじょう》・剰員《じょういん》
16	壌	[ジョウ]	土 つちへん	土壌《どじょう》
20	醸	[ジョウ] [かもす](高)	酉 とりへん	醸造《じょうぞう》・醸成《じょうせい》 吟醸《ぎんじょう》・醸《かも》す
9	津	[シン](高) [つ]	氵 さんずい	興味津津《きょうみしんしん》 津波《つなみ》
10	唇	[シン](高) [くちびる]	口 くち	口唇《こうしん》 唇《くちびる》をかむ
10	娠	[シン]	女 おんなへん	妊娠《にんしん》
11	紳	[シン]	糸 いとへん	紳士《しんし》
12	診	[シン] [みる]	言 ごんべん	診察《しんさつ》・診断《しんだん》 打診《だしん》・診《み》る
3	刃	[ジン](高) [は]	刀 かたな	自刃《じじん》・刃物《はもの》 刃先《はさき》・刃渡《はわた》り
6	迅	[ジン]	辶 しんにょう しんにゅう	迅速《じんそく》 疾風迅雷《しっぷうじんらい》
9	甚	[ジン](高) [はなはだ] [はなはだしい]	甘 かん あまい	甚大《じんだい》・甚《はなは》だ 甚《はなは》だしい

行	画数	漢字	読み	部首	用例
ス	9	帥	[スイ]	巾 はば	総帥《そうすい》・統帥《とうすい》 元帥《げんすい》
	13	睡	[スイ]	目 めへん	睡眠《すいみん》・熟睡《じゅくすい》 睡魔《すいま》・一睡《いっすい》
	8	枢	[スウ]	木 きへん	枢軸《すうじく》・枢要《すうよう》 中枢《ちゅうすう》
	11	崇	[スウ]	山 やま	崇高《すうこう》・崇敬《すうけい》 崇拝《すうはい》
	11	据	[すえる] [すわる]	扌 てへん	見据《みす》える 据《す》える・据《す》わる
	7	杉	[すぎ]	木 きへん	杉《すぎ》 杉並木《すぎなみき》
セ	8	斉	[セイ]	斉 せい	斉唱《せいしょう》 一斉《いっせい》
	10	逝	[セイ] [ゆく]高 [いく]高	辶 しんにょう しんにゅう	逝去《せいきょ》・急逝《きゅうせい》 恩人《おんじん》が逝《ゆ(い)》く
	14	誓	[セイ] [ちかう]	言 げん	誓約《せいやく》・宣誓《せんせい》 心《こころ》に誓《ちか》う
	8	析	[セキ]	木 きへん	解析《かいせき》・透析《とうせき》 分析《ぶんせき》
	8	拙	[セツ] [つたない]	扌 てへん	巧拙《こうせつ》・稚拙《ちせつ》 拙速《せっそく》・拙劣《せつれつ》
	9	窃	[セツ]	穴 あなかんむり	窃盗《せっとう》 窃取《せっしゅ》
	5	仙	[セン]	亻 にんべん	仙境《せんきょう》・仙薬《せんやく》 仙人《せんにん》・仙骨《せんこつ》
	10	栓	[セン]	木 きへん	栓《せん》・消火栓《しょうかせん》 耳栓《みみせん》
	11	旋	[セン]	方 ほうへん かたへん	旋回《せんかい》・旋律《せんりつ》 周旋《しゅうせん》・旋風《せんぷう》
	13	践	[セン]	足 あしへん	実践《じっせん》
	15	遷	[セン]	辶 しんにょう しんにゅう	変遷《へんせん》・左遷《させん》 遷都《せんと》
	16	薦	[セン] [すすめる]	艹 くさかんむり	自薦《じせん》・推薦《すいせん》 他薦《たせん》・薦《すす》める
	17	繊	[セン]	糸 いとへん	繊細《せんさい》・繊維《せんい》 化繊《かせん》
	13	禅	[ゼン]	礻 しめすへん	座禅《ざぜん》・禅問答《ぜんもんどう》 禅宗《ぜんしゅう》・禅譲《ぜんじょう》
	14	漸	[ゼン]	氵 さんずい	漸進《ぜんしん》・漸次《ぜんじ》 漸増《ぜんぞう》
ソ	10	租	[ソ]	禾 のぎへん	租借《そしゃく》・租税《そぜい》 公租公課《こうそこうか》
	12	疎	[ソ] [うとい]高 [うとむ]高	𧾷 ひきへん	疎外《そがい》・過疎《かそ》 空疎《くうそ》・疎《うと》む
	13	塑	[ソ]	土 つち	塑像《そぞう》・彫塑《ちょうそ》 可塑性《かそせい》
	6	壮	[ソウ]	士 さむらい	壮絶《そうぜつ》・壮観《そうかん》 豪壮《ごうそう》・壮麗《そうれい》
	9	荘	[ソウ]	艹 くさかんむり	山荘《さんそう》・別荘《べっそう》 荘厳《そうごん(しょうごん)》
	10	捜	[ソウ] [さがす]	扌 てへん	捜索《そうさく》・捜査《そうさ》 人《ひと》を捜《さが》す
	10	挿	[ソウ] [さす]	扌 てへん	挿入《そうにゅう》・挿絵《さしえ》 挿話《そうわ》・挿《さ》す
	11	曹	[ソウ]	曰 ひらび いわく	重曹《じゅうそう》 法曹界《ほうそうかい》
	12	喪	[ソウ] [も]	口 くち	喪失《そうしつ》・阻喪《そそう》 喪《も》・喪中《もちゅう》
	15	槽	[ソウ]	木 きへん	水槽《すいそう》 浴槽《よくそう》
	17	霜	[ソウ]高 [しも]	雨 あめかんむり	星霜《せいそう》・霜焼《しもや》け 霜柱《しもばしら》・初霜《はつしも》
	19	藻	[ソウ] [も]	艹 くさかんむり	藻類《そうるい》・海藻《かいそう》 藻《も》くず
タ	7	妥	[ダ]	女 おんな	妥当《だとう》・妥結《だけつ》 妥協《だきょう》
	12	堕	[ダ]	土 つち	堕落《だらく》 堕《だ》する
	12	惰	[ダ]	忄 りっしんべん	遊惰《ゆうだ》・惰性《だせい》 惰眠《だみん》・惰弱《だじゃく》

画数	漢字	読み	部首	用例
14	駄	[ダ]	馬 うまへん	駄弁《だべん》・駄作《ださく》 駄菓子《だがし》
10	泰	[タイ]	氺 したみず	泰然《たいぜん》・泰斗《たいと》 安泰《あんたい》
17	濯	[タク]	氵 さんずい	洗濯《せんたく》
7	但	[ただし]	亻 にんべん	但《ただ》し書《が》き
12	棚	[たな]	木 きへん	棚《たな》・棚上《たなあ》げ 棚田《たなだ》・網棚《あみだな》
13 チ	痴	[チ]	疒 やまいだれ	音痴《おんち》・痴態《ちたい》 愚痴《ぐち》・痴情《ちじょう》
10	逐	[チク]	辶 しんにょう しんにゅう	駆逐《くちく》・逐次《ちくじ》 逐語訳《ちくごやく》・放逐《ほうちく》
10	秩	[チツ]	禾 のぎへん	秩序《ちつじょ》
14	嫡	[チャク]	女 おんなへん	嫡嗣《ちゃくし》・嫡子《ちゃくし》 嫡流《ちゃくりゅう》
9	衷	[チュウ]	衣 ころも	衷心《ちゅうしん》・折衷《せっちゅう》 苦衷《くちゅう》
4	弔	[チョウ] [とむらう]	弓 ゆみ	慶弔《けいちょう》・弔慰《ちょうい》 弔電《ちょうでん》・弔《とむら》う
9	挑	[チョウ] [いどむ]	扌 てへん	挑戦《ちょうせん》・挑発《ちょうはつ》 決戦《けっせん》を挑《いど》む
11	眺	[チョウ] [ながめる]	目 めへん	眺望《ちょうぼう》 空《そら》を眺《なが》める
11	釣	[チョウ]高 [つる]	金 かねへん	釣果《ちょうか》・釣魚《ちょうぎょ》 釣《つ》る
18	懲	[チョウ] [こりる] [こらす] [こらしめる]	心 こころ	懲役《ちょうえき》・懲戒《ちょうかい》 懲罰《ちょうばつ》・懲《こ》らす
9	勅	[チョク]	力 ちから	勅願《ちょくがん》・勅使《ちょくし》 詔勅《しょうちょく》
10	朕	[チン]	月 つきへん	朕《ちん》は国家《こっか》なり
12 ツ	塚	[つか]	土 つちへん	塚《つか》・一里塚《いちりづか》 貝塚《かいづか》
14	漬	[つける] [つかる]	氵 さんずい	塩漬《しおづ》け・茶漬《ちゃづ》け 漬《つ》ける
8	坪	[つぼ]	土 つちへん	建坪《たてつぼ》・坪《つぼ》 坪庭《つぼにわ》
7 テ	呈	[テイ]	口 くち	進呈《しんてい》・贈呈《ぞうてい》 献呈《けんてい》・露呈《ろてい》
7	廷	[テイ]	廴 えんにょう	宮廷《きゅうてい》・法廷《ほうてい》 出廷《しゅってい》
8	邸	[テイ]	阝 おおざと	邸内《ていない》・邸宅《ていたく》 豪邸《ごうてい》・官邸《かんてい》
9	亭	[テイ]	亠 なべぶた けいさんかんむり	亭主《ていしゅ》 料亭《りょうてい》
9	貞	[テイ]	貝 かい こがい	貞淑《ていしゅく》・貞操《ていそう》 貞節《ていせつ》
10	逓	[テイ]	辶 しんにょう しんにゅう	逓減《ていげん》・逓増《ていぞう》 逓信《ていしん》・逓送《ていそう》
11	偵	[テイ]	亻 にんべん	偵察《ていさつ》・密偵《みってい》 内偵《ないてい》
13	艇	[テイ]	舟 ふねへん	艦艇《かんてい》・舟艇《しゅうてい》 競艇《きょうてい》
8	泥	[デイ]高 [どろ]	氵 さんずい	泥炭《でいたん》・泥沼《どろぬま》 泥縄《どろなわ》・泥臭《どろくさ》い
8	迭	[テツ]	辶 しんにょう しんにゅう	更迭《こうてつ》
15	徹	[テツ]	彳 ぎょうにんべん	徹夜《てつや》・貫徹《かんてつ》 徹《てっ》する・冷徹《れいてつ》
15	撤	[テツ]	扌 てへん	撤廃《てっぱい》・撤収《てっしゅう》 撤去《てっきょ》・撤回《てっかい》
11 ト	悼	[トウ] [いたむ]高	忄 りっしんべん	哀悼《あいとう》・追悼《ついとう》 悼辞《とうじ》・悼《いた》む
12	搭	[トウ]	扌 てへん	搭載《とうさい》 搭乗《とうじょう》
12	棟	[トウ] [むね] [むな]高	木 きへん	病棟《びょうとう》・別棟《べつむね》 棟《むね》・棟上《むねあ》げ
12	筒	[トウ] [つつ]	⺮ たけかんむり	水筒《すいとう》・封筒《ふうとう》 筒先《つつさき》・筒抜《つつぬ》け

索引	漢字	画数	読み	部首	部首名	用例
	謄	17	［トウ］	言	げん	謄写《とうしゃ》・謄本《とうほん》
	騰	20	［トウ］	馬	うま	騰貴《とうき》・急騰《きゅうとう》・高騰《こうとう》・暴騰《ぼうとう》
	洞	9	［ドウ］［ほら］	氵	さんずい	洞察《どうさつ》・空洞《くうどう》・洞穴《どうけつ》(ほらあな)
	督	13	［トク］	目	め	督促《とくそく》・督励《とくれい》・監督《かんとく》
	凸	5	［トツ］	凵	うけばこ	凸版《とっぱん》・凹凸《おうとつ》・凸《とつ》レンズ
	屯	4	［トン］	屮	てつ	駐屯《ちゅうとん》
ナ	軟	11	［ナン］［やわらか］［やわらかい］	車	くるまへん	軟禁《なんきん》・柔軟《じゅうなん》・軟《やわ》らかい
ニ	尼	5	［ニ］［あま］高	尸	かばね しかばね	尼僧《にそう》・尼寺《あまでら》
	妊	7	［ニン］	女	おんなへん	妊婦《にんぷ》・妊娠《にんしん》・懐妊《かいにん》・不妊《ふにん》
	忍	7	［ニン］［しのぶ］［しのばせる］	心	こころ	残忍《ざんにん》・忍苦《にんく》・忍者《にんじゃ》・忍《しの》ぶ
ネ	寧	14	［ネイ］	宀	うかんむり	安寧《あんねい》・丁寧《ていねい》
ハ	把	7	［ハ］	扌	てへん	把握《はあく》・把持《はじ》・大雑把《おおざっぱ》
	覇	19	［ハ］	襾	おおいかんむり	争覇《そうは》・覇業《はぎょう》・制覇《せいは》・覇権《はけん》
	廃	12	［ハイ］［すたれる］［すたる］	广	まだれ	撤廃《てっぱい》・廃棄《はいき》・廃坑《はいこう》・廃絶《はいぜつ》
	培	11	［バイ］［つちかう］高	土	つちへん	培養《ばいよう》・栽培《さいばい》・愛国心《あいこくしん》を培《つちか》う
	媒	12	［バイ］	女	おんなへん	触媒《しょくばい》・媒介《ばいかい》・媒体《ばいたい》・媒酌《ばいしゃく》
	賠	15	［バイ］	貝	かいへん	賠償《ばいしょう》
	伯	7	［ハク］	亻	にんべん	伯仲《はくちゅう》・伯爵《はくしゃく》・画伯《がはく》・伯父《おじ》
	舶	11	［ハク］	舟	ふねへん	舶来《はくらい》・船舶《せんぱく》
	漠	13	［バク］	氵	さんずい	広漠《こうばく》・空漠《くうばく》・漠然《ばくぜん》・砂漠《さばく》
	肌	6	［はだ］	月	にくづき	鳥肌《とりはだ》・柔肌《やわはだ》・山肌《やまはだ》・肌合《はだあ》い
	鉢	13	［ハチ］［ハツ］高	金	かねへん	鉢《はち》・鉢巻《はちま》き・火鉢《ひばち》
	閥	14	［バツ］	門	もんがまえ	派閥《はばつ》・財閥《ざいばつ》・学閥《がくばつ》
	煩	13	［ハン］［ボン］高［わずらう］［わずらわす］	火	ひへん	煩雑《はんざつ》・煩忙《はんぼう》・煩悩《ぼんのう》・煩《わずら》わす
	頒	13	［ハン］	頁	おおがい	頒布《はんぷ》・頒価《はんか》
ヒ	妃	6	［ヒ］	女	おんなへん	妃殿下《ひでんか》・王妃《おうひ》
	披	8	［ヒ］	扌	てへん	披見《ひけん》・披露《ひろう》・直披《じきひ》
	扉	12	［ヒ］高［とびら］	戸	とだれ とかんむり	開扉《かいひ》・門扉《もんぴ》・校門《こうもん》の扉《とびら》
	罷	15	［ヒ］	罒	あみがしら あみめ よこめ	罷業《ひぎょう》・罷免《ひめん》
	猫	11	［ビョウ］高［ねこ］	犭	けものへん	愛猫《あいびょう》・猫舌《ねこじた》・猫背《ねこぜ》
	賓	15	［ヒン］	貝	かい こがい	国賓《こくひん》・主賓《しゅひん》・来賓《らいひん》・貴賓《きひん》
	頻	17	［ヒン］	頁	おおがい	頻出《ひんしゅつ》・頻度《ひんど》・頻発《ひんぱつ》・頻繁《ひんぱん》
	瓶	11	［ビン］	瓦	かわら	花瓶《かびん》・鉄瓶《てつびん》・瓶詰《びんづめ》
フ	扶	7	［フ］	扌	てへん	扶助《ふじょ》・扶養《ふよう》・扶育《ふいく》
	附	8	［フ］	阝	こざとへん	附属《ふぞく》・寄附《きふ》
	譜	19	［フ］	言	ごんべん	譜面《ふめん》・年譜《ねんぷ》・棋譜《きふ》・系譜《けいふ》

画数	漢字	読み	部首	用例
8	侮	[ブ] [あなどる](高)	亻 にんべん	侮辱《ぶじょく》・軽侮《けいぶ》 実力《じつりょく》を侮《あなど》る
8	沸	[フツ] [わく] [わかす]	氵 さんずい	沸沸《ふつふつ》・沸点《ふってん》 沸《わ》く・沸《わ》かす
12	雰	[フン]	雨 あめかんむり	雰囲気《ふんいき》
15	憤	[フン] [いきどおる](高)	忄 りっしんべん	憤激《ふんげき》・義憤《ぎふん》 憤慨《ふんがい》・憤《いきどお》る
5 ヘ	丙	[ヘイ]	一 いち	丙種《へいしゅ》 甲乙丙丁《こうおつへいてい》
8	併	[ヘイ] [あわせる]	亻 にんべん	併用《へいよう》・併発《へいはつ》 合併《がっぺい》・併《あわ》せる
12	塀	[ヘイ]	土 つちへん	塀《へい》・板塀《いたべい》 土塀《どべい》
15	幣	[ヘイ]	巾 はば	紙幣《しへい》・造幣《ぞうへい》 貨幣《かへい》
15	弊	[ヘイ]	廾 こまぬき にじゅうあし	旧弊《きゅうへい》・悪弊《あくへい》 宿弊《しゅくへい》・弊社《へいしゃ》
11	偏	[ヘン] [かたよる]	亻 にんべん	偏向《へんこう》・偏在《へんざい》 偏見《へんけん》・偏《かたよ》る
12	遍	[ヘン]	辶 しんにょう しんにゅう	遍歴《へんれき》・遍路《へんろ》 満遍《まんべん》ない
8 ホ	泡	[ホウ] [あわ]	氵 さんずい	発泡《はっぽう》・気泡《きほう》 一泡《ひとあわ》・泡《あわ》
10	俸	[ホウ]	亻 にんべん	俸給《ほうきゅう》・年俸《ねんぽう》 本俸《ほんぽう》
15	褒	[ホウ] [ほめる](高)	衣 ころも	褒賞《ほうしょう》・褒美《ほうび》 善行《ぜんこう》を褒《ほ》める
10	剖	[ボウ]	刂 りっとう	解剖《かいぼう》
10	紡	[ボウ] [つむぐ](高)	糸 いとへん	混紡《こんぼう》・紡績《ぼうせき》 紡錘《ぼうすい》・紡《つむ》ぐ
6	朴	[ボク]	木 きへん	純朴《じゅんぼく》 素朴《そぼく》
14	僕	[ボク]	亻 にんべん	公僕《こうぼく》 下僕《げぼく》
15	撲	[ボク]	扌 てへん	打撲《だぼく》・撲滅《ぼくめつ》 撲殺《ぼくさつ》・相撲《すもう》
11	堀	[ほり]	土 つちへん	堀《ほり》・堀端《ほりばた》 外堀《そとぼり》・釣《つ》り堀《ぼり》
8	奔	[ホン]	大 だい	奔放《ほんぽう》・奔走《ほんそう》 狂奔《きょうほん》・出奔《しゅっぽん》
11 マ	麻	[マ] [あさ]	麻 あさ	麻《あさ》・麻酔《ますい》 麻薬《まやく》
15	摩	[マ]	手 て	摩滅《まめつ》・摩擦《まさつ》 摩天楼《まてんろう》・摩耗《まもう》
16	磨	[マ] [みがく]	石 いし	練磨《れんま》・磨耗《まもう》 研磨《けんま》・磨《みが》く
8	抹	[マツ]	扌 てへん	抹殺《まっさつ》・抹消《まっしょう》 抹茶《まっちゃ》・一抹《いちまつ》
8 ミ	岬	[みさき]	山 やまへん	宗谷岬《そうやみさき》
14 メ	銘	[メイ]	金 かねへん	銘菓《めいか》・感銘《かんめい》 銘柄《めいがら》・銘打《めいう》つ
6 モ	妄	[モウ] [ボウ](高)	女 おんな	迷妄《めいもう》・妄想《もうそう》 妄言《もうげん(ぼうげん)》
8	盲	[モウ]	目 め	盲点《もうてん》・盲従《もうじゅう》 盲導犬《もうどうけん》
10	耗	[モウ] [コウ](高)	耒 すきへん らいすき	摩耗《まもう》・消耗《しょうもう》 心神耗弱《しんしんこうじゃく》
4 ヤ	厄	[ヤク]	厂 がんだれ	厄介《やっかい》・厄年《やくどし》 厄日《やくび》
12 ユ	愉	[ユ]	忄 りっしんべん	愉快《ゆかい》 愉悦《ゆえつ》
16	諭	[ユ] [さとす]	言 ごんべん	教諭《きょうゆ》・説諭《せつゆ》 諭旨《ゆし》・諭《さと》す
18	癒	[ユ] [いえる] [いやす]	疒 やまいだれ	治癒《ちゆ》・癒着《ゆちゃく》 平癒《へいゆ》・快癒《かいゆ》
11	唯	[ユイ] [イ](高)	口 くちへん	唯美《ゆいび》・唯一《ゆいいつ》 唯唯諾諾《いいだくだく》
11	悠	[ユウ]	心 こころ	悠悠《ゆうゆう》・悠然《ゆうぜん》 悠久《ゆうきゅう》・悠長《ゆうちょう》

見出し	画数	漢字	読み	部首	部首名	用例
	12	猶	[ユウ]	犭	けものへん	猶予《ゆうよ》
	12	裕	[ユウ]	衤	ころもへん	裕福《ゆうふく》・富裕《ふゆう》 余裕《よゆう》
	16	融	[ユウ]	虫	むし	融合《ゆうごう》・金融《きんゆう》 融解《ゆうかい》・融資《ゆうし》
ヨ	11	庸	[ヨウ]	广	まだれ	凡庸《ぼんよう》 中庸《ちゅうよう》
	15	窯	[ヨウ]㊫ [かま]	穴	あなかんむり	窯業《ようぎょう》・窯元《かまもと》 窯出《かまだ》し・石窯《いしがま》
ラ	19	羅	[ラ]	罒	あみがしら あみめ よこめ	羅列《られつ》・網羅《もうら》 羅針盤《らしんばん》
	13	酪	[ラク]	酉	とりへん	酪農《らくのう》
リ	12	痢	[リ]	疒	やまいだれ	疫痢《えきり》・下痢《げり》 赤痢《せきり》
	15	履	[リ] [はく]	尸	かばね しかばね	草履《ぞうり》・履歴《りれき》 履《は》く・履物《はきもの》
	9	柳	[リュウ] [やなぎ]	木	きへん	川柳《せんりゅう》 柳腰《やなぎごし》
	10	竜	[リュウ] [たつ]	竜	りゅう	竜宮《りゅうぐう》・竜神《りゅうじん》 竜巻《たつまき》
	12	硫	[リュウ]	石	いしへん	硫酸《りゅうさん》 硫黄《いおう》
	13	虜	[リョ]	虍	とらがしら とらかんむり	虜囚《りょしゅう》 捕虜《ほりょ》
	11	涼	[リョウ] [すずしい] [すずむ]	氵	さんずい	秋涼《しゅうりょう》・涼感《りょうかん》 涼《すず》しい・涼《すず》む
	14	僚	[リョウ]	亻	にんべん	同僚《どうりょう》・官僚《かんりょう》 閣僚《かくりょう》
	15	寮	[リョウ]	宀	うかんむり	入寮《にゅうりょう》・寮《りょう》 寮母《りょうぼ》・寮生《りょうせい》
	10	倫	[リン]	亻	にんべん	倫理《りんり》・人倫《じんりん》 絶倫《ぜつりん》
ル	11	累	[ルイ]	糸	いと	係累《けいるい》・累積《るいせき》 累計《るいけい》・累《るい》
	12	塁	[ルイ]	土	つち	孤塁《こるい》・土塁《どるい》 塁審《るいしん》・盗塁《とうるい》
レ	7	戻	[レイ]㊫ [もどす] [もどる]	戸	とだれ とかんむり	返戻《へんれい》・戻《もど》る 後戻《あともど》り
	13	鈴	[レイ] [リン] [すず]	金	かねへん	予鈴《よれい》・電鈴《でんれい》 風鈴《ふうりん》・鈴虫《すずむし》
ワ	13	賄	[ワイ] [まかなう]	貝	かいへん	収賄《しゅうわい》・贈賄《ぞうわい》 一万円《いちまんえん》で賄《まかな》う
	8	枠	[わく]	木	きへん	木枠《きわく》・大枠《おおわく》 枠組《わくぐ》み・枠《わく》

資料1

重要な 熟字訓・当て字

「読み」や「書き取り」などでは、熟字訓・当て字の問題もよく出題されます。

使い方 ▼赤シートをあてて、読みのテストをしてみましょう。
漢字の上に＊がついたものは、主に高等学校で学ぶものです。とくにしっかり覚えましょう。

漢字	読み
明日	あす
小豆	あずき
＊海女・海士	あま
硫黄	いおう
意気地	いくじ
田舎	いなか
＊息吹	いぶき
海原	うなばら
乳母	うば
＊浮気	うわき
浮つく	うわつく
笑顔	えがお
叔父・伯父	おじ
大人	おとな
乙女	おとめ
叔母・伯母	おば
お巡りさん	おまわりさん
＊お神酒	おみき
＊母屋・母家	おもや
母さん	かあさん
＊神楽	かぐら
＊河岸	かし
鍛冶	かじ
風邪	かぜ
固唾	かたず
仮名	かな
＊蚊帳	かや
為替	かわせ
河原・川原	かわら
昨日	きのう
今日	きょう
果物	くだもの
＊玄人	くろうと
今朝	けさ
景色	けしき
心地	ここち
＊居士	こじ
今年	ことし
早乙女	さおとめ
＊雑魚	ざこ
＊桟敷	さじき
差し支える	さしつかえる
五月	さつき
早苗	さなえ
五月雨	さみだれ
時雨	しぐれ
尻尾	しっぽ
竹刀	しない
老舗	しにせ
芝生	しばふ
清水	しみず
三味線	しゃみせん

砂利	じゃり
*数珠	じゅず
上手	じょうず
白髪	しらが
*素人	しろうと
*師走	しわす(しはす)
*数寄屋・数奇屋	すきや
相撲	すもう
草履	ぞうり
*山車	だし
太刀	たち
立ち退く	たちのく
七夕	たなばた
足袋	たび
*稚児	ちご
一日	ついたち
*築山	つきやま
梅雨	つゆ
凸凹	でこぼこ
手伝う	てつだう
*伝馬船	てんません
*投網	とあみ
父さん	とうさん
*十重二十重	とえはたえ
*読経	どきょう
時計	とけい
友達	ともだち
*仲人	なこうど
名残	なごり
雪崩	なだれ
兄さん	にいさん
姉さん	ねえさん
*野良	のら
*祝詞	のりと
博士	はかせ
二十・二十歳	はたち
二十日	はつか
波止場	はとば
一人	ひとり
日和	ひより
二人	ふたり
二日	ふつか
吹雪	ふぶき
下手	へた
部屋	へや
迷子	まいご
真面目	まじめ
真っ赤	まっか
真っ青	まっさお
土産	みやげ
息子	むすこ
眼鏡	めがね
*猛者	もさ
紅葉	もみじ
木綿	もめん
最寄り	もより
*八百長	やおちょう
八百屋	やおや
大和	やまと
弥生	やよい
*浴衣	ゆかた
行方	ゆくえ
*寄席	よせ
若人	わこうど

資料2

重要な特別な読み

準2級以上で出題される特別な音読み・訓読みを集めました。

使い方▼文章に赤シートをあてて、大きくなっている部分の漢字の読みを覚えましょう。

- 仏道に帰依《きえ》する。
- 疫病神《やくびょうがみ》が舞い込む。
- 参拝して御利益《ごりやく》を得る。
- 久遠《くおん》の時を感じる。
- 遠くに火影《ほかげ》が見える。
- 寺院で散華《さんげ》が行われる。

- 祖先に回向《えこう》する。
- 格子《こうし》で空間を仕切る。
- 十年かかって開眼《かいげん》する。
- この期《ご》に及んで言い訳をする。
- 脚立《きゃたつ》に乗って枝を切る。
- 宮内庁《くないちょう》から発表がある。

- 虚無僧《こむそう》姿でねり歩く。
- 故人をしのび供養《くよう》する。
- 毎朝の勤行《ごんぎょう》は欠かさない。
- 寺は平安時代に建立《こんりゅう》された。
- 欲望の権化《ごんげ》と化す。
- 霊験《れいげん》あらたかな神社に行く。
- 先々のことを懸念《けねん》する。
- 荘厳《そうごん》な雰囲気に感動する。
- 寺の庫裏《くり》を改装する。
- 功徳《くどく》を積むことが大切だ。

- 全国各地を行脚《あんぎゃ》する。
- 香車《きょうしゃ》は将棋の駒である。
- 年貢《ねんぐ》の納めどきと観念する。
- 借入金を相殺《そうさい》する。
- 殺生《せっしょう》な行いは許されない。
- 来客の食事を給仕《きゅうじ》する。
- 彼はかなりの好事家《こうずか》だ。
- 相手に言質《げんち》を与える。
- 老若男女《ろうにゃくなんにょ》が集まる。
- 夜の墓地は寂《せき》として声なし。

- 何事も三日坊主《ぼうず》を改める。
- 長年の夢が成就《じょうじゅ》する。
- 衆生《しゅじょう》済度《さいど》は仏教の教えである。
- 従容《しょうよう》として見解を述べる。
- 従三位《じゅさんみ》は位階の位である。
- 祝儀《しゅうぎ》袋にお金を入れる。
- 姉《あね》さん女房《にょうぼう》にあこがれる。
- 株式投資で身上《しんしょう》を潰《つぶ》す。
- 風情《ふぜい》のある宿に泊まった。
- 一年に一回断食《だんじき》を行う。

- 神々《こうごう》しい風景に見入った。
- 数寄屋《すきや》造りの宿に泊まる。
- 成仏《じょうぶつ》するよう願う。
- 大音声《だいおんじょう》で話をする。
- 好きな色は紺青《こんじょう》だ。
- 聖徳太子は摂政《せっしょう》である。
- 六根清浄《ろっこんしょうじょう》を唱える。
- 商売繁盛《はんじょう》を祈願する。
- 堤防を普請《ふしん》する。
- 赤銅《しゃくどう》色に日焼けする。

- お節料理《せちりょうり》の準備をする。
- 首相の遊説《ゆうぜい》に人が集まる。
- 今回ばかりは愛想《あいそ》を尽かす。
- 快晴の日に布団《ふとん》を干す。
- 土壇場《どたんば》の逆転で勝利する。
- 貪着《とんじゃく》は仏教語の一つである。
- 友人の通夜《つや》に参列する。
- 未成年の飲酒はご法度《はっと》だ。
- 棟木《むなぎ》は屋根にある部材。
- 乾杯の音頭《おんど》をとる。

- 神道《しんとう》は日本独自の信仰だ。
- 南無《なむ》阿弥陀仏《あみだぶつ》と唱える。
- 農機具を納屋《なや》に納める。
- わが家は納戸《なんど》が広い。
- 博徒《ばくと》はばくち打ちをいう。
- 衣鉢《いはつ》を継ぐ。
- 謀反《むほん》の疑いで切腹する。
- 煩悩《ぼんのう》を取り除く。
- 疾病《しっぺい》で緊急入院する。
- 富貴《ふうき》な家で育つ。

歩《ふ》は将棋の駒の一つ。

法被《はっぴ》を着て祭りに参加する。

法身《ほっしん》は仏の三身《さんじん》の一つ。

彼は金の亡者《もうじゃ》だ。

凡例《はんれい》は通常本の最初にある。

心神耗弱《しんしんこうじゃく》状態が認められる。

帽子を目深《まぶか》にかぶる。

由緒《ゆいしょ》正しい家の出だ。

唯唯諾諾《いいだくだく》として意に従う。

物見遊山《ゆさん》で各地を回る。

彼はとても律儀《りちぎ》な人だ。

風説の流布《るふ》は禁止されている。

兵糧《ひょうろう》攻めが得意な武将がいた。

緑青《ろくしょう》は青緑色のさびをいう。

和尚《おしょう》の説法を聞く。

資料3

重要な 高校で習う読みの問題

試験ではとめ、はねなどの細かい点に注意して、すべて書けるように勉強しておきましょう。

使い方▼解答部分に赤シートをあてて、問題のカタカナ部分を漢字にしてみましょう。

問題	解答
今朝から**オシン**がする。	悪心
細菌に**ヨ**る炎症を起こす。	因
ハえある受賞。	栄
正月に短歌を**ヨ**む。	詠
品位を**ケガ**す行為だ。	汚
書類に**オウイン**する。	押印
顔面を強く**オウダ**する。	殴打
オウトウの実がなる。	桜桃
オウシュウは東北地方の一部だ。	奥州
品物の**アタイ**を尋ねる。	価*
アヤマちを恐れてはいけない。	過
ミスを部下に責任**テンカ**する。	転嫁
社内で上司に**エシャク**する。	会釈
ゲネツ作用のある薬を飲む。	解熱

問題	解答
オノオノの役割を全うする。	各
過去の失敗を**カンガ**みる。	鑑
イまわしい事故を思い出す。	忌
先生は医学の**モトイ**を築く。	基
海で波と**タワム**れる。	戯
支払いの遅延を**キツモン**する。	詰問
飼っている動物を**シイタ**げる。	虐
クモツのマナーを教わる。	供物
病院で**キョウシンショウ**と診断された。	狭心症
生命を**オビヤ**かす事態だ。	脅
このチームは**セ**り合いに強い。	競
会長の**オオ**せの通りにする。	仰

＊「値」は中学校で習う読みのため解答には掲載していません。

ゴウを煮やして席を立つ。	業
親友と固く**チギ**る。	契
地元の人が**イコ**う場所がある。	憩
イサギヨい態度に好感を持つ。	潔
ケンコウコツに痛みがある。	肩甲骨
ケンプで着物を仕立てる。	絹布
旬の食材に**シタツヅミ**を打つ。	舌鼓
受験勉強で夜が**フ**ける。	更
友人の部屋に**イソウロウ**する。	居候
税金の**コウジョ**を受ける。	控除
世界的な**キョウコウ**が起こる。	恐慌
コウサツ死体が発見された。	絞殺

協力して会社を**オコ**す。	興
インテリアで暮らしを**イロド**る。	彩
作品が一段と**キワダ**つ。	際立
労働者から**サクシュ**する。	搾取
タンザクに願い事を書く。	短冊
野球の試合で**ザンパイ**する。	惨敗
部屋から**ウブゴエ**が上がる。	産声
スっぱい物が食べたくなる。	酸
練習試合で**イッシ**報いる。	一矢
訪問の**ムネ**を伝える。	旨
終日主君に**ホウシ**する。	奉伺
会議で話は**シヨウ**に及んだ。	枝葉

お**フセ**を包む。	布施
イツクしむ気持ちを忘れない。	慈
容器を**シャフツ**消毒する。	煮沸
語学の能力に**ヒイ**でている。	秀
マタタく間に時が過ぎ去る。	瞬
敵地で**ウイジン**を飾る。	初陣
現実が**ニョジツ**に描かれる。	如実
コショウの水質を調査する。	湖沼
電車が遅れて少し**アセ**る。	焦
工事の音が気に**サワ**る。	障
トコナツの島で休暇を過ごす。	常夏
独特な雰囲気を**カモ**し出す。	醸

	問題	答え
□	家には古いボウショクキがある。	紡織機
□	名をハズカシめる行為は許されない。	辱
□	今後の展開に興味シンシンだ。	津津
□	スイジョウ花序を形成する。	穂状
□	ユセイの場所を地図に示す。	油井
□	次女のジョセイは料理人だ。	女婿
□	セキネンの思いを語る。	昔年
□	父は骨をツぐ専門家だ。	接
□	裏技で洋服のシみを抜く。	染
□	接戦の末に三連覇をハバむ。	阻
□	今日の発展のイシズエを築く。	礎
□	美しい響きをカナでる。	奏
□	ソウデン変じて海となる	桑田
□	手術でビョウソウを取り除く。	病巣
□	故人を手厚くホウムる。	葬
□	店を南国風にヨソオう。	装
□	ミサオを貫くのが大切だ。	操
□	郵便物をユウタイに入れて運ぶ。	郵袋
□	荷物をカツいで階段を上る。	担
□	ハスウを切り上げて計算する。	端数
□	チュウテンの勢いで進む。	沖天
□	景気回復のキザしが見える。	兆
□	セイチョウな空気に癒やされる。	清澄
□	火事がようやくシズまる。	鎮
□	水もシタタるいい男だ。	滴
□	話の内容はサダかではない。	定
□	アメの下の空言《そらごと》である。	天
□	街のヒがともる。	灯
□	当主がその地方をスべる。	統
□	にわかに信じガタい事実だ。	難
□	一度ビャクヤを見たい。	白夜
□	競走馬がハンロを駆け上がる。	坂路
□	実力不足はイナめない。	否
□	イヤしい心は捨てよ。	卑
□	兄はヒニョウ器科の医者だ。	泌尿
□	今夜はヒサメになる。	氷雨

優良なシュビョウを生産する。 種苗

新しいケーブルをフセツする。 敷設

フロシキを広げて荷物を包む。 風呂敷

常識をクツガエす考え方だ。 覆

事前の不安をフッショクする。 払拭

住民の意見をチョウモンする。 聴聞

ケンペイ尽くな態度に終始する。 権柄

カンバしい梅の香りがする。 芳

万事の成功を祈りタテマツる。 奉

前例にナラって対処する。 倣

道のカタワらで休息を取る。 傍

会社役員の不正をアバく。 暴

時間をかけて敵をハカる。 謀

身をヒルガエして危険を避ける。 翻

幕府バツゾウの江戸に生まれる。 末造

彼は責任をマヌカれる。 免

不敵なツラガマえで迎える。 面構

嫌な相手に会ってウいに沈む。 憂

ヨウツウは日増しに悪化する。 腰痛

祖母はウタイの稽古に出かけた。 謡

体が甘い物をホッする。 欲

複雑にカラみ合った事件だ。 絡

野球だけは左キきだ。 利

ミササギは皇室の墓所である。 陵

ライキは中国の五経の一つだ。 礼記

アクリョウ払いの儀式を行う。 悪霊

ウルワしい容姿の女性に出会う。 麗

年齢よりフけて見える。 老

資料４

試験に出る 四字熟語の問題

２級の問題では、四字熟語の意味も問われるので、意味といっしょに覚えましょう。

使い方▼四字熟語に赤シートをあてて漢字を書けるようにしましょう。

四字熟語	意味
悪《あっ》口《こう》雑《ぞう》言《ごん》	口にまかせていろいろな悪口を言うこと。また、その言葉。
暗《あん》中《ちゅう》模《も》索《さく》	手がかりがないまま、あてもなくさぐり求めること。
安《あん》寧《ねい》秩《ちつ》序《じょ》	国や社会が安定を保ち、秩序立っていること。
唯《い》唯《い》諾《だく》諾《だく》	事の善悪にかかわらず、人の言うことにはいはいと従うこと。人の言いなりになって、おもねること。
遺《い》憾《かん》千《せん》万《ばん》	大変残念である。思いどおりにいかず、非常に心残り。「遺憾」はうらみを遺《のこ》す意。類語に「残念至極」がある。
意《い》気《き》衝《しょう》天《てん》	元気がよく天を衝《つ》かんばかりに、勢いがよいこと。意気込みが盛んなこと。類語に「意気揚揚」がある。
意《い》気《き》阻《そ》喪《そう》	元気がなく、意気込みがくじける。気力が衰えること。「阻」は「沮」とも書く。「沮」はくじける、「喪」は失う。対語に「意気衝天」がある。
意《い》気《き》揚《よう》揚《よう》	勢いがあり、威勢がよいさま。誇らしげにふるまうこと。類語に「意気衝天」「意気軒昂《けんこう》」がある。
医《い》食《しょく》同《どう》源《げん》	ふだんの食事に気を配ることが、病気を予防するための最もよい策であるということ。「同源」は、もとが同じ意。
異《い》端《たん》邪《じゃ》説《せつ》	正統からはずれた意見や立場。
一《いち》期《ご》一《いち》会《え》	生涯に一度だけの機会のこと。また、生涯に一度だけ会うこと。茶道に由来する言葉。

一日千秋《いちじつせんしゅう》

非常に待ち遠しく思うことのたとえ。たった一日が千年のように長く思われる意。類語に「一日三秋」がある。

一汁一菜《いちじゅういっさい》

大変質素、粗末な食事のこと。「菜」はおかず。

一念発起《いちねんほっき》

あることを成し遂げようと心に決めること、決心すること。

一網打尽《いちもうだじん》

網を一打ちしてその周辺にいる魚を残らずとらえること。転じて、一度に悪党の一味や敵対する者すべてをとらえつくすこと。

一目瞭然《いちもくりょうぜん》

ひと目見ただけではっきりとわかること。

一陽来復《いちようらいふく》

冬が終わって春がやってくること。悪いことや苦しい時期が過ぎて、待ちかねた幸運がやっとめぐりくること。

一喜一憂《いっきいちゆう》

状況の変化によって、そのつど喜んだり、心配したりすること。

一騎当千《いっきとうせん》

一人の騎兵が千人の敵を相手に戦うほど、強い力を持っていること。

一子相伝《いっしそうでん》

学問や技芸などの奥義を自分の子ども一人だけに伝え、他にはもらさないこと。

一所懸命《いっしょけんめい》

物事に真剣に取り組むこと。懸命に努力すること。類語に「一生懸命」がある。

一朝一夕《いっちょういっせき》

一朝と一晩。転じて、短いとき。

威風堂堂《いふうどうどう》

威厳があって立派なさま。

隠忍自重《いんにんじちょう》

苦しみや怒りをじっとこらえて外に表さず、軽々しい行動をとらないこと。

有為転変《ういてんぺん》

この世の中のすべての事象は常に移り変わっていく、はかないものであるということ。

雲水行脚《うんすいあんぎゃ》

修行僧がいろいろな土地をめぐり、修行をすること。

雲泥万里《うんでいばんり》

非常に大きい差異のこと。隔たりの甚だしいことのたとえ。

栄枯盛衰《えいこせいすい》

人や家の栄えることと衰えること。

英俊豪傑《えいしゅんごうけつ》

大勢の中で、とくにすぐれた人物。

会《え》者《しゃ》定《じょう》離《り》

会った者は必ず別れる運命にある。人生の無常を説いた語。「定」は必ずの意。

円《えん》転《てん》滑《かつ》脱《だつ》

なめらかで、自由自在なこと。人との対応が角立たず、あかぬけして巧みなこと。

円《えん》満《まん》具《ぐ》足《そく》

十分に満ち足りていて、少しの不足もないこと。

延《えん》命《めい》息《そく》災《さい》

命をのばして災いを取り去る。「息災」は災いをとめる。「息」はやむ、終わらせるの意。「延命」は「えんみょう」とも読む。類語に「無病息災」「無事息災」がある。

遠《えん》慮《りょ》会《え》釈《しゃく》

相手に配慮して、控えめに応対すること。強引に物事を進めるさまを「遠慮会釈もない」という。

温《おん》厚《こう》篤《とく》実《じつ》

人の性格が穏やかで誠実であること。

怨《おん》親《しん》平《びょう》等《どう》

恨み敵対する者も憎むべきでなく、親しいものと同じように慈しみの心をもつこと。

音《おん》信《しん》不《ふ》通《つう》

電話や手紙などによる連絡がまったくないこと。「音信」は「いんしん」とも読む。

外《がい》柔《じゅう》内《ない》剛《ごう》

外見は物柔らかに見えるが、実際はしんが強くしっかりしていること。対語に「内柔外剛」がある。

快《かい》刀《とう》乱《らん》麻《ま》

「快刀、乱麻を断つ」の略。切れ味のよい刀剣で乱れもつれた麻を切るという意から、紛糾して解決の糸口を見失った物事をてきぱきと手ぎわよく処理すること。類語に「一刀両断」がある。

怪《かい》力《りき》乱《らん》神《しん》

理屈では説明ができない不思議な現象や、超自然的な存在のたとえ。「怪力」は「かいりよく」とも読む。

佳《か》人《じん》薄《はく》命《めい》

美人には不幸や短命な者が多いということ。「佳人」は美人。類語に「美人薄命」がある。

苛《か》政《せい》猛《もう》虎《こ》

民衆を苦しめる政治は人を食べる虎よりも恐ろしいということ。

花《か》鳥《ちょう》風《ふう》月《げつ》

自然の美しい景色や風流な遊びのこと。

活《かっ》殺《さつ》自《じ》在《ざい》

他の事や人を、自分の思いどおりに扱うこと。類語に「生殺与奪」がある。

合《がっ》従《しょう》連《れん》衡《こう》

国と国との外交政策や、地方と地方あるいは同業の者が連合する場合などに、さまざまなはかりごとをめぐらす意に用いる。

我《が》田《でん》引《いん》水《すい》

自分の都合のいいように物事を考えたり、行ったりすること。

歌《か》舞《ぶ》音《おん》曲《ぎょく》

音と踊りと音楽のこと。華やかな遊芸の総称。

禍《か》福《ふく》得《とく》喪《そう》

わざわいにあったり、幸福にあったりすること。出世したり、地位を失ったりすること。

夏《か》炉《ろ》冬《とう》扇《せん》

夏の火ばちと冬の扇の意で、時節に合わず、役に立たないもの。類語に「冬扇夏炉」がある。

感《かん》慨《がい》無《む》量《りょう》

言葉では言い表せないほど、胸いっぱいにしみじみと感じ入ること。

緩《かん》急《きゅう》自《じ》在《ざい》

速くしたり遅くしたり、自分の思いどおりに操ること。

汗《かん》牛《ぎゅう》充《じゅう》棟《とう》

蔵書が非常に多いこと。また、多くの蔵書。牛車に積んで運ぶと牛が汗をかき、家に積み重ねると棟がつかえるほど一杯になるの意。

頑《がん》固《こ》一《いっ》徹《てつ》

強情で周りの意見に耳を貸さず、自分の意見を押し通すこと。また、そのような性格。

換《かん》骨《こつ》奪《だっ》胎《たい》

骨を取り換え、子の宿る所を奪って自分のものにすることから、先人の発想や趣旨を取り入れ、自分なりの語句で表現し、独自の新たな作品を作ること。現在では内容を少し変えただけの焼き直しの意味に用いられる。

勧《かん》善《ぜん》懲《ちょう》悪《あく》

善行を勧め励まし、悪事を懲らしめること。略して「勧懲」という。

簡《かん》単《たん》明《めい》瞭《りょう》

わかりやすく、はっきりしていること。

玩《がん》物《ぶつ》喪《そう》志《し》

無用なものに心を奪われて、本来の志を見失ってしまうこと。

閑《かん》話《わ》休《きゅう》題《だい》

無駄話をやめて、話を本筋にもどすときに用いる語。それはさておき。さて。「閑話」は「間話」とも書き、無駄話の意。「休題」は話をやめること。

気《き》宇《う》壮《そう》大《だい》

心持ち、度量が人並みはずれて大きいこと。

気《き》炎《えん》万《ばん》丈《じょう》

燃え上がる炎のように、意気盛んなこと。

奇《き》奇《き》怪《かい》怪《かい》

非常に奇怪なこと。考えられないような不思議なさま。

危《き》急《きゅう》存《そん》亡《ぼう》

危険が迫っていて、生き残るかほろびるかのせとぎわのこと。「危急存亡の秋」と用いる。

喜《き》色《しょく》満《まん》面《めん》
顔いっぱいに喜びの表情が表れていること。

吉《きっ》凶《きょう》禍《か》福《ふく》
幸福とわざわい。

喜《き》怒《ど》哀《あい》楽《らく》
喜び、怒り、悲しみ、楽しみのこと。人間のさまざまな感情。

九《きゅう》牛《ぎゅうの》一《いち》毛《もう》
取るに足りないささいなこと。「九牛」は九頭の牛、多数の牛。「一毛」は一本の毛。多数の中のごくわずかな一部分の意。

旧《きゅう》態《たい》依《い》然《ぜん》
もとのままで、少しも進歩がないこと。

窮《きゅう》余《よの》一《いっ》策《さく》
苦しまぎれに思いついたはかりごと。類語に「苦肉之策」がある。

教《きょう》唆《さ》扇《せん》動《どう》
人をそそのかして、あおり立てること。また、悪事をけしかけること。

興《きょう》味《み》津《しん》津《しん》
興味が尽きないこと。「津津」は絶えずわき出て、あふれんばかりに多いさま。

虚《きょ》虚《きょ》実《じつ》実《じつ》
相手のすきを狙い、互いに計略をめぐらせて必死に戦うこと。真実とうそをおりまぜて、相手の腹のうちを読み合うこと。

錦《きん》衣《い》玉《ぎょく》食《しょく》
ぜいたくな生活をすること。

金《きん》科《か》玉《ぎょく》条《じょう》
きわめて重要な規則や法律。自分の主張のよりどころとなるもの。「科」「条」は法律の意、「金」「玉」は重要なもの、の意。

謹《きん》厳《げん》実《じっ》直《ちょく》
まじめで正直、つつしみ深く誠実であること。

勤《きん》倹《けん》力《りっ》行《こう》
まじめに働き、倹約し、精一杯努力をすること。

金《きん》城《じょう》鉄《てっ》壁《ぺき》
非常に守りが堅く、つけ込むすきがないこと。

錦《きん》上《じょう》添《てん》花《か》
よいものや美しいものの上にさらによいもの、美しいものを加えること。

金《きん》城《じょう》湯《とう》池《ち》
金でできた城と熱湯をたたえた堀の意から、守りが非常に堅固で、城が侵略されにくいこと。

空《くう》空《くう》漠《ばく》漠《ばく》
限りなく広いさま。とりとめのないさま。

空《くう》中《ちゅう》楼《ろう》閣《かく》

空中に、地上のものが反射して浮かぶように見える建物。「しんきろう」のこと。転じて根拠がないことのたとえ。類語に「砂上楼閣」がある。

群《ぐん》雄《ゆう》割《かっ》拠《きょ》

多くの実力者が互いに対立し合うこと。「群雄」は多くの英雄のこと。

鯨《げい》飲《いん》馬《ば》食《しょく》

鯨が海水を吸い込むようにたくさん酒を飲み、馬が草をはむようにたくさん食べるさま。類語に「牛飲馬食」「暴飲暴食」がある。

軽《けい》挙《きょ》妄《もう》動《どう》

よく考えもせず軽はずみに行動すること。「軽挙」は軽率な行動、「妄動」はみだりに行動すること。

鶏《けい》口《こう》牛《ぎゅう》後《ご》

「鶏口となるも牛後となるなかれ」と同じ。大きなものの後ろにつくよりは、小さなものの頭になるべきだの意。「牛後」は牛のしり。

経《けい》世《せい》済《さい》民《みん》

世の中をよく治めて民を苦しみから救うこと。

軽《けい》薄《はく》短《たん》小《しょう》

うすっぺらで中身のないさま。

月《げっ》下《か》氷《ひょう》人《じん》

男女の仲をとりもつ人。仲人。媒酌人。

犬《けん》牙《が》相《そう》制《せい》

国境が複雑に入り組んでいて、互いにけん制し合うこと。

堅《けん》忍《にん》不《ふ》抜《ばつ》

固い意志を持ち、困難に負けず我慢強く耐えること。類語に「志操堅固」がある。

傲《ごう》岸《がん》不《ふ》遜《そん》

おごり高ぶり人を見下すさま。

厚《こう》顔《がん》無《む》恥《ち》

あつかましくて恥知らずなさま。

綱《こう》紀《き》粛《しゅく》正《せい》

国の規律を引き締め、政治の不正を除くこと。また、規律を厳しく正すこと。

巧《こう》言《げん》令《れい》色《しょく》

巧みな言葉や、顔色をつくろったりすること。転じて、言葉を飾り、口先だけのことを言い、相手にこびへつらうこと。

巧《こう》遅《ち》拙《せっ》速《そく》

じょうずで遅いより、へたでも速いほうがよいの意。古くは兵法の語。

荒《こう》唐《とう》無《む》稽《けい》

言動に根拠がなく、現実性に欠けること。

公明正大《こうめいせいだい》
公正でかくしだてをせず、私心がないこと。類語に「公平無私」「大公無私」がある。

高論卓説《こうろんたくせつ》
すぐれた意見、論説のこと。「卓」は抜きんでている意。

呉越同舟《ごえつどうしゅう》
仲の悪い者同士が同じ境遇や場所にいること。仲の悪い者同士が反目し合いながらも、利害の一致をみるときは協力し合うということ。

国士無双《こくしむそう》
国内に並ぶ者のないすぐれた人物。「国士」は国内ですぐれた人、「無双」は二つとないの意。

極楽浄土《ごくらくじょうど》
仏教で阿弥陀仏《あみだぶつ》がいる西方浄土のこと。

孤軍奮闘《こぐんふんとう》
孤立した中で少人数で必死に戦うこと。

虎渓三笑《こけいさんしょう》
夢中になって他のことを忘れてしまうこと。「虎渓」は中国江西省にあった谷の名、「三笑」は三人で笑うこと。

古今無双《ここんむそう》
昔から今に至るまで、他に比するものがないこと。「無双」はほかに比べるものがないという意。類語に「海内《かいだい》無双」がある。

後生大事《ごしょうだいじ》
心を込めて励み、物を大事に扱うこと。

孤城落日《こじょうらくじつ》
孤立無援の城に、沈む夕日が差し込んでいる光景。勢力が傾き、助けもない心細いさま。

故事来歴《こじらいれき》
昔から伝えられてきた物事についてのいわれや経過の次第。「故事」とは昔から伝わる話や、物事のいわれ。

誇大妄想《こだいもうそう》
自分の現状を実際以上に想像して事実のように思い込むこと。

酷寒猛暑《こっかんもうしょ》
耐えがたいほど厳しい暑さや寒さのこと。

刻苦勉励《こっくべんれい》
非常に苦労して、仕事や勉学に励むこと。

鼓舞激励《こぶげきれい》
気持ちを奮い立たせて励ますこと。元気づけること。類語に「叱咤激励」がある。

孤立無援《こりつむえん》
独りぼっちで、だれも手を差しのべてくれない状態。類語に「孤軍奮闘」がある。

☐ 困苦欠乏《こんくけつぼう》
生活に必要なものが足りないほど苦しいこと。

☐ 懇切丁寧《こんせつていねい》
細かいところまで心が行き届いていて丁寧なこと。

☐ 西方浄土《さいほうじょうど》
阿弥陀仏のいる苦しみのない安楽の世界。西方十万億土の彼方にあるとされる。「極楽浄土」に同じ。「西方」は「せいほう」とは読まない。

☐ 山紫水明《さんしすいめい》
山が陽光を受けて紫色に映え、流れる川の水は澄んで清らかなこと。

☐ 斬新奇抜《ざんしんきばつ》
物事の発想が独特で、今までにないほど新しいさま。「斬」はきわだっていること、「奇抜」は抜きんでてすぐれていること。

☐ 三位一体《さんみいったい》
三つの要素が緊密に結びついて、あたかも一つのようになること。

☐ 詩歌管弦《しいかかんげん》
漢詩・和歌と管楽器・弦楽器、すなわち文学と音楽のこと。

☐ 時期尚早《じきしょうそう》
行動を起こす時期としては、まだ早すぎること。ある物事をするのに、まだ状況が適していないこと。

☐ 試行錯誤《しこうさくご》
試みと失敗をくり返して適切な方法を見つけること。

☐ 自業自得《じごうじとく》
自分で原因を作って、その悪い報いを自分で受けること。

☐ 子子孫孫《ししそんそん》
末代まで。孫の子まで。代々。子孫の続く限りの意。

☐ 自縄自縛《じじょうじばく》
自分が作った縄で自分を縛ること。自分自身の行動で自分が規制されて自由に動けず、結局は進退きわまってしまうこと。

☐ 志操堅固《しそうけんご》
正しいと信じる主義や志がしっかりと定まっていて、容易にはくずれないこと。

☐ 時代錯誤《じだいさくご》
時代の流れにそぐわない、昔ながらの考え方。

☐ 質実剛健《しつじつごうけん》
飾り気がなく、まじめで心身ともに強く、しっかりとたくましいこと。

☐ 疾風迅雷《しっぷうじんらい》
速く吹く風と、激しい雷鳴のこと。転じて、物事の変化がすばやく激しいさま。

☐ 失望落胆《しつぼうらくたん》
希望を失い、気持ちが沈んでがっかりすること。

四《し》分《ぶん》五《ご》裂《れつ》
ちりぢりばらばらに分裂すること。

自《じ》暴《ぼう》自《じ》棄《き》
物事がうまくいかず、投げやりになること。やけくそになること。

遮《しゃ》二《に》無《む》二《に》
「遮二」は二を断ち切る、「無二」は二がない意から、あれこれと他のことは考えず、そのことだけをがむしゃらにすること。類語に「我武者羅」がある。

終《しゅう》始《し》一《いっ》貫《かん》
始めから終わりまで、態度や行動が変わらず同じであること。周りの変化に影響されることなく、主義主張を保ち続ける場合に用いる。類語に「首尾一貫」がある。

衆《しゅう》人《じん》環《かん》視《し》
多くの人がまわりを取り囲むようにして見ていること。

秋《しゅう》霜《そう》烈《れつ》日《じつ》
態度や処罰などが、非常に厳しいこと。秋の冷たい霜と、強烈に照りつける太陽から転じた言葉。

周《しゅう》知《ち》徹《てっ》底《てい》
世間一般、広くすみずみまで知れわたるようにすること。

自《じ》由《ゆう》奔《ほん》放《ぽう》
自分の思い通りに振る舞うこと。

襲《しゅう》名《めい》披《ひ》露《ろう》
師匠や親の名前を継承したことを公に発表すること。

主《しゅ》客《かく》転《てん》倒《とう》
主人と客が入れ替わることで、重要な事柄と取るに足りない事柄、また人や物事の軽重などが逆になること。「主客」は「しゅきゃく」とも読む。類語に「本末転倒」がある。

熟《じゅく》読《どく》玩《がん》味《み》
文章をじっくり読み、深く味わうこと。

熟《じゅく》慮《りょ》断《だん》行《こう》
よく考えたうえで、大胆に思い切って実行すること。

酒《しゅ》池《ち》肉《にく》林《りん》
きわめてぜいたくな酒宴の意。豪遊の限りを尽くすこと。

出《しゅっ》処《しょ》進《しん》退《たい》
現在の職にとどまるか辞めてしまうかという身のふり方。「出」は社会に出て仕えること。「処」は官につかず家にいること。

春《しゅん》日《じつ》遅《ち》遅《ち》
春の日が長く、のどかな様子。

春《しゅん》宵《しょう》一《いっ》刻《こく》
「春宵一刻値千金」の略。春の夜が美しく心地よいことをいう。

順《じゅん》風《ぷう》満《まん》帆《ぱん》
船の帆が追い風を受けて順調に進むこと。物事がすべて順調に進むこと。

盛《じょう》者《しゃ》必《ひっ》衰《すい》

勢いの盛んなものはいつか必ず衰える。この世の無常であることをいう。

生《しょう》者《じゃ》必《ひつ》滅《めつ》

命あるものは必ず死ぬときが来るということ。

情《じょう》状《じょう》酌《しゃく》量《りょう》

刑事裁判で、犯罪に至った事情の同情すべきところを考慮して、刑罰を軽減すること。

精《しょう》進《じん》潔《けっ》斎《さい》

飲食をつつしみ、身体を清めてけがれを避けること。

正《しょう》真《しん》正《しょう》銘《めい》

うそや偽りがなく、本物であること。

小《しょう》心《しん》翼《よく》翼《よく》

気が小さく、いつもびくびくしているさま。

少《しょう》壮《そう》気《き》鋭《えい》

年が若くて血気盛んなこと。「気鋭」は意気込みが鋭いこと。

枝《し》葉《よう》末《まっ》節《せつ》

本質ではなく、ささいなこと。取るに足りないこと。

初《しょ》志《し》貫《かん》徹《てつ》

初めに思い立った希望や考えを、最後まで貫き通すこと。

支《し》離《り》滅《めつ》裂《れつ》

一貫性がなく、物事の筋道が立っていないこと。まとまりがなく、ばらばらであること。

思《し》慮《りょ》分《ふん》別《べつ》

慎重に考えて判断すること。多くのことをわきまえた人の考え方の意でも用いられる。対語に「軽挙妄動」がある。

深《しん》山《ざん》幽《ゆう》谷《こく》

人里を離れた奥深い山々や、物の形がはっきりしないほど深い谷。

紳《しん》士《し》淑《しゅく》女《じょ》

品性があって、礼儀正しい男性と女性。

進《しん》取《しゅ》果《か》敢《かん》

積極的に事を行い、決断力があり、大胆なさま。

伸《しん》縮《しゅく》自《じ》在《ざい》

思いのままに伸ばしたり縮めたりできること。

神《しん》出《しゅつ》鬼《き》没《ぼつ》

すばやく、自由自在に、現れたり隠れたりすること。所在が容易につかめないさま。

針《しん》小《しょう》棒《ぼう》大《だい》

針のように小さなことを、棒ほどもあるように大きく言うこと。

新《しん》進《しん》気《き》鋭《えい》

新しく現れ、勢いが盛んで将来性があること。

迅《じん》速《そく》果《か》断《だん》

すばやく判断し、思い切って物事を行うこと。類語に「即断即決」「迅速果敢」がある。

心《しん》頭《とう》滅《めっ》却《きゃく》

心の中の雑念が消え去り、無念・無想の境地に至ること。「心頭を滅却すれば火もまた涼し」の略。どんな苦難にあっても、それを超越して心頭にとどめなければ苦しさを感じないの意。

森《しん》羅《ら》万《ばん》象《しょう》

宇宙空間に存在する、すべての物、すべての現象。「万象」は「ばんぞう」「まんぞう」とも読む。類語に「有象無象」がある。

酔《すい》生《せい》夢《む》死《し》

酒に酔い、夢心地で自覚もなく一生を過ごす意。何もせずにぼんやりとむだに一生を送ること。類語に「無為徒食」がある。

晴《せい》耕《こう》雨《う》読《どく》

悠々自適の生活を送ること。晴れた日は田を耕し、雨の日は読書をする意。

生《せい》殺《さつ》与《よ》奪《だつ》

生かすも殺すも自分の思うままに、他人を支配すること。

生《せい》生《せい》流《る》転《てん》

万物は絶えず生まれては変化し、移り変わっていくこと。「生生」は「しょうじょう」とも読む。

勢《せい》力《りょく》伯《はく》仲《ちゅう》

二つの勢力に優劣がないこと。「伯」は長兄、「仲」は次兄のこと。

清《せい》廉《れん》潔《けっ》白《ぱく》

心が清く不正をするような後ろめたいところがないさま。類語に「青天白日」「晴雲秋月」がある。

責《せき》任《にん》転《てん》嫁《か》

責任を他人になすりつけること。「転嫁」は二度目の嫁入りの意から、他に移すこと。

是《ぜ》是《ぜ》非《ひ》非《ひ》

公正に物事を判断すること。是(ただしいこと)は正しい、非(ただしくないこと)は正しくないと認めること。

殺《せっ》生《しょう》禁《きん》断《だん》

生き物を殺すことを禁ずる仏教の慈悲の教え。「殺生」は仏教でいう十悪のひとつ。

是《ぜ》非《ひ》曲《きょく》直《ちょく》

理にかなっていることと外れていること。正しいことと間違っていること。

浅《せん》学《がく》非《ひ》才《さい》

学問や知識が浅く、才能も乏しいこと。

千《せん》載《ざい》一《いち》遇《ぐう》

二度とない絶好のチャンス。千年に一度であえるくらいのチャンス。

千《せん》紫《し》万《ばん》紅《こう》

さまざまな色。色彩豊かで、さまざまな花が咲きほこっていること。

全《ぜん》身《しん》全《ぜん》霊《れい》

体力と気力のすべて。その人の身も心もすべて。

前《ぜん》代《だい》未《み》聞《もん》

これまで聞いたことのないような珍しい事柄。また、あきれてまともに扱えないこと。

先《せん》憂《ゆう》後《こう》楽《らく》
世の人々が心配しだすより先に世のことを憂え、施策が効を奏して人々が安楽に暮らせるようになった後に、自らもその恩恵に浴して楽しむこと。

相《そう》互《ご》扶《ふ》助《じょ》
両者が互いに助け合うこと。

粗《そ》製《せい》濫《らん》造《ぞう》
質が悪くて粗末な品をむやみにたくさん作り出すこと。「濫造」は「乱造」とも書く。

率《そっ》先《せん》垂《すい》範《はん》
先頭に立って積極的に行動し、模範を示すこと。「率先」は先に立って行動する、「垂範」は手本を示す。

大《だい》喝《かつ》一《いっ》声《せい》
大きなひと声でしかり付けること。

大《たい》願《がん》成《じょう》就《じゅ》
「大願」は「だいがん」とも読む。大きな願いがとげられること。

大《たい》義《ぎ》名《めい》分《ぶん》
行動のよりどころとなる正当な理由や道理。

堆《たい》金《きん》積《せき》玉《ぎょく》
多くの富を集めること。

大《たい》言《げん》壮《そう》語《ご》
ふさわしくない大きなことを言うこと。また、その言葉。

大《たい》悟《ご》徹《てっ》底《てい》
心の迷いを断ち切って真理をさとり、ふっきれた心境になること。

泰《たい》山《ざん》北《ほく》斗《と》
学問や芸術など、その道の第一人者。

大《だい》慈《じ》大《だい》悲《ひ》
限りなく大きい仏の慈悲。

泰《たい》然《ぜん》自《じ》若《じゃく》
気持ちが落ち着いて物事に動揺しないさま。

大《だい》胆《たん》不《ふ》敵《てき》
度胸があり、恐れたり驚いたりしないこと。

多《た》岐《き》亡《ぼう》羊《よう》
逃げた羊を追いかけたが、分かれ道が多いために、とうとう羊を見失ったという故事から、方針が多すぎて選択に迷うたとえ。

暖《だん》衣《い》飽《ほう》食《しょく》
暖かい服を着て、十分に食べること。なんの不足もない恵まれた生活。

断《だん》崖《がい》絶《ぜっ》壁《ぺき》
険しく切り立ったがけのこと。転じて、切羽詰まった危機的な状態のこともいう。「断崖」「絶壁」はどちらも非常に険しいがけのこと。

胆大心小《たんだいしんしょう》
大胆でありながら、細心の注意を払うこと。

中途半端《ちゅうとはんぱ》
やりはじめたことが完了していないこと。

昼夜兼行《ちゅうやけんこう》
昼も夜も休まず進むこと。転じて、仕事などを続けて行うこと。類語に「不眠不休」がある。

朝三暮四《ちょうさんぼし》
目先の違いにこだわり、本質が同じであることに気づかないこと。物事の本質を理解しないこと。

眺望絶佳《ちょうぼうぜっか》
見晴らしが非常にすばらしいこと。

朝令暮改《ちょうれいぼかい》
命令や方針などがすぐに変わり、定まらないこと。

痛快無比《つうかいむひ》
たぐいなく痛快であること。

天衣無縫《てんいむほう》
天人の衣は縫い目がないことから、技巧などがなく自然なさま。また、人柄に飾り気がなく純真で無邪気なさま。

天涯孤独《てんがいこどく》
親類・縁者などの身寄りが一人もなく、まったく独りぼっちであること。

天下御免《てんかごめん》
何者にもはばかることなく堂々と行えること。公認されていること。

当意即妙《とういそくみょう》
その場の状況に応じて、機転をきかせて対応すること。

陶犬瓦鶏《とうけんがけい》
形ばかりりっぱで、役に立たないもののたとえ。

同工異曲《どうこういきょく》
手際や技巧は同じだが、趣や味わいが違うこと。転じて、見かけは違うが同じ手法であること。類語に「異曲同工」「大同小異」がある。

闘志満満《とうしまんまん》
戦う意気込みにあふれていること。

当代随一《とうだいずいいち》
今の時代で、数多くある中の第一位。一番。

東奔西走《とうほんせいそう》
四方八方忙しく走り回って尽力すること。

読書百遍《どくしょひゃっぺん》
難解な文章でも繰り返し読めば意味が自然にわかってくるということ。

徒《と》手《しゅ》空《くう》拳《けん》

何か物事を始めようとするとき、身一つで他に頼れるものがないこと。

怒《ど》髪《はつ》衝《しょう》天《てん》

人が怒ったとき、髪の毛が逆立ち、天を衝《つ》くくらいにピンと立つこと。大きな怒り。

土《ど》崩《ほう》瓦《が》解《かい》

土が崩れ瓦が砕けるように、物事が根底から崩れ、なすすべもないこと。

頓《とん》首《しゅ》再《さい》拝《はい》

頭を下げて丁寧に礼をすること。

内《ない》疎《そ》外《がい》親《しん》

表向きは親しそうであるが、内心では嫌っていること。

内《ない》憂《ゆう》外《がい》患《かん》

内部にも外部にも問題が多く、心配事が多いこと。

難《なん》攻《こう》不《ふ》落《らく》

守りが堅くて攻め落としにくい。転じて、相手がなかなかこちらの思い通りにならないことのたとえ。

南《なん》船《せん》北《ほく》馬《ば》

（南は船で、北は馬で）絶えずあちこちに旅行すること。

熱《ねつ》願《がん》冷《れい》諦《てい》

熱心に願うと同時に、冷静に観察して本質を見きわめること。

二《に》者《しゃ》択《たく》一《いつ》

二つのうち、どちらか一つを選ぶこと。

日《にち》常《じょう》茶《さ》飯《はん》

普段の食事。転じて、ありふれた平凡なものごと。

二《に》律《りつ》背《はい》反《はん》

矛盾する二つの命題が、同等の妥当性を持って主張されること。

薄《はく》志《し》弱《じゃっ》行《こう》

意志が弱くて実行力が足りないこと。類語に「意志薄弱」「優柔不断」がある。

白《はく》砂《しゃ》青《せい》松《しょう》

白い砂浜と青い松。海岸の美しい風景。「白砂」は「はくさ」とも読む。

拍《はく》手《しゅ》喝《かっ》采《さい》

手をたたいてほめたたえること。「喝采」はやんやとほめそやすこと。

博《はく》覧《らん》強《きょう》記《き》

たくさんの書物を読み、いろいろな事をよく記憶していること。

薄《はく》利《り》多《た》売《ばい》

一つあたりの利益を少なくし、多くを売ることで利益をあげること。

馬《ば》耳《じ》東《とう》風《ふう》

他人の意見や批判に無関心で、注意を払わないこと。「東風」は心地よい春風。

破《は》邪《じゃ》顕《けん》正《しょう》

「顕正」は「けんせい」とも読む。不正を打破し、正義を表すこと。

破《は》綻《たん》百《ぴゃく》出《しゅつ》

言動がいいかげんで、次々とほころびが出てくること。

抜《ばつ》山《ざん》蓋《がい》世《せい》

気力が充実していて勢いが非常に強いこと。

抜本塞源《ばっぽんそくげん》
災いの原因となるものを取り除くこと。

罵詈雑言《ばりぞうごん》
口汚い言葉でののしること。

汎愛兼利《はんあいけんり》
すべての人を等しく愛し、利益を分かち合うこと。

万緑一紅《ばんりょくいっこう》
数多くの中に、すぐれたものが一つだけ存在すること。

飛花落葉《ひからくよう》
絶えず移り変わる人の世の無常のたとえ。

眉目秀麗《びもくしゅうれい》
顔かたちがととのっていて美しいこと。

百八煩悩《ひゃくはちぼんのう》
人間が持っているたくさんの煩悩。

百鬼夜行《ひゃっきやこう》
悪人がのさばっているたとえ。いろいろな化け物が夜中に列を作って歩く意。「夜行」は「やぎょう」とも読む。

表裏一体《ひょうりいったい》
まったく逆に見える事柄が、内面ではつながっており、切り離せないこと。また、相反する二つのものが一つになること。

比翼連理《ひよくれんり》
いつも翼を並べて飛ぶ鳥と、二本の木の枝がくっついて木目が一つにつながった枝。転じて、夫婦の愛情の深いこと。

不朽不滅《ふきゅうふめつ》
永遠に滅びないこと。

複雑多岐《ふくざつたき》
多くのことが込み入っていて多方面にわたっているさま。類語に「複雑多様」がある。

舞文弄法《ぶぶんろうほう》
法律を自分の都合のいいように解釈して乱用すること。

普遍妥当《ふへんだとう》
どんな場合にも真理として承認されること。

不偏不党《ふへんふとう》
どちらにも味方せずに中立を保つこと。類語に「中立公正」がある。

不老長寿《ふろうちょうじゅ》
いつまでも年をとらず、長生きすること。類語に「長生不死」「不老不死」がある。

付和雷同《ふわらいどう》
自分なりの確固とした考えを持たず、他人の説や判断に軽々しく同調すること。「付和」は「附和」とも書く。

☑ 粉骨砕身《ふんこつさいしん》

骨身を惜しまず力の限りを尽くすこと。

☑ 文人墨客《ぶんじんぼっかく》

「墨客」は「ぼっきゃく」とも読む。詩文、書画にたけ、風雅、風流を求める人。

☑ 文武両道《ぶんぶりょうどう》

学問と武芸。また、その両方にすぐれていること。

☑ 奮励努力《ふんれいどりょく》

気力を奮い起こして努力し、励むこと。

☑ 平穏無事《へいおんぶじ》

何事もなく、穏やかであること。

☑ 変幻自在《へんげんじざい》

出没や変化が自由自在であること。またその様子。類語に「千変万化」「変幻出没」がある。

☑ 片言隻語《へんげんせきご》

わずかな言葉。「片言隻句」に同じ。

☑ 報怨以徳《ほうえんいとく》

自分の敵やうらみのある者に対しても愛情をもって接し、恩恵を与えること。

☑ 放歌高吟《ほうかこうぎん》

あたりかまわず大声を出して歌い吟ずること。

☑ 傍若無人《ぼうじゃくぶじん》

人のことを気にせず、自分勝手に振る舞うこと。

☑ 忙中有閑《ぼうちゅうゆうかん》

忙しい時間のうちにも、ほっと息をつく暇はあるものだということ。

☑ 方底円蓋《ほうていえんがい》

物事がかみ合わないこと。四角い底の器に丸い蓋の意。

☑ 漫言放語《まんげんほうご》

言いたいように言うこと。言いたい放題。

☑ 妙計奇策《みょうけいきさく》

人の意表をつく、奇抜ですぐれたはかりごと。

☑ 無為徒食《むいとしょく》

なんの仕事もせず遊び暮らすこと。「無為」は何もしない、「徒食」は働かない。

☑ 無味乾燥《むみかんそう》

少しもおもしろみや味わいのないこと。「無味」は趣がない、「乾燥」はうるおいがない。

☑ 無味無臭《むみむしゅう》

味もにおいもないこと。まったくおもしろ味のないことにも使う。

☑ 明鏡止水《めいきょうしすい》

曇りのない鏡と静止した水のように、わだかまりのない澄みきった心境。

☑ 免許皆伝《めんきょかいでん》

武術や芸道などで、師が弟子に、その道の奥義を残らず伝え、その修了を認めること。

☑ 面従腹背《めんじゅうふくはい》

表面では服従の様子を見せていながら、内心では反抗していること。

☑ 面目一新《めんもくいっしん》

外見が以前とすっかり変わること。それまでとは違う、高い評価を得ること。

面《めん》目《もく》躍《やく》如《じょ》

「面目」は「めんぼく」とも読む。いかにもその人らしい、名誉や評価にふさわしい活躍をするさま。

盲《もう》亀《き》浮《ふ》木《ぼく》

会うことがまれなこと。めったに起こらないこと。

唯《ゆい》一《いつ》無《む》二《に》

たった一つだけで、同じものがないこと。

唯《ゆい》我《が》独《どく》尊《そん》

宇宙の中で自分ほど尊い者はいないという意味。自分は偉いとうぬぼれる、ひとりよがりの意味にも使われる。

優《ゆう》勝《しょう》劣《れっ》敗《ぱい》

力のある者が勝ち、劣っている者が負けること。類語に「弱肉強食」「適者生存」がある。

雄《ゆう》心《しん》勃《ぼっ》勃《ぼつ》

おおしい勇気が湧いてくるさま。

勇《ゆう》猛《もう》果《か》敢《かん》

強く勇ましく、決断力があること。

油《ゆ》断《だん》大《たい》敵《てき》

注意を怠れば必ず失敗を招くから警戒せよという戒め。

要《よう》害《がい》堅《けん》固《ご》

備えのかたいこと。「要害」は地勢が険しく、攻めるのに難しく、守るのにたやすい地。

妖《よう》怪《かい》変《へん》化《げ》

人間には想像もつかない不思議な化け物のこと。

妖《よう》言《げん》惑《わく》衆《しゅう》

あやしい話を言いふらし、多くの人を惑わせること。

容《よう》姿《し》端《たん》麗《れい》

姿形が整っていて美しいこと。

羊《よう》質《しつ》虎《こ》皮《ひ》

外見はりっぱだが、実質が伴わないこと。

沃《よく》野《や》千《せん》里《り》

肥えた土地が広がっていること。

抑《よく》揚《よう》頓《とん》挫《ざ》

文や声の調子を上げたり下げたりして、調和がとれていること。盛んな勢いが急になくなること。

落《らっ》花《か》流《りゅう》水《すい》

散る花と流れる水。転じて人や物が落ちぶれること。また、男女が互いに慕い合うことのたとえ。

離《り》合《ごう》集《しゅう》散《さん》

離れたり、集まったりすること。

理《り》非《ひ》曲《きょく》直《ちょく》

道理にかなったこととはずれていること。また、正しいことと間違っていること。「理非」は道理に合うこととそうでないこと、「曲直」は曲がっていることとまっすぐなこと。

流《りゅう》言《げん》飛《ひ》語《ご》

確かな根拠のない、いいかげんな情報。でたらめなうわさ。

粒《りゅう》粒《りゅう》辛《しん》苦《く》

米を作る農民の辛さのひととおりでないこと。転じて、物事を成しとげるために、こつこつと努力や苦労をすること。

竜《りょう》頭《とう》蛇《だ》尾《び》

「竜頭」は「りゅうとう」とも読む。竜の頭に蛇の尾。最初は勢いが盛んでありながら、終わりは振るわなくなってしまうことのたとえ。

良《りょう》風《ふう》美《び》俗《ぞく》

非常によい風俗習慣のこと。

理《り》路《ろ》整《せい》然《ぜん》

話の内容や考え方が道理に当てはまり、筋道がしっかり通っていること。対語に「支離滅裂」がある。

冷《れい》汗《かん》三《さん》斗《と》

ひどく怖い思いをしたり、人前で恥じ入ったりするさまの形容。冷や汗をたくさんかくこと。類語に「冷水三斗」がある。

霊《れい》魂《こん》不《ふ》滅《めつ》

人間の魂は肉体の死後も存在しているという考え方。

籠《ろう》鳥《ちょう》恋《れん》雲《うん》

捕らえられている者が自由になることを望むこと。

論《ろん》功《こう》行《こう》賞《しょう》

功績を考慮してそれに応じた賞を与えること。「功」は手柄、「賞」はほうび。

和《わ》魂《こん》漢《かん》才《さい》

日本固有の精神と中国伝来の学問。また、その二つをそなえ持つこと。「和魂」は日本固有の精神、「漢才」は漢学の知識。類語に「和魂洋才」がある。

和《わ》魂《こん》洋《よう》才《さい》

日本固有の精神と西洋の学問。また、その二つをそなえ持つこと。「和魂」は日本固有の精神、「洋才」は西洋文明伝来の才能。類語に「和魂漢才」がある。

和《わ》衷《ちゅう》協《きょう》同《どう》

心を同じくして、ともに力を合わせること。類語に「和衷共済」がある。

資料5

よく出る 対義語の問題

対義語は一つではないので、熟語の意味も考えて覚えておくとよいでしょう。

使い方▶下の対義語の部分に赤シートをあてて、隠れた熟語を考えてみましょう。

- 慶賀《けいが》・祝賀《しゅくが》 ⇔ 哀悼《あいとう》
- 横柄《おうへい》・高慢《こうまん》・尊大《そんだい》 ⇔ 謙虚《けんきょ》
- 反逆《はんぎゃく》・反抗《はんこう》 ⇔ 恭順《きょうじゅん》
- 多弁《たべん》・冗舌《じょうぜつ》・多言《たげん》 ⇔ 寡黙《かもく》

- 隆起《りゅうき》 ⇔ 陥没《かんぼつ》
- 巧妙《こうみょう》・老巧《ろうこう》 ⇔ 拙劣《せつれつ》
- 老巧《ろうこう》 ⇔ 稚拙《ちせつ》
- 絶賛《ぜっさん》・激賞《げきしょう》・賛辞《さんじ》 ⇔ 酷評《こくひょう》
- 進出《しんしゅつ》・侵攻《しんこう》 ⇔ 撤退《てったい》
- 下落《げらく》 ⇔ 騰貴《とうき》

- 粗雑《そざつ》 ⇔ 緻密《ちみつ》
- 厳格《げんかく》・狭量《きょうりょう》 ⇔ 寛容《かんよう》
- 潤沢《じゅんたく》 ⇔ 枯渇《こかつ》
- 純白《じゅんぱく》 ⇔ 漆黒《しっこく》
- 汚濁《おだく》 ⇔ 清澄《せいちょう》
- 獲得《かくとく》 ⇔ 喪失《そうしつ》
- 名誉《めいよ》・栄誉《えいよ》 ⇔ 恥辱《ちじょく》
- 褒賞《ほうしょう》 ⇔ 懲罰《ちょうばつ》

- 偉大《いだい》・非凡《ひぼん》 ⇔ 凡庸《ぼんよう》
- 個別《こべつ》 ⇔ 一斉《いっせい》
- 愛護《あいご》 ⇔ 虐待《ぎゃくたい》
- 自生《じせい》 ⇔ 栽培《さいばい》
- 軽侮《けいぶ》・軽蔑《けいべつ》 ⇔ 崇拝《すうはい》
- 粗略《そりゃく》 ⇔ 丁寧《ていねい》
- 新奇《しんき》・斬新《ざんしん》 ⇔ 陳腐《ちんぷ》
- 国産《こくさん》 ⇔ 舶来《はくらい》
- 任命《にんめい》 ⇔ 罷免《ひめん》
- 禁欲《きんよく》 ⇔ 享楽《きょうらく》
- 尊敬《そんけい》・崇拝《すうはい》・崇敬《すうけい》 ⇔ 軽侮《けいぶ》
- 極端《きょくたん》 ⇔ 中庸《ちゅうよう》

- 率先《そっせん》 ⇔ 追随《ついずい》
- 富裕《ふゆう》 ⇔ 貧窮《ひんきゅう》
- 明瞭《めいりょう》 ⇔ 曖昧《あいまい》
- 威圧《いあつ》 ⇔ 懐柔《かいじゅう》
- 栄転《えいてん》 ⇔ 左遷《させん》
- 高遠《こうえん》 ⇔ 卑近《ひきん》
- 固辞《こじ》 ⇔ 快諾《かいだく》
- 決裂《けつれつ》 ⇔ 妥結《だけつ》
- 設置《せっち》 ⇔ 撤去《てっきょ》
- 暴露《ばくろ》・公開《こうかい》 ⇔ 秘匿《ひとく》
- 凡才《ぼんさい》 ⇔ 逸材《いつざい》
- 暫時《ざんじ》 ⇔ 恒久《こうきゅう》
- 炎暑《えんしょ》 ⇔ 酷寒《こっかん》
- 貫徹《かんてつ》 ⇔ 挫折《ざせつ》
- 激賞《げきしょう》・絶賛《ぜっさん》 ⇔ 罵倒《ばとう》

資料6

よく出る 類義語の問題

類義語は一つではないので、熟語の意味も考えて覚えておくとよいでしょう。

使い方 ▼ 下の類義語の部分に赤シートをあてて、隠れた熟語を考えてみましょう。

- ☐ 功名《こうみょう》／☐ 手柄《てがら》 ＝ 殊勲《しゅくん》
- ☐ 永眠《えいみん》／☐ 他界《たかい》／☐ 死亡《しぼう》 ＝ 逝去《せいきょ》
- ☐ 残念《ざんねん》 ＝ 遺憾《いかん》
- ☐ 脅迫《きょうはく》 ＝ 威嚇《いかく》
- ☐ 面倒《めんどう》／☐ 煩雑《はんざつ》 ＝ 厄介《やっかい》
- ☐ 奮戦《ふんせん》 ＝ 敢闘《かんとう》

- ☐ 混乱《こんらん》 ＝ 紛糾《ふんきゅう》
- ☐ 永遠《えいえん》／☐ 永世《えいせい》 ＝ 悠久《ゆうきゅう》
- ☐ 無口《むくち》 ＝ 寡黙《かもく》
- ☐ 互角《ごかく》 ＝ 伯仲《はくちゅう》
- ☐ 湯船《ゆぶね》 ＝ 浴槽《よくそう》
- ☐ 堪忍《かんにん》／☐ 容赦《ようしゃ》 ＝ 勘弁《かんべん》
- ☐ 調和《ちょうわ》 ＝ 均衡《きんこう》
- ☐ 祝福《しゅくふく》 ＝ 慶賀《けいが》

- ☐ 阻害《そがい》／☐ 妨害《ぼうがい》 ＝ 邪魔《じゃま》
- ☐ 譲歩《じょうほ》 ＝ 妥協《だきょう》
- ☐ 反逆《はんぎゃく》 ＝ 謀反《むほん》
- ☐ 無欠《むけつ》／☐ 十全《じゅうぜん》／☐ 万全《ばんぜん》 ＝ 完璧《かんぺき》
- ☐ 歴然《れきぜん》／☐ 明白《めいはく》 ＝ 顕著《けんちょ》
- ☐ 指揮《しき》 ＝ 采配《さいはい》

- ☐ 抜粋《ばっすい》 ＝ 抄録《しょうろく》
- ☐ 推移《すいい》／☐ 沿革《えんかく》 ＝ 変遷《へんせん》
- ☐ 来歴《らいれき》 ＝ 由緒《ゆいしょ》
- ☐ 昼寝《ひるね》 ＝ 午睡《ごすい》
- ☐ 降格《こうかく》 ＝ 左遷《させん》
- ☐ 辛抱《しんぼう》／☐ 我慢《がまん》 ＝ 忍耐《にんたい》
- ☐ 公表《こうひょう》 ＝ 披露《ひろう》
- ☐ 快復《かいふく》 ＝ 治癒《ちゆ》
- ☐ 折衝《せっしょう》／☐ 談判《だんぱん》 ＝ 交渉《こうしょう》
- ☐ 熟知《じゅくち》 ＝ 通暁《つうぎょう》
- ☐ 対価《たいか》／☐ 手当《てあて》 ＝ 報酬《ほうしゅう》
- ☐ 平穏《へいおん》／☐ 泰平《たいへい》 ＝ 安寧《あんねい》

- ☐ 根絶《こんぜつ》 ＝ 撲滅《ぼくめつ》
- ☐ 気分《きぶん》／☐ 気色《きしょく》 ＝ 機嫌《きげん》
- ☐ 難点《なんてん》 ＝ 欠陥《けっかん》
- ☐ 心配《しんぱい》 ＝ 懸念《けねん》
- ☐ 荘重《そうちょう》 ＝ 厳粛《げんしゅく》
- ☐ 縁者《えんじゃ》 ＝ 親戚《しんせき》
- ☐ 順次《じゅんじ》 ＝ 逐次《ちくじ》
- ☐ 工面《くめん》／☐ 融通《ゆうずう》 ＝ 捻出《ねんしゅつ》
- ☐ 解雇《かいこ》 ＝ 罷免《ひめん》
- ☐ 貧苦《ひんく》／☐ 貧乏《びんぼう》 ＝ 困窮《こんきゅう》
- ☐ 豊富《ほうふ》 ＝ 潤沢《じゅんたく》
- ☐ 歳月《さいげつ》／☐ 光陰《こういん》 ＝ 星霜《せいそう》
- ☐ 激怒《げきど》 ＝ 憤慨《ふんがい》

資料7 よく出る 熟語の構成の問題

熟語がどのように構成されているか、見分け方のコツをつかみましょう。

使い方▼熟語の構成のしかたについて確認しましょう。赤シートをあてて読み方もチェックしてみましょう。

ア（同じような意味の漢字を重ねたもの）でよく出題される熟語

上の字と下の字、それぞれの意味を考え、同じような意味であればこの構成。

（例）媒介
媒＝なかだちすること
介＝間をとりもつこと

□媒介《ばいかい》　□逸脱《いつだつ》　□弾劾《だんがい》　□露顕《ろけん》　□享受《きょうじゅ》

□扶助《ふじょ》　□隠蔽《いんぺい》　□玩弄《がんろう》　□危惧《きぐ》　□禁錮《きんこ》

□広漠《こうばく》　□核心《かくしん》　□擬似《ぎじ》　□疾患《しっかん》　□寡少《かしょう》

□報酬《ほうしゅう》　□謙遜《けんそん》　□旋回《せんかい》　□把握《はあく》　□伴侶《はんりょ》

□分析《ぶんせき》　□凡庸《ぼんよう》　□和睦《わぼく》　□愚痴《ぐち》　□剰余《じょうよ》

□枢要《すうよう》　□搭乗《とうじょう》　□英俊《えいしゅん》　□解剖《かいぼう》　□賠償《ばいしょう》

イ（反対または対応の意味を表す字を重ねたもの）でよく出題される熟語

上の字と下の字、それぞれの意味を考え、反対または対応する意味であればこの構成。

（例）雅俗
雅＝風流なこと
⇔
俗＝ありふれていること

□多寡《たか》　□衆寡《しゅうか》　□早晩《そうばん》　□点滅《てんめつ》　□慶弔《けいちょう》

□往還《おうかん》　□抑揚《よくよう》　□雅俗《がぞく》　□寛厳《かんげん》　□去就《きょしゅう》

□巧拙《こうせつ》　□親疎《しんそ》　□隠顕《いんけん》　□禍福《かふく》　□毀誉《きよ》

□任免《にんめん》　□功罪《こうざい》　□存廃《そんぱい》　□繁閑《はんかん》　□贈答《ぞうとう》

□及落《きゅうらく》　□硬軟《こうなん》　□剛柔《ごうじゅう》　□旦夕《たんせき》　□興廃《こうはい》

□疎密《そみつ》　□栄辱《えいじょく》　□緩急《かんきゅう》　□経緯《けいい》　□需給《じゅきゅう》

ウ（上の字が下の字を修飾しているもの）でよく出題される熟語

上の字から下の字に読むと意味がわかるものはこの構成。

（例）謹呈
謹＝つつしんで
呈＝差し出すこと

- 謹呈《きんてい》
- 公僕《こうぼく》
- 妄想《もうそう》
- 貴賓《きひん》
- 逓減《ていげん》
- 環礁《かんしょう》
- 漆黒《しっこく》
- 浄財《じょうざい》
- 奔流《ほんりゅう》
- 顕在《けんざい》
- 懇請《こんせい》
- 旋風《せんぷう》
- 河畔《かはん》
- 玩具《がんぐ》
- 直轄《ちょっかつ》
- 頒価《はんか》
- 抹茶《まっちゃ》
- 旅愁《りょしゅう》
- 奇遇《きぐう》
- 脚韻《きゃくいん》
- 渉猟《しょうりょう》
- 誓詞《せいし》
- 来賓《らいひん》
- 酪農《らくのう》
- 禍根《かこん》
- 義憤《ぎふん》
- 酷似《こくじ》
- 財閥《ざいばつ》
- 銃創《じゅうそう》
- 弔辞《ちょうじ》
- 独吟《どくぎん》
- 併記《へいき》
- 余韻《よいん》
- 臆面《おくめん》
- 僅差《きんさ》
- 山麓《さんろく》
- 嫉視《しっし》
- 繊毛《せんもう》
- 全貌《ぜんぼう》
- 遡行《そこう》

エ （下の字が上の字の目的語・補語になっているもの）でよく出題される熟語

下の字に「て・に・を・は」をつけ、下の字から上の字に読むことができればこの構成。

（例）争覇　覇権（を）あらそう

- 争覇《そうは》
- 叙勲《じょくん》
- 叙情《じょじょう》
- 罷業《ひぎょう》
- 享楽《きょうらく》
- 贈賄《ぞうわい》
- 忍苦《にんく》
- 籠城《ろうじょう》
- 折衷《せっちゅう》
- 殉難《じゅんなん》
- 上棟《じょうとう》
- 収賄《しゅうわい》
- 叙景《じょけい》
- 懐古《かいこ》
- 殉教《じゅんきょう》
- 殉職《じゅんしょく》
- 赴任《ふにん》
- 懐郷《かいきょう》
- 還元《かんげん》
- 検疫《けんえき》
- 克己《こっき》
- 座礁《ざしょう》
- 随意《ずいい》
- 遡源《そげん》
- 遵法《じゅんぽう》
- 遷都《せんと》
- 造幣《ぞうへい》
- 迎賓《げいひん》
- 施錠《せじょう》
- 出廷《しゅってい》
- 叙事《じょじ》
- 免租《めんそ》
- 施肥《せひ》
- 遮光《しゃこう》
- 随時《ずいじ》

オ （上の字が下の字の意味を打ち消しているもの）でよく出題される熟語

上の字が打ち消しの意味をあらわす「不」「未」「無」「非」であればこの構成。

（例）不肖　似ていること（が）ない

- 不肖《ふしょう》
- 不浄《ふじょう》
- 未遂《みすい》
- 未了《みりょう》
- 無窮《むきゅう》
- 未詳《みしょう》
- 未来《みらい》
- 不祥《ふしょう》
- 不偏《ふへん》
- 未刊《みかん》
- 未聞《みもん》
- 無尽《むじん》
- 不穏《ふおん》
- 不遇《ふぐう》
- 不屈《ふくつ》
- 不遜《ふそん》
- 不慮《ふりょ》
- 未到《みとう》
- 未踏《みとう》
- 無為《むい》
- 無粋《ぶすい》
- 無謀《むぼう》
- 不朽《ふきゅう》
- 不惑《ふわく》
- 不審《ふしん》
- 未満《みまん》
- 無恥《むち》
- 不粋《ぶすい》
- 不昧《ふまい》
- 未婚《みこん》
- 未熟《みじゅく》
- 未然《みぜん》
- 無償《むしょう》
- 無銘《むめい》
- 無双《むそう》
- 非常《ひじょう》
- 非凡《ひぼん》
- 不吉《ふきつ》
- 不潔《ふけつ》
- 不詳《ふしょう》

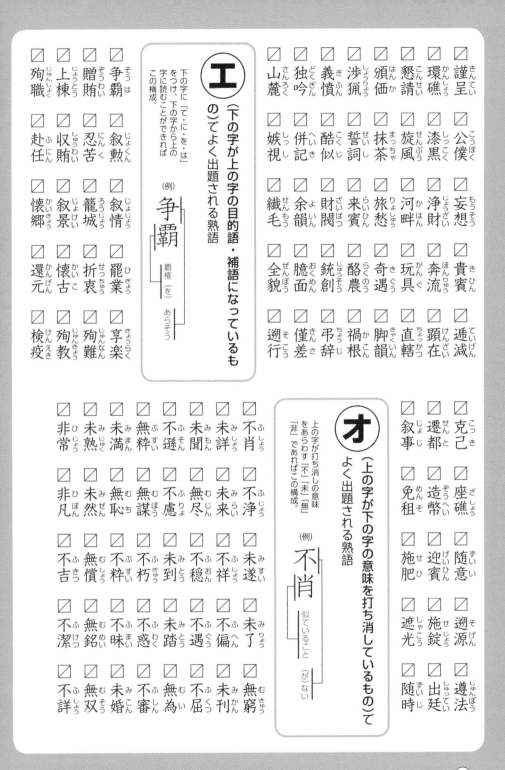

都道府県名 一覧

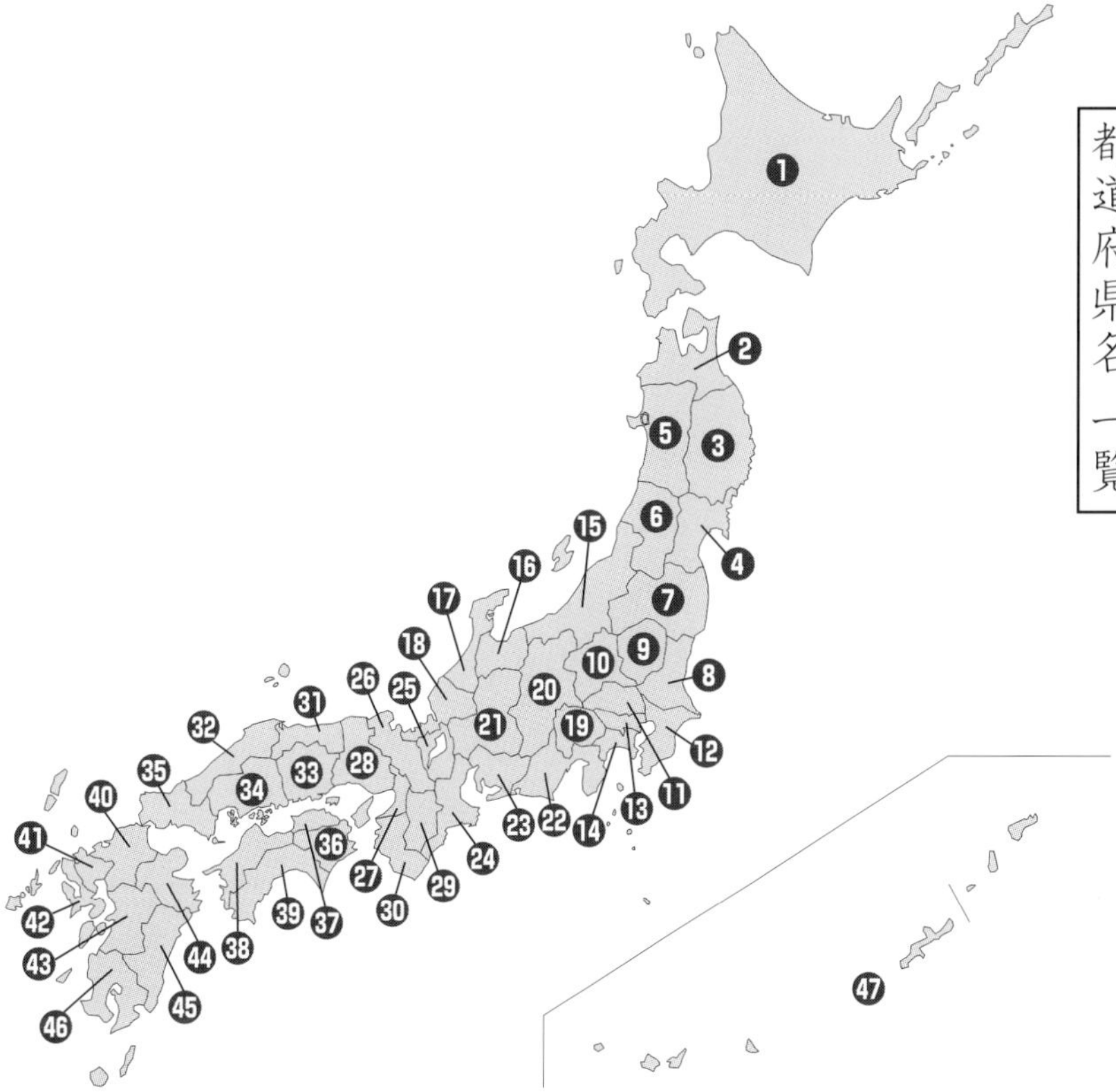

16	15	14	13	12	11	10	9	8	7	6	5	4	3	2	1
富山《とやま》県	新潟《にいがた》県	神奈川《かながわ》県	東京都《とうきょうと》	千葉《ちば》県	埼玉《さいたま》県	群馬《ぐんま》県	栃木《とちぎ》県	茨城《いばらき》県	福島《ふくしま》県	山形《やまがた》県	秋田《あきた》県	宮城《みやぎ》県	岩手《いわて》県	青森《あおもり》県	北海道《ほっかいどう》

32	31	30	29	28	27	26	25	24	23	22	21	20	19	18	17
島根《しまね》県	鳥取《とっとり》県	和歌山《わかやま》県	奈良《なら》県	兵庫《ひょうご》県	大阪府《おおさかふ》	京都府《きょうとふ》	滋賀《しが》県	三重《みえ》県	愛知《あいち》県	静岡《しずおか》県	岐阜《ぎふ》県	長野《ながの》県	山梨《やまなし》県	福井《ふくい》県	石川《いしかわ》県

47	46	45	44	43	42	41	40	39	38	37	36	35	34	33
沖縄《おきなわ》県	鹿児島《かごしま》県	宮崎《みやざき》県	大分《おおいた》県	熊本《くまもと》県	長崎《ながさき》県	佐賀《さが》県	福岡《ふくおか》県	高知《こうち》県	愛媛《えひめ》県	香川《かがわ》県	徳島《とくしま》県	山口《やまぐち》県	広島《ひろしま》県	岡山《おかやま》県

矢印の方向に引くと、取り外せます。→